少爷威威

黄咏梅　作品

孟繁华　张清华/主编

少爷威威

学术策划与支持
北京师范大学国际写作中心
沈阳师范大学中国文化与文学研究所

山东文艺出版社

总序
"70后"的身份之"迷"与文学处境

孟繁华　张清华

当我们决心要把一群"70后"作家装入一个笼子的时候,发现这是一件难事。因为这些人的创作确乎很难从总体上做出涵盖与评价。除了年龄相近,他们在文学上几乎再没有更多共同之处。

这恐怕与这代人的历史与文化记忆有关。总体上,比较而言,"60后"与"50后"作家之间没有太明显的界线或差异,因为他们都有着接近的历史经验与公共记忆。至于"80后"作家,几乎可以说没有什么"集体记忆",他们出生时社会已经开始剧变,走向差异与破碎了。而"70后"这一代,刚好处在历史的夹缝之间——对于历史,他们的印象是若隐若无似是而非;同时上世纪80年代以来急风暴雨式的文学革命与他们也几乎没有什么关系。当他们登上文坛的时候,80年代的文学革命已经落幕了;面对现实,"80后"又横空出世,遭遇网络文学大行其道,没有历史负担的这代人几乎可以为所欲为无所不能。"70后"就夹在这两代人之间,他们只能另辟蹊径展现他们的文学才能。因此,这一代的小说可以说一直游移于历史与现实之间,游移于个体的叙事与公共的记忆之间。

当然,这样的分析或许只是一孔之见。事实上,"70后"作家们用他们的方式仍然创作了许多新鲜而独特的各式小说。当总体性溃败之后，用"代际"概念来表达创作的差异性也许本身就是一个错误，但文学批评就是这样，虽然是临时性的概念，但要试图对之进行有效阐释时又不得不用之，而它的通约性也为我们提供了讨论问题的方便和可能。

或许这样表达不同代际作家的文化记忆或类型是合适的："50后"、"60后"可以看作是一个"历史共同体"。他们有共同的历史记忆，以及大体相似的对于历史的认知方式和情感方式，在大体相似的历史经历中，完成了一代人的文化塑形。"80后"是一个以话语方式与关注对象形成的"情感共同体"，特殊的情感认同是这一代人近似的文化性格特征。"70后"如前所述，他们隐约或模糊的历史记忆难以形成明确的历史共同体，同时又不像"80后"那样没有任何历史负担。因此，他们只形成了一个代际的"身份共同体"。这个共同体并不具有天然性，而是在文学实践过程中逐渐"建构"起来的。"70后"作家曹寇说："在早已成名的'60后'和'80后'作家之间，确实存在一个灰色的写作群体，说白了，他们就是'70后'。虽然写作者大多讨厌将自己纳入某个代际或某个类别中去，但'70后'作为'60后'和'80后'之间的那一代亦为客观事实。而且考虑到每代作家的成长环境、知识结构对他们写作的影响，剔除清高和矫情而接受中间代这一说法也未为不可。此外，'70后'与上下两代人的差异也是有目共睹的。迄今没有一位'70后'能像'60后'作家那样获得广泛的文学认可，在'60后'已被誉为经典之际，'70后'仍然被视为没有让人信服的'力作'的一群。"[①]更重要的问题是，无论是"50后"、"60后"的"历史共同体"，"70后"的"身份共同体"还是"80后"的"情感共同体"，他们都是"被想象"的共同体。一方面，这一划分方式有一定的合理性；一方面，这个合理性并

---

① 见《曹寇谈70后作家：适逢其时的"中间代"》，《南方都市报》2012年3月30日。

没有被充分证实。王安忆曾经说："我们这一代的人都有人进了天国，可是还没有来得及建立一个传统，所以，千万不要再说'读你们的书长大'的话，我们的书并不足以使你们长大，再有二十、三十年过去，回头看，我们和你们其实是一代人。文学的时间和现实的时间不同，它的容量是根据思想的浓度，思想的浓度也许又根据历史的剧烈程度。总之，它除去自然的流逝，还要依凭于价值。我们还没有向时间攫取更高的价值来提供你们继承，所以，还是和我们共同努力，共同进步，让二十年三十年以后的青年能真正读我们的书长大。"①如果是这样的话，"70后"的身份之"迷"完全是被杜撰出来的，现在的代际划分过二三十年后也将沦为子虚乌有。那时回头看现在，原来是一场毫无意义的白忙活。

然而另一方面，"70后"作家个体的独立或分散状态，也就是今日中国文学状态的缩影和写照。文学革命终结之后，统一的文学方向已不复存在。但是，70年代出生的作家还要特殊一些，这就是他们很难找到自己的历史定位。2009年诺奖获奖者赫塔·米勒说，她的写作是为了"拒绝遗忘"。类似的话还有许多作家说过，但是，这样正确的话对中国"70后"作家来说或许并不适用。普遍的看法也认为，"70后"是一个没有集体记忆的一代，是一个试图反叛但又没有反叛对象的一代。事实的确如此，当这一代人进入社会的时候，社会的大变动——急风暴雨式的社会与文学变革都已经成为过去。"文革"的终结、启蒙主义年代的终结，使中国社会生活以另一种方式展开，经济生活成为社会生活的主体。日常生活合法性的确立，使每个人都抛却了意义又深陷"关于意义的困惑"之中；同时，自80年代开始的"反叛"又日甚一日地遍及了所有的角落，90年代后，"反叛"的神话在疲惫和焦虑中无处告别，自行落幕。不知道是幸还是不幸，不论"反叛"的执行者是谁，可以肯

---

① 王安忆：《在同一时代之中》，见中国作家网，2013年9月24日。

定的是,这一切都与70年代无关或关系不大。这的确是一种宿命。于是,70年代便成了"夹缝"中生长的一代。这种尴尬的代际位置为他们的创作造成了困难,或者说,没有精神与历史依傍的创作是非常困难的。但是,任何事物都有例外。在我们看来,虽然很难对这代作家做出整体性的概括,但他们也确乎没有形成一代人文学的"同质化"倾向。换言之,他们生成了另一种难得的丰富性——他们之间是如此不同,除了一个"身份共同体"以外几乎很难找到他们之间任何两个人的相似性。正是这种不同,使他们在历史缝隙中的突围成为了可能。于是,我们在世纪之交或者新世纪以来,便看到了由魏微、戴来、朱文颖、金仁顺、乔叶、李师江、徐则臣、鲁敏、盛可以、计文君、付秀莹、冯唐、瓦当、路内、曹寇、慕容雪村、梁鸿、李修文、安妮宝贝、哲贵、阿乙、张楚、李浩、石一枫、李云雷、东君、黄咏梅、娜彧、朱山坡……这样一群人构成的"70后"小说家的主力群体。

关于"70后"作家的特征,宗仁发、施战军、李敬泽三位很早即发表过对话《被遮蔽的"70年代人"》。十几年前他们就发现了这一代人"被遮蔽"的现象,比如他们完全在"商业炒作"的视野之外,还有部分作家所负载的"白领"意识形态对大众的鼓惑诱导等等。但现在看来,之所以会有这些看法,一个很重要的原因,就是"50后"这代作家形成的"隐形意识形态"对他们的压抑和遮蔽。"'70年代人'中的一些女作家对现代都市中带有病态特征的生活的书写,不能不说具有真实的依托。问题不在于她们写的真实程度如何,而在于她们所持的态度。应该说1998年前后她们的作品是有精神指向的,并不是简单的认同和沉迷,或者说是有某种批判立场的。"这些看法确乎是有远见的,上一代作家在文坛建构起的统治地位和主流形象,作为一只"看不见的手"持续压抑和遮蔽了后来者,他们被早已形成的经典化秩序规定了自己的身份与姿态——"你是一个年轻的、生于70年代的作家,你就是'新新人类',否则你就什么都不是。"这一描述道出了"70后"的身份之"迷"和精神的困窘。

但是,许多年过去之后,"70后"仍然以他们的创作实绩,显示了他们令人不可忽略的文学地位。假如要让我们举出例证,那么例证是不胜枚举的。

魏微——她的中、短篇小说,因其所能达到的思想深度和艺术的独异性,已经成为这个时代中国高端艺术创作的一部分。魏微取得的成就与她的小说天分有关,更与她艺术的自觉有关——她很少重复自己的写作,对自己艺术的变化总是怀有高远的期待。盛可以,她一出现就显示了不同凡响的语言姿态,她语言的锋芒和奇崛,如列兵临阵刀戈毕现,她的长篇小说如《火宅》、《北妹》、《水乳》以及短篇小说《手术》等,都不是以触目惊心的故事见长,甚至也没有跌宕起伏刻意设置的情节或悬念,可以说,其最大的魅力就在于她锐利如刀削般的语言。在她那里,"怎么写"永远大于"写什么"。李师江,他几乎纠正了现代小说建立的"大叙事"的传统,个人生活、私密生活和文人趣味等被他重新镶嵌于小说之中。李师江似乎也不关心小说的"西化"或"本土化"的问题,但当他信笔由缰挥洒自如的时候,他确实获得了一种自由的快感。于是,他的小说与现代生活和精神处境密切相关,他的小说也是传统的,那里流淌着一种中国式的文人气息。鲁敏,她的小说既写过去也写现在,既有虚构也有写实,关于"东坝"的叙述,已经成为她小说创作的重要部分。这个虚构的所在,在今天已是只能想象而无从经验的了——就像当年的鲁镇、乌镇或其他类似的地方。现代化的进程决绝地剿灭了这些力不从心或没有抵抗能力的脆弱区域,那些渺小而令人心痛的生命。中国的小镇是一个奇异的存在,它在城乡交界处,是城乡的纽带,是过去中国的"市民社会"与乡绅文化存在的特殊空间。在那里,我们总会看到一些奇异的人物或故事，这些人物或故事是带着与都市和乡村的某些差异来到我们面前的。张楚，他的小说的魅力，就在于难以一眼望穿的模糊。这是一个有巨大野心的小说家，他的作品难以用谱系的方式找到来路，他的小说有诸多元素：深受西方十八九世纪文学、现代派文学和后现代文学的影响，也受到中国现代小说的影响，甚至受到《水浒传》以及其他明清白话小说的影响。经过杂糅吸收和重新铺排，诞生了这个奇异的张楚。看来他是真的理解了小说，他的每篇作品，在生活的层面几乎都无可挑剔，生活的质感、细节和真实性几乎达到了"非虚构"的程度，但是整体来看，其虚构性甚至诗性又都一目了然。在亦真亦幻、真假难辨之间，张楚的小说像幽灵一般在我们眼前飘过。哲贵，这个擅长集中书写富人的存在与精神状况的作家也是一个特例。他所描写的这个阶层在中国是如此特殊——他们是一个"成功者"的阶层，是一个被普通人羡慕乃至仰望的成功人群，但这个人群无所归依、空虚空洞的内心世界，在哲贵的讲述中可谓令人有难以言喻的震惊。东君的小说写的似乎都是与当下没有多大关系的故事，或者说是无关宏旨漫不经心的故事。但是，就在这些看似不经意的、暧昧模糊的故事中，他表达了对世俗世界无边欲望的批判。他的批判不是审判，而是在不急不躁的讲述中，将人物外部面相和内心世界逐一托出，在对比中表达了清浊与善恶。计文君，她的小说仿佛出自深宅大院：它典雅、端庄，举手投足仪态万方。因此她是一位带有中国古典文化气息和气质的作家。另一方面，它诡异、繁复、俏丽，修辞叙事云卷云舒。她的小说有西方20世纪以来小说的诸多技法和元素，但是计文君却又既不是传统的也不是西方的，她是现代的。付秀莹，作为一位后来居上的新秀，起初很长一段时间，她只以孙犁式简约而又清丽的笔触书写她记忆中的乡村，乡村的锦绣年华风花雪月曾让她迷恋不已。近年来，她的创作视野也逐渐转移到了城市，但她仍然写得温婉而跳脱、节制而耐心。娜彧的小说创作，在某种程度上接续了80年代现代主义的文学传统，接受了存在主义哲学的精神馈赠。作为潮流的现代主义虽然已成为了过去，但是，现代主义文学曾经揭示和呈现的关于人的惶惑、迷惘甚至反抗的精神状态和内心要求不仅依然存在，甚至在某些方面比80年代更加普遍和激烈。娜或显然发现或感受到了这一精神现象的存在，因此，以极端化的方式表达这一精神现象，显然是娜或刻意为之的。

……

就在我们梳理"70后"创作成绩的时候，另外一种批评的声音也如期而至。青年批评家张莉认为"70后"小说家的创作，是"在逃脱处落网"。她认为："70后作家创作遇到的困境，也是新时期文学三十年发展的一个瓶颈：从先锋写作、新历史主义到新写实主义、晚生代／新生代写作，中国文学已经被剥除文学的'社会功能'和'思想特质'，它逐渐面临沦为'自己的园地'的危险。70后作家参与建构了中国当代文学近十年来的创作景观——如果我们了解，九十年代以来，中国文学一直在强调'祛魅'，即解除文化的神圣感、庄严感，使之世俗化、现实化、个人化，那么70后作家整体创作倾向于日常生活的描摹、人性的美好礼赞以及越来越喜欢讨论个人书写趣味则应该被视作一个文学时代到来的必然结果。"①这一提醒并非惘然。整体看"70后"作家的创作，历史全面隐退已经是不争的事实。这虽然切合了这代人的身份，但也从另一个方面暴露了他们难以与历史建构关系的真实困境。

显然，如果从一般性的常识来看，"70后"作家的多样性是一个非常大的优点，问题就在于他们迄今"经典化"程度的严重不尽如人意。到了应该"挑大梁"的年代，到了应该登堂入室的年纪，到了应该有普

---

① 张莉：《在逃脱处落网——论70后小说家的写作》，《扬子江评论》2010年1期。

遍代表性的时候，一切却几乎还在镜子里，是一个"愿景"。中国文学中占据主要地位的仍然是"50后"和"60后"的一帮中年作家。究其原因，在我们看来，当然有各种难以言喻的外在因素，但如果从内部讲，恐怕就是因为个人经验书写与共同经验与集体记忆的接洽问题。在现阶段，否认个人经验或者经验的个人性当然都是幼稚的，但一代作家要想成为一代人的代言者，一代人的生命的记录者，如果不自觉地将个体记忆与一个时代的整体性的历史氛围与逻辑，与这些东西有内在的呼应与"神合"，恐怕是很难得到广泛的认可的。

或许这与作家的"抱负"有关，也许他们会说，去你们的狗屁"抱负"吧，只不过是一些历史的幻想狂或自大狂的假象，我们就是要写局部、碎片、个人情境。那谁也没办法，但是我们想提及的一点就是，任何人想进入历史都得有代价，这个代价就是如同当代法国的社会学家莫里斯·哈布瓦赫所说的，个人记忆是必须要有"社会框架"的，否则就会产生奇怪的失忆症。或许这代人过于无序的经验书写，也是某种社会与历史失忆症的表现吧。

另一方面，90年代以后的中国文学，带着西方文学的影响和记忆开始了整体性的"后退"，这个"后退"就是向传统文学和文化寻找资源，开始了又一轮的探索。值得注意的是，这个探索是在总体性瓦解之后的探索，因此它有更多的个人性。这也是"70后"作家整体风貌的一部分。"70后"隐约的历史记忆，使他们不得不更多地面对个人的心理现实——因为他们无家可归。但是，他们在矛盾、迷蒙和犹疑不决之间，却无意间形成了关于"70后"的文学与心路的轨迹。无论如何，这代作家的成就和问题，都是我们当下中国最典型的文学经验的一部分。因此，我们在注视这代人文学实践的时候，事实上也就是在关注当下的中国文学。

2014年2月25日于北京

目　录

少爷威威　…………　01

小姨　…………　45

达人　…………　63

父亲的后视镜　…………　99

表弟　…………　117

金石　…………　135

何似在人间　…………　167

旧账　…………　195

八段锦　…………　233

勾肩搭背　…………　253

负一层　…………　273

蜻蜓点水　…………　291

瓜子　…………　309

少爷威威

一

在一个派对里，一个女人都没有，是会郁闷的，然而，有了女人，却一个靓女都没有，无疑只会更郁闷。今晚，魏侠就像被一根熟门熟路地叼在嘴上的烟呛了一口，郁闷着了。

派对组织者刘子恒承诺带几个美眉来，结果，女人倒是来了三个，全是些食之无味弃之无悔的品种，既没相貌又没身材，而且，还不嫩。

没法将就的。魏侠很绅士地提前推开生力啤，上个厕所就溜出来了。

十二点，还早，魏侠就在华侨新村的酒吧街里慢慢晃，心里的企图，半明半暗。

这种糟糕的情形，如今发生得愈加频繁。刘子恒在网上跟魏侠研讨过，他说，现在的美眉，不受"泡"，只受"power"。此话怎讲？刘子恒进一步解释道，不要看二者发音相同，其实，完全两回事。"power"是能量的意思，能量等于财力和权力的总和，用酒用水甚至用口水"泡"美眉，那是上个世纪的土法啦。

上个世纪，也就是一九九几年的时候，魏侠才二十来岁，很像现在韩剧里一出场就惹得年轻美眉尖叫的那个"Rain"。那些年，他组织派对从来不用出钱，只要他一打起响指，自信地叫——我出靓女！其他人就乖乖地合份子凑出他消费的那部分钱。他亦从不会令参加者失望。那些年有很多靓女愿意跟他一起混，除了做头发的熟客之外，还有就是在派对里一路认识过来的女孩，队伍是相当蓬勃的。夸张的时候，一个晚上，一个男人可以分到两个靓女，没什么的，就是一起喝酒、猜枚、唱K、蹦迪，当然，有没有其余节目，魏侠可就管不着了，看个人本领的。

　　进入二十一世纪不久，魏侠就没戏了。组织一个派对，经常出不起一个靓女。难道靓女都绝种啦？

　　没有的事。

　　魏侠现在的眼睛，就盯着从37度地下酒吧的门里升到路面上来、快要跟自己擦肩而过的一个靓女。她如同刚玩完遁地游戏的一个女妖，顽皮而促狭的笑容还没来得及消退。地面上的现实于她如同一场待续的白日梦。靓女此刻的神情和心情，魏侠再熟悉不过。可是，再熟悉，也跟自己无关。要是这个靓女是他从前的那些靓女，他早就知道马上该怎么做——用自己笔挺的鼻梁，凑近她软软的耳朵，用鼻音哼几句含混不清的话。靓女的耳朵里通常都有嘴，从嘴里会深深地透露出些信息来。捕捉到这些信息之后，搞掂！魏侠会在心里打个钩，并亮出一声大大的响指。

　　然而，眼前的靓女，玩穿越似的，看不到魏侠任何存在的痕迹，隔空一样越过了他。

　　各种风格的靓女，如同广州夜晚永不停歇的霓虹灯，斑斓地从魏侠身边袅娜地闪过。魏侠被闪得情绪低落，甚至伤感。在刚下完一场秋雨的地面上，他看着积水里的灯光和人影，想起了谭蜜斯。

　　谭蜜斯亦如识得遁地，总会乘着魏侠的孤单寂寞而来。

　　谭蜜斯上一次从香港回来，是夏天。魏侠百无聊赖，陪她逛老东山口。烈日炎炎，谭蜜斯脸上的浓妆坑坑凹凹，尤其那长年冒油的T区，更像饮早茶吃剩下那半截肥腻的布拉肠粉，油汪汪的。路过一间雪糕屋，魏侠嘟囔了一句，想吃红豆冰。声音不大，谭蜜斯听得不是很肯定，她侧过脸来看魏侠，扯了扯两人一直牵着的手，柔声问，什么？想要什么？这样一问，魏侠反倒很无所谓地摇了摇头，说，算了，没什么。谭蜜斯立刻就很有所谓起来，连声追问道，不是想吃红豆冰吗？想吃吗？瞧她紧张的样子，魏侠得意了，大声嚷道，我都说了，算了。魏侠话音刚落，谭蜜斯的脚步也落地生根了，她定定站在大太阳底下，一副烈女模样，坚贞地维护着魏侠的那个小小心愿。于是两个人在路中间，拉拉扯扯。一个说，吃嘛，我给你买来吃。另一个，干脆撒起了娇来，叛逆起来，坚决不要吃。最后，谭蜜斯抵不过魏侠的力气，被半拉半拖着走了。

不过是一杯红豆冰。谭蜜斯被魏侠用手臂圈着。她小鸟依人地仰起头，慈祥地看着魏侠，说，细侠，你应该知道的，从小到大，你要什么我都会尽量买给你，你如果要星星要月亮，我也会去摘给你的啊，你知不知道？

知啦，知啦，谭蜜斯，你最宠我的啦。魏侠故意把声音拖得长长的，一长，就有点奶里奶气了。

谭蜜斯这才找回了当母亲的感觉。一个六十岁出头的女人，孤身在香港工作生活了二十来年，整天吃雌性激素片，且喜欢打扮得像个独身处女，要不是每次定期回来看看魏侠，她都要忘记了，自己还是个必须扮演母亲的女人。

谭蜜斯喜欢扮，仿佛生活在这个世界上，广州也好，香港也好，都是一集集连续剧。魏侠最了解她，配合她，也同样扮给她看。比方说，魏侠去香港探亲，遇见谭蜜斯认识的人，他都会扮成谭蜜斯的学生。谭蜜斯一直对别人说，自己在内地当过人民教师，而香港人叫教师，的确是称"蜜斯"的。这种冒牌的师生关系从不会穿帮，横竖魏侠将"妈咪"改口为"谭蜜斯"，已经二十多年，都习惯了。

对于这个抛弃家庭奔往花花世界的女人，魏侠的爹哋早就不将她当一般人，多年来他总是嘲笑她：你妈咪喜欢扮，扮香港人，扮年轻人，哈哈，还扮神秘单身女人，真是癫。扮来扮去，迟早变超人，细侠，你快连妈咪都没有了。

魏侠无所谓地干笑两声，说，你才癫啊，没妈咪我从哪里来的？从你肚子里屙出来的？

魏侠当然有妈咪，不过有时有，有时没有而已。

在这个郁闷的夜晚，魏侠的心里就有了妈咪。他坐在一棵大叶榕下，对着不远处的红绿灯，掏出手机，给谭蜜斯打电话。电话被秘书台接管了。魏侠心里的妈咪被堵在维多利亚港某个灯火阑珊处。他猜她现在正在那间袖珍公寓里，帮那个刘安扣传教——男的在上，女的在下，念念有词，主啊，保佑我坚挺，主啊，赐我神功！

一想到那个死肥佬刘安扣，魏侠的脑子里，不会有别的，就是他肥胖的身体压在谭蜜斯瘦小的躯干上。

谭蜜斯跟魏侠说刘安扣如何如何对自己好，那种好，是患难见真情的好，绝对不是一般的露水情缘。所以，这么多年，她都舍不得离开这个早已当上别人外公的死肥佬，连带着对香港也舍不得离开了。

患难见真情？见个叉真情！魏侠在心里骂了句粗口。

此刻有哪个靓女来见一见魏侠的真情，魏侠会把荷包里的钱全都交给她。

魏侠心里空空的，像一座无人的古堡。一切隐匿在这个城市里的声色犬马，都被他像屋顶上一只斜着眼的乌鸦般死死盯住。

古堡、乌鸦，魏侠心里一阵莫名。在这么精彩的午夜时分，怎么会想到这些古里古怪的东西？莫非，自己真的 OUT 了？他被自己的这个想法吓了一跳。但是，还没来得及仔细想这个问题，他的眼睛就被一道猛烈的强光直逼，逼得几乎睁不开。那个一步一颠朝这边走来的靓女，胸前顶着车头灯般吸引人的两只大波，几乎不消一点挤压，中间就自然天成了一道深邃峡谷。魏侠的目光顿时成了悬挂在那峡谷间长流的瀑布。这靓女自知魏侠忝列于胸前的目光,却并没表现出嫌恶来,反而步颠得更起劲,似乎是迎着美好灿烂的未来,义无反顾而去。

这无疑是今晚唯一的一个亮点。这两只车头灯,很快地给这个四十岁男人的心跳、脉搏、荷尔蒙等的生理年龄进行了一番照射、测试。好在,好在,魏侠能感觉到自己尚踊跃,尚年轻。他依然能为两只美丽的大波而感奋不已,愉悦不已。他真的太感谢那大波女人了。

老友刘子恒说过,从女人身上可以分出男人的年龄段:少年男最想看女人的私处,青年男最迷恋女人的脸孔,中年男最欣赏女人的胸部,老年男最垂涎女人的臀部。那,老老年男呢?刘子恒坏坏地笑着对魏侠说,嘿嘿,最在意女人的双手。

沿着路边广告牌,慢慢走,魏侠寻味着这些"时段论",不由自主地露出了笑容,心情逐渐舒畅了起来。不过,他依然不想那么快就散场。他打算到家边上那个"老脸吧"去,期待邂逅个把熟人,不管男女,吹吹水,打发打发时光也好的。总之,他就是不愿意那么早回家。魏侠不到清晨是不会睡觉的。习惯了。若然哪天早睡了,噩梦就会像一只怪兽,在他入睡不久后,等着要咬他。

魏侠在广州一个连锁的老牌发廊当理发师,做得资深了,便可以耍耍大牌,他只挑下午班来上,下午两点到晚上十点。与其说他喜欢黑夜,不如说是他迁就自己的生物钟。据谭蜜斯说,他从小就是个夜哭郎,见黑就兴奋,非要人抱到大街上,非要看路灯看月光光,眼睛还没能看见河对面,就急着要看眼前的花花世界了。"哎呀,人家说三岁定八十,你呢,未足月就定终身,说明什么?基因嘛!"谭蜜斯说着,还用一双留着修长指甲的手,捏捏魏侠的脸,捏捏魏侠结实的手臂,东摸摸西看看,似乎在确认那些基因到底还在不在。

魏侠想想,基因,其实就是个不讲道理的原因。他一生下来,就跟那个急急脚跑出香港的谭蜜斯一样，迷恋这走马灯一样不停转动的花花世界。他迷恋年轻漂亮的女人，喜欢看女人的波，那些在他眼前晃来晃去的波们，可不就是白天黑夜都亮着的各种式样的走马灯嘛。

二

女孩就坐在魏侠的专用椅上，等理发师。她穿着短到快露出内裤的A字连身裙，伸出两条白嫩的细腿抻在地上权当固定，将身体左右旋转，变换着角度看镜子里那个被洗湿了头发的人，不知道是对自己欣赏，还是不满，表情很复杂。

魏侠瞅了两眼，看了看那脸，化了妆却掩盖不住轻薄的嫩肤质。几乎同时，魏侠就注意到了，在她裸露出来的左手腕上，脉搏的位置，系了根红线。第一眼看，还以为是一根装饰的红头绳，再看，才发现，它完全静止地紧嵌在女孩的皮肤上，才知道，那是一根红色文身。

这是一个有点爱"搞"但胆子却不大、二十出头的女孩子。魏侠在心里完成了对这个女孩的判断，旋即，熟练地将蓝色斗篷一抖，一抛，准确地覆盖住了女孩的全身，只留下脖子上一颗依旧不安分着要转动的脑袋。依照魏侠的职业水准，客人一披上斗篷，他的脑子里还能印出斗篷下的身体、衣着，并判断出一些基本信息，诸如年龄、风格、趣味、职业之类的，那样，他才能恰当地为客人设计发型。

"嗨，你好，我是William，有什么可以帮到你吗？"魏侠习惯性地问候他的客人。

女孩在镜子里，看着洗头妹介绍给自己的这个资深理发师——一个中年男人，身材保持得还好，不高不矮，不胖不瘦，穿一条磨得有点破的修身牛仔裤，一件紧身素黑T恤，在脑袋后边，还拖了根不长不短的小马尾巴。在她眼里，也就是一个站街搞艺术的。洗头妹刚才给她看过价格表了，这个 William，基本的洗剪吹下来，要 79 块，其他人 69 块、49 块不等。她今天来这里，就是下决心将自己改头换面，最好能易容，变成另外一个人。所以，她一发狠，要了最贵的男人。

我要剪掉这些长头发，要短发。

短发？唔，我看看啊，不如，剪个 BOBO 头？很可爱的，适合你脸型哦。

魏侠摆弄了一下她的头发，又在镜子里，仔细分析了一下那张年轻的脸。这张脸，额头不够圆满，整张脸都偏短，这样一来，五官的位置就不够住。好在，她的五官还懂得节省位置，懂得腾挪些空间给那双圆溜溜的大眼睛。

魏侠进一步向女孩介绍关于今年夏天盛行的那种可爱的 BOBO 头，没想到，女孩子却不耐烦了，她在斗篷底下的身体，动来动去，动了一会儿，一只手伸出斗篷外边，升了上来。那手上举着一张照片。

女孩昂起头，侧过脸，望着站在自己右上方的 William，几乎是下命令地说——给我剪这样的头发，要一模一样的。

魏侠低下头，跟女孩那双黑白分明、亮闪闪的眼睛直接对视。不知怎的，心里在意了一下。躲过那眼睛，他接过女孩手上的照片，看。照片上，是一个同样年轻但却妩媚得很性感得很的女孩，剪的是那种男式板寸头，穿着一件军绿色的小抹胸背心，皮肤白皙。魏侠的兴趣很自然便集中在女孩那一弯浅乳沟上，唔，她的波不算小，但却不累赘，很挺拔，要是松开小抹胸，那两只波应该像踮起脚尖跳芭蕾舞般紧致。最性感的地方，魏侠认为，还在于她有着圆圆的嘴唇。

这么短？魏侠一边看照片上的女孩子，一边对他的客人说，我觉得，不太合适你吧？他试图要说服她。要知道，他不是一般的理发师，他还是个"发型设计师"，他的名片上是这么印的。有很多不能正确认识自己的客人，想当然地提出些不恰当的要求，在他的劝说之下，几乎都按照他的设计，剪回了个心满意足的发型。

　　这个女孩，肯定是把照片上的女孩当自己偶像，模仿她，恨不能把自己变成她。嘿嘿，完全两码子事嘛。魏侠在心里对比了一下，照片上的那个女孩，大概是个明星，但魏侠不认识。风骚、大胆、前卫，板寸短发衬托着她那几乎完美的脸型，有点邪门的眼神，还有性感的唇，既特殊又恰当，实在很不错。可人家是明星啊，这傻瓜，要模仿也要找个靠谱一点的模仿嘛！魏侠心里想笑，但同时又觉得女孩很有意思。魏侠早就已经过了要模仿某个人或者说要做某个人的年龄了，他二十来岁的时候，倒是喜欢模仿过郭富城，发型、打扮，骚过一阵，成熟一点的时候，他模仿过方中信，品味、眼神，闷骚得也像。不过，现在，他谁都不模仿，四十岁了，他逐渐认为自成一派，真要模仿谁，还真肉麻了呢。

　　在魏侠看来，这个女孩，套用一句流行的话来形容，就是——很傻很天真！所以，他再次确认，这样的女孩，剪个齐耳根的BOBO头，再染个能凸显她白嫩皮肤的亚麻色，绝对很衬！

　　可是女孩完全不要！她认定了板寸头，她只剪板寸头！她来这里，点79块的他，就是要使自己变成照片上的那个女孩子的。

　　所以，接下来，资深理发师William，硬着头皮，进行了一次冒险的理发。

　　这个板寸头，足足花了一个半小时。魏侠的手剪得都冒汗，几次停下，掏出手帕来擦。他似乎费了很多脑细胞，使出了他最拿手的技术，力图理出一个可以令自己通过的板寸头。

　　终于完成了！只能这么说，魏侠的手艺的确没得挑剔的——剪得跟照片那女孩几乎没多大出入，就连两边鬓角收势的弧度，都很相似。

　　女孩看着镜子里的自己，好像并没觉得异样，漠然。魏侠以为她是因为认不出镜中人了，吓着了，所以，一点反应都没有。谁知道，女孩居然长叹了一口气，可怜兮兮地抬头望着魏侠，说，William，你看，我这样,像不像她?

女孩圆溜溜的眼睛,看得魏侠心里一阵乱跳。他不断地用手检查着自己刚完成的板寸头,装作很轻松地问:像她有什么好的?她都不是很靓啦。

魏侠不认识照片上那个靓女,他习惯性地讨好身边这个女孩,她今天花了79元捧他的场。

一听这话,女孩两眼顿时发光,拿起那张照片,看了又看,自言自语地说,啊?不靓?你觉得不靓吗?啊?哪里不靓,哪里嘛?眼睛不够大?没有酒窝?皮肤不够白?……

女孩的兴奋,把魏侠弄糊涂了。女孩对那个靓女,到底是欣赏?还是讨厌?

哄女孩高兴,几乎跟理发一样,是魏侠的拿手活儿。

接下来,在魏侠给女孩上发尾油期间,这个年轻的女孩已经开始跟魏侠说说笑笑起来。

这个人,是明星来的?魏侠把照片还给女孩的时候,随口问。

切!她倒是想!女孩从鼻子轻蔑了一句。

噢,原来不是明星啊!魏侠奇怪地说了一句。

她——是——贱——人!女孩一字一字,语气生硬,一时间爆发了江湖恩怨。

噢……魏侠似明白非明白地应了一声,便没再追问下去了。隐私,要是再打听下去,会把客人吓跑的,再没回头客了。

等女孩去收银台付过钱,魏侠送女孩走出发廊门口的时候,女孩已经收下了魏侠的名片,并且毫不设防地用自己的手机打了魏侠的手机一下。

那天下午,客人走了之后,魏侠坐在发廊里,看小倩一点一点地把散落在自己那张椅子周围的长发扫走。他弯腰捡起了一根,这是那个叫菜菜的女孩子的头发,她现在,已经乖乖地在魏侠的手机通讯录里住了下来。

魏侠心里浮现着菜菜,不是那个他经手剪的难看的板寸短发,而是她那长长直直的腿,嫩嫩的皮肤,圆溜溜的眼睛,可惜,菜菜的波,小了点。想到菜菜的波,魏侠的想象力毫不费劲地滑入了菜菜的内衣——他在脑子里,贼贼地印出了虽然不大但却结实的两只,一只左,一只右。

三

发廊里,通常最受欢迎的有三类客人,一是剪短发的,二是做定期焗油护理的,三是烫染发的。这三类客人,从发廊走出去后,基本上一个月左右就要回来报到一次。一名成功的理发师,除了手艺精湛之外,还要有接客魅力,使客人只要想起做头发,就要沿路找回来。魏侠认为,艺术的接客魅力,更是一名成功理发师的"必杀技"。现在,他愿意把这技能,全身心地施展在那个叫菜菜的女孩身上。

不到一个月,菜菜的手机上,就收到来自"魔发魅力"发廊的一条"温馨提示"短信息——亲爱的菜菜小姐,请在忙碌的工作之余,关注一下您头发的尺寸哦!国际流行的女版板寸头,标准尺寸为两寸。发型设计师 William 每天下午三点至十一点恭候您的光临!

短信息的到来,同时把菜菜曾经输入过自己通讯录里的那个命名为"理发 William"标识了出来。

叫 William 的人,菜菜认识好几个,公司里那个跑单邮寄货物的哥哥,也叫 William,每次菜菜把从网络打印下来的货物订单交给 William,一旦接过单子,William 就会朝菜菜做个出发前的"V"的手势,然后脚下就像穿了溜冰鞋一样,跑得飞快。所以,菜菜现在都懒得叫他

William，顺口就叫了他阿V。当然，在菜菜公司的"GO GO"网购名单上，不时也会出现叫William的客人，有几个还是长期客户，跟菜菜没见过面，但是通过电话。在菜菜的手机电话簿上，这些William，一律前边都加了特点来标识，比如"深圳William"、"保险William"、"娘娘William"……为什么那么多人喜欢用William做英文名？菜菜特意在百度上查了一下。原来英格兰有一位著名的国王，就叫William一世，也被封为"征服者威廉"，所以，后世喜欢用William象征征服者、勇敢者。菜菜当时搜索到这个知识之后，在心里"切"了一声，男人就是喜欢征服，征服什么？没钱没势，征服空气啊？以为自己William了，就有力量就能征服了，哈哈哈哈！更可笑的是，那个跟自己通过电话的娘娘腔，他居然也叫William。

至于这个"理发William"嘛，菜菜眼前浮现出了那个瘦高的中年男人。他给她剪头发的时候，裤裆上的拉链就在她眼前晃来晃去，那拉链的布帘上，还闷骚地绣有一只黑色的小骷髅头。菜菜对这种闷骚型的老男人兴趣不大。她略略地想了一下他，估计他一辈子就只能征服头发吧。

讲到征服，就算不甘心，菜菜还是认为，在她认识的人当中，那个贱人苏爱文才最有能耐，她才配叫William呢。苏爱文就是凭着她那一头短短的板寸，那一张死不要脸的脸，贱贱地从她的手里抢走了一个男孩子——那个有一个大款老爸，终日开着悍马车穿梭于东莞广州两地的富二代。如果不是苏爱文，菜菜相信，现在坐在悍马车的副驾驶位上，在高速路上狂飙的女孩子，说不定就是自己了。每每想到此，菜菜既咬牙切齿，又痛心疾首。

菜菜是在一个派对上认识富二代的。几乎第一眼，她就断定了，他是个富二代。他跟她年龄相当，但是却已经一身名牌披挂。他手上戴着的那只劳力士运动型腕表，她刚刚才在ELLE杂志的扉页上看到。她学习了那张扉页好多遍,她敢肯定,富二代手上的这只跟 ELLE 上的那只,版本都是一样的!奢华,活力。ELLE 上是这么介绍这只表的。菜菜刚心如撞鹿地判断完富二代手上的劳力士,顿时就闻到了他身上散发出一股暗香,那味道,低调却殷实,有有无无,虚虚实实的,菜菜无从鉴定品牌,人却早已闻得心旷神怡。

派对结束之后,菜菜兴奋地回去跟自己合租公寓的女伴苏爱文说,遇上个富二代啦,没错,就是传说中的富二代,身上一股不知道什么牌子的香水味,杀死人啦!菜菜到现在还记得,苏爱文当时就把细烟夹在手指上,靠在卧室的门框上,身体扭成个 S 形,满脸鄙夷地说,呸,什么香水味,我看啊,是铜臭味吧?

可是,真不敢相信啊,就是这个满脸鄙夷的苏爱文,在菜菜觉得自己跟富二代开始有一些苗头的时候,下手了。那么轻而易举,完全不动声色,完全不讲先来后到!

富二代曾经跟菜菜承诺,要带菜菜上高速路,飙车。最后,却带了苏爱文去。去了,菜菜还蒙在鼓里。直到有一天,苏爱文把夹到相框里的照片多打印了一张送给菜菜,显摆地告诉她,这是她靠在富二代的悍马门边拍的,地点是一个高速公路的加油站。

这张照片,一段时间以来,成了菜菜的座右铭。软弱的时候,拿出来看看,增强斗志。但是,她又很贱地想着要模仿苏爱文。

有一天,已经搬出公寓的苏爱文在 QQ 上,竟反常地邀菜菜聊天。菜菜不要理她,她却自顾自地闪动不停,自言自语地说了一大串的话。最后,她很伤感地给菜菜留言——

"我和他,肯定不会天长地久,我总算是看清楚了,这些富二代,怎么会跟一个人天长地久呢?玩一阵,腻烦了,就跑了。亲爱的菜菜,我觉得,等他跟我玩腻了,就会回来找你玩哦,你就准备着吧。

PS：根据我的观察，他好像有'板寸控'，跟他以前玩过的，有两个就是板寸的。"

菜菜看着苏爱文的留言，竟然心跳不已，仿佛那个富二代，已然捧着鲜花钻石站在自己公寓楼下了。

当然，富二代始终都没来。菜菜心里亦不肯完全承认，自己是为了等待富二代的到来，才去"魔发魅力"，每个月花79元，由那个"理发William"，像园丁一般，有耐心地、好脾气地修剪维护着她的板寸头。"理发William"有一次，温柔地征求过她的意见，希望她不要再留板寸头啦，还说她的脸又圆又短，板寸会暴露她脸部的缺点，不如留个BOBO头。"你这么一个可爱的小甜甜，留那么硬的板寸，真的真的很不合适。"她总是会被"理发William"夸赞得很高兴，几乎有些轻浮了，在镜子里用大眼睛朝他放了一下电。

菜菜的眼睛，本来就好看，一旦放起电来，居然跟她那逼人的青春有着强烈的反差。那是她长期以来，对着手机自拍，练习了多年，自以为比较能勾人的眼神。

魏侠在菜菜那一眼无辜、楚楚可怜之下，一直支架起自己心脏的那条腿，果然猛地软了一下。他俯下身来，对只修理了一半头发的这位顾客，极尽低极尽柔极尽暧地问："不如，做我的小情人？"他那个绅士的样子，要是没听清楚他的问话，绝对会以为，这个资深发型设计师，正在循例征求自己服务对象的意见——不如，我们去冲洗？或者说，不如，我们转另外一个发型？绅士得来又那么自然。

魏侠正儿八经地把菜菜当交往的女朋友。他努力不懈地约菜菜，一次拒绝，两次拒绝，三次拒绝……魏侠不觉得失礼，反而很有耐心。他觉得有难度的女朋友，往往比较珍贵。

　　由于菜菜的男朋友暂时空缺，又耐不过他的坚持和认真，心情好的时候，也答应跟他约会。菜菜有着年轻女孩的诸多毛病，不守时、践约、任性、小气、霸道，等等这些，魏侠都统统啃下去。下班后，他就开着那辆二手马自达，带着菜菜，熟门熟路地到新河浦的一些酒吧"混"。喝喝酒唱唱K聚众玩玩游戏，至于接吻上床这档子事，他不着急的。他自认与众不同，不时对菜菜温柔且自信地一笑，说："我呢，假假哋，都是个东山少爷来的！"菜菜觉得这"东山少爷"的叫法，实在老土，实在肉麻，就笑话他，什么东山少爷啊，我看叫东山大叔还差不多。韩剧看多了，菜菜喜欢跟着韩剧里的小可爱叫人"大叔"，娇撒得又欢又哆。魏侠听后，一笑置之，他暗自高兴，只要菜菜一直朝自己撒娇、做作，他就会一直"有戏"。

四

　　按照老广州人的思路，魏侠的确"假假哋，都是个东山少爷"。东山少爷曾经是广州高官子弟的代名称，过去那些有权势的人，世居在东山区，因此而得名。

　　魏侠的曾祖父，在广州算是个小官僚，可惜到了魏侠爹哋这一代，就混瘪了，东山少爷无能东山再起，只混成了居住在老东山区的小市民。魏侠从出生到现在，也没搬出东山到那些高楼林立的天河新区去。后来，爹哋再结婚搬到江南西路去住之后，他就一个人住在东山的旧公寓。在那些老人看来，东山的旧公寓，就算它们有过多么辉煌，住过怎样犀利的达官贵人，到了今天，都绝对不适合年轻人住了。东山的路窄，烟墩路、寺贝通津，好多地方，车与车只要一相遇，就已显出仇人相见，冤家路窄，更不要说找个地方熄火停下了。所以，生活在这里的年轻人，认为这里没有广阔舞台。有本事的，都因为不愿意跑到远远的广场取车而搬离了这里。

魏侠没搬走。他把车停在东山口的地下停车场。每天，他晃晃荡荡地穿越小半个东山，跟闹市背对着，在窄窄的一路绿荫下，跟着穿堂风一道，两手甩甩，一路走得得心应手，最后，带着两袖风回到了家。这两袖风，多多少少让魏侠找到些少爷的感觉，再加上，他一个单身寡佬，又没有家累，除了去发廊上上班，他终日无牵无挂，甚至游手好闲。不时，经过老人在楼底下挂的几笼鸟，魏侠会吹口哨撩拨几下，自然是不作停留的，走出好几步，身后鸟声四起的时候，他心里也就有了曲调，常常是那首老歌："少爷威威／少爷威威／银两多多任我洗／皆因他爹哋／钱多到吓鬼／少爷威威／少爷威威／扮到靓晒／去追女仔／几大要摆款／佢几大要威……"这是香港巨星"谭校长"谭咏麟的老歌。

谭蜜斯跑出去香港之后，第一次回来探亲，给魏侠带了一只日本产的爱华随身听，还有几盒录音带。魏侠最爱听的就有谭咏麟这首《少爷威威》，不仅爱听，还唱得像模像样。那时候，魏侠还是个少年，长得唇红齿白的，加上谭蜜斯给他带回来那些颜色鲜艳的佐丹奴T恤，配上苹果牌牛仔裤，书包里还经常揣着些新潮的玩意儿，让他在同学面前，威得不得了。谭蜜斯总是千叮嘱万盼咐他说，细侠，你在别人面前一定不要失礼啊，你做任何事都要记得，你是个少爷，而且，还是有个香港妈咪的少爷啊。魏侠点点头。几乎在整个青春期，魏侠都骄傲得像个少爷。他那时候完全不知道，香港妈咪谭蜜斯，即使每次回来看他，打扮得像只花孔雀，带着他在广州城里，东吃西吃，东玩西玩，花钱也阔绰大方，其实，她在香港找吃竟然是那么的艰难。

上个世纪八十年代初，像谭蜜斯这样，从梧桐山下纵身一跃进河，游上个几十米，然后潜伏在水里，伺机上岸，登陆香港的逃港者，多数都受到过"香港遍地有金拣"的蛊惑和熏陶，然而，得以逃港成功居留者,也无一不经历过失望、伤心甚至后悔。那时候的香港自然是个花花世界,可是,这世界,横在谭蜜斯面前,就好比一条永远穿着长筒丝袜的玉腿,再怎么近,再怎么光滑,再怎么清晰,都跟谭蜜斯隔了那么一层。

刚到香港落脚,谭蜜斯在一间英国老板开的成衣公司当车衣工。由于懂讲粤语,再加上是个独身女人,干手净脚的,被同事伸伸"咸猪手"吃吃豆腐也不会告劳工署,自然受到英国老板的重视,没多久就升到office,不再车衣,当了个业务员。为了更快地在香港站住脚,谭蜜斯下班之余,报名参加了英文班,练习英语对话,努力得像个小学生。既懂得粤语,又学会了英语日常交流,谭蜜斯跳槽就轻松多了。那么些年来,她像跳蚤一样蹦来蹦去,倒也活得像个香港小白领。

然而,谭蜜斯在香港,最终得以褪下香港的长筒丝袜,全靠刘安扣。刘安扣在香港开茶餐厅,也算是个小老板,家和万事兴,儿女成群,过点小康日子,也安逸。谭蜜斯不时到"刘记"茶餐厅喝杯奶茶吃碗粥、粉、面什么的,逐渐跟刘安扣熟络了起来。刘安扣很是照顾这个单身大陆妹,照顾来照顾去,就照顾到了床上。离乡背井,谭蜜斯心甘情愿地让刘安扣褪下了自己腿上的丝袜,一褪下,她的心里就有了归宿。不仅心里有了归宿,刘安扣还为她在旺角租了个小公寓住下。就这样,身心都住了下来,一住就住了几十年。几十年间两人分分又合合,但无论怎么闹,谭蜜斯跟别人曾经怎么乱搞,刘安扣都没对谭蜜斯断交过一次租金。

谭蜜斯跟魏侠讲到刘安扣,总是不无服气地说:"这个人啊,绝对是个情义无价的人。"

多年来,谭蜜斯对刘安扣的依赖,已经完全等于对一个老伴的依赖了。

九七年之后不久,香港开始流行讲普通话。谭蜜斯的粤语和英语的语言优势逐渐丧失了。普通话不好,公司的重要业务也不会交给她。考虑到谭蜜斯年纪已大，面临退休，再跟一些小年轻一起，卷着舌头重新开始学普通话，实在困难。刘安扣就在尖沙咀租了间小写字楼，给谭蜜斯办起了"粤语培训班"，专门为那些刚来香港不久的北方人（主要是家庭师奶）培训粤语。现在，谭蜜斯每天晚上，依旧打扮得花枝招展的，准时开班，用自己的母语教教人，维持自己的日常开销，也还过得可以。

"回来算啦，都一把年纪了，还在外边乱跑干吗？况且，现在哪个城市不是花花世界？"魏侠不止一次地劝谭蜜斯。为了证实自己的话，他还专门抽出时间来，带谭蜜斯到珠三角深圳、东莞以及江苏长三角的几个城市转了一遍。

长那么大，魏侠跟谭蜜斯头一回相处那么多天。母子俩走到哪里，都手牵着手，再加上，谭蜜斯身材保养得好，娇娇小小的，打扮也走年轻路线，外人一点都看不出她的真实年龄，所以，总以为是他俩是一对老广情人呢。

一天，两人在昆山一个别有情调的酒店里吃饭，魏侠给谭蜜斯点了一个花胶炖盅，贵得要命。谭蜜斯没吭声，吃得很是享受，眼看着就吃到见底了，谭蜜斯忽然哇啦啦地嚷了起来——天啦，这里边，竟然有一只黑蚂蚁，恶心啊！说完，做出一副受了惊吓要呕吐的样子。魏侠立刻凑过去一看，果然，一只又粗又黑的大蚂蚁漂浮在羹上。他去找来服务员理论，扯来扯去都没个结论。最后，谭蜜斯用她那蹩脚的港式普通话对主管说，我们呢，是专门从香港过来，考察这里的投资环境的啦，没想到你们这个地方，服务意识那么差，要是在香港碰到这样的事情，早就快快免单让客人离开，费事在这里吵来吵去影响生意啦！谭蜜斯这一说，还真管用，不知道是她香港人的身份让别人礼让呢，还是真怕她大声嚷嚷影响了门面生意，总之，他们无端端吃了顿不便宜的免费餐。饭后，两人逛古镇，心情愉悦得很。

让魏侠没想到的是，在短短的十天旅行中，谭蜜斯居然在不同的酒店里，吃到了三次黑蚂蚁，每次，都让谭蜜斯说服了酒店，吃了三次免费餐。嘿嘿，三次！魏侠觉得真比中六合彩还难啊，长三角难道盛产黑蚂蚁？事后，谭蜜斯摆出一副妈咪教子的架势，语重心长地对魏侠说："细侠，凡事要懂得争取，忍让和善良，都是没前途的，知道不？"魏侠领教了谭蜜斯向酒店的三次争取，觉得谭蜜斯还真像是个精明的职场女白领。他进一步想到，这么些年，她一个人在香港，赚钱当小资，享受花花世界，可不就是靠的这副精明和神勇？

尽兴后，母子俩搭飞机返回广州。过安检，工作人员在谭蜜斯的手袋里，查出有液体状物，让谭蜜斯翻检出来。谭蜜斯才想起，是瓶风油精。于是在手袋里掏来掏去，掏半天也不见，索性便将手袋里的物品全倒进小筐子里。其中一只小胶袋，里边装着一只只纸角，引起了工作人员怀疑，当众打开一只纸角，包的竟然是一只只黑蚂蚁干。谭蜜斯慌乱了，急忙朝工作人员解释说："是收来做药用的，你们不知道的啦，香港人，最喜欢用黑蚂蚁来治风湿，好灵的啵！"说着，不断用眼睛的余光瞟向身后。

身后的魏侠，心下一凛，原来酒店的黑蚂蚁全是谭蜜斯的道具，统共用来演了三场戏。他尴尬地低下头，并没凑上去看热闹。此后，两人一路没提这事，无语回到广州。

长三角这一趟，让谭蜜斯觉得内地的确不错，但她还执意要丢下魏侠，回香港去。临走，她少有地掉下了眼泪，摸摸魏侠的脸说："细侠，妈咪要回去了，刘安扣老婆去年得了癌症，见马克思去了，他的儿女又都在美国，很少回来探他，要是连我也走了，那他就连个煲汤的人都没有了。细侠，做人要饮水思源，明白吗？"

魏侠顿时觉得鼻子酸酸的，谭蜜斯每次的说教，忽然都变成了废话，一点说服力都没有。到现在为止，他除了接受谭蜜斯从香港捎给他的礼物或者金钱，令他风光、虚荣过一次又一次之外，他一口都没喝过谭蜜斯煲的汤。步入中年，魏侠忽然觉得累，过腻烦了这种浪里浪荡的所谓"少爷"生活，想喝啖住家汤了。

谭蜜斯坐上出租车之前，回过头来，整理了一下魏侠的衣服领子，扮一个贤良淑德的女人样子，对魏侠深情款款着笑说："细侠，不要忘记了，你是妈咪的少爷仔哦。"

出租车绝尘而去，魏侠就软弱了下来。那一刻，他有了孤儿的感觉。他拖着软塌塌的身体，怀着同样软塌塌的心，走过东山一道又一道的小街。经过一扇雕花的窗户，从里边，竟然传来了谭咏麟那首《少爷威威》。老掉了牙的少爷，似乎就坐在黑黢黢的窗户里，浑然不觉得，时光已不再，这满眼看去的花花世界，已经没了少爷的份儿啦。

五

很多时候，菜菜都不理解，为什么最终还是跟"理发 William"搞上了。而且，还搞得那么曲折。好像她跟他，是隔了几百十年的男人和女人，在现世相遇了，搞上一搞。又好像两人是两根做成了扭曲状、旋转状的吸管，眼看着已经伸进了同一只鸡尾酒杯里，各吸所需，却要七拐八拐，快感才得以抵达嘴巴。

情人节这晚，菜菜答应把节目留给魏侠。魏侠乐颠颠地开着马自达，带她到白天鹅酒店，吃牛扒、喝红酒、点蜡烛、听西洋乐，整个氛围，使落地玻璃窗外的珠江，顿时高档得像莱茵河。

谭蜜斯回广州，偶尔要来这里一趟，有时是吃晚餐，有时是饮太子早茶。在魏侠印象中，每次来这里，她都要摇头叹气地说起年轻那阵子，跟魏侠爹哋去沙面拍拖，先是远远地看白天鹅，再沿着珠江，走近去，走近了，又折返。"那个时候啊，这里就像禁宫一样，没钱，连挨近点都觉得受罪呢。"魏侠心里暗地笑话爹哋，没钱泡妞就别带妞往珠江边跑啊，活该出洋相，被人笑贫，真是傻啊。魏侠不会像爹哋那么傻，他的荷包里带足了"弹药"，今天晚上，除非菜菜点路易十三大炮，不然，他是不会出洋相的。

看起来，环境的确在一定程度上可以影响人。来到这种高档酒店，坐在魏侠对面的菜菜，怎么看怎么像个淑女。菜菜的头发已经脱离了板寸，开始长长了，快到耳根了，魏侠帮她烫了个小粟米卷，挑染了棕黄色。单看每一根头发，像细细的即食面，整体看，则像稻草人的头发，可爱又时尚。菜菜平日里研究时尚杂志，学习得也到位，什么样的发型搭配什么样的服装，到什么样的地方约会扮演什么样的女人，这是她人生的"主修功课"之一。她穿了one piece的晚装风格短裙，又不失活泼地套了一双及膝长靴。短裙是米色的，领子一贯地开到了胸前，不过，虽开得深，但却不大，低调得来又不乏内容。另外，她还花心思在脖子上搭了根浅红的小围巾，烛光之下，整张小脸显得粉粉嫩嫩，甚至，还有些含羞的样子。

这天晚上，魏侠有时光倒流的感觉，仿佛回到了上个世纪末，自己还是二十来岁的小年轻，事事积极献殷勤，身上每一个细胞都跟当年的精子一样活跃地游动着。到最后，魏侠还忍不住夸夸其谈起来。他告诉了菜菜一个秘密。他说，我呢，有个妈咪，在香港，是个老板娘来的，开茶餐厅，从西贡连锁到中环，海港城一楼都有的，不过，我从来不要妈咪的钱，我靠自己！

撒谎起来，魏侠居然眼睛都不眨一下。对面的菜菜呢，也听得眼睛都不眨一眨，哇，William，原来你有个那么强的妈咪，好厉害哦！她娇娇地朝魏侠做了个"V"的手势，人也顿时对他尊重了些许。

魏侠每抿下一口酒，就看那小脸一眼。每看一眼，就觉得菜菜小了一寸，看到最后，恍惚间，简直觉得她像摆在自己跟前的小娃娃玩具。忍不住，伸过手去，捉住了她白白细细的手掌。那手心，原来是没心没肺地冰凉着，魏侠一接触之下，心里莫名地一抽一抽着疼，恨不得把自己手掌的热量全都过给了她。

菜菜不做声，任他把玩自己的手。她另外一只手，依旧托在腮帮上，头侧侧地看着窗外的珠江。既然答应了情人节晚上赴约，菜菜心里就有了默许。反正，经过她排列筛选，目前最佳人选，最值得搞一搞的，就是这个比自己大十九岁的东山大叔。虽然只是个理发师，但是，假假啲都是个广州人，有房有车，有安稳的收入，况且，刚刚还意外地收获——他还有个香港老板娘妈咪呢。

晚餐的后半段，魏侠头一次对别人，详细地说起了自己的妈咪。当然，这个妈咪，有时在生活中，有时在港剧里，虚虚实实。"本片纯属虚构，如有雷同，纯属巧合"。魏侠看港剧看不少，每集片头的这行字，一再在魏侠心里闪过。

讲够了妈咪，没话题了，魏侠就势问起菜菜，那张照片，那个被她咬牙切齿地唤作"贱人"的女孩。菜菜的脸上立马亮起了红灯。魏侠赶快识相地打住，贱贱地讪笑两声，掩起自己的嘴巴，连声说，私人恩怨，私人恩怨，收声，收声。菜菜看着他一副卑微的样子，"扑哧"一笑，红灯又转回了绿灯。

从白天鹅出来之后，魏侠带着菜菜游车河，几乎大半个广州，都被他的马自达碾过了。每一个十字路口，等红灯转绿灯的时候，魏侠内心的企图和欲望，如手上的方向盘，似乎一直握实在手，其实，犹豫得要命。算起来，魏侠已经好多年没跟这么嫩的女孩子在一起了，他甚至不知道下一步该怎么办呢。

马自达一直在兜圈。还是菜菜，最终被这曲折煎熬不过，她在一次等绿灯的时候，假装打个哈欠，把头靠在了魏侠的胳膊上。

情人节，是要给情人的，不然，枉费了情人的殷勤。

东山当晚的明月就铺洒在魏侠的床上，作床单。菜菜命令魏侠，熄灯，拉开窗帘。

月光照在菜菜的裸体上，有着相形见绌的效果。菜菜很明白，在魏侠的眼里，这是自己的优势。白的，嫩的，青春的，无敌的优势。眼看着，这优势，一会儿，被魏侠压倒之下，魏侠感到从没有过的幸福，幸福得都想掉眼泪了。他感激着要她。

菜菜低声叫，William，William。似是本能，又似是跟他已然相熟很久，是老情人了。

那一刻，魏侠觉得，月光原来是牛奶味的，从窗户望出去，月亮就是颗被菜菜吮湿了的牛奶拖肥糖，像小时候谭蜜斯从香港带回来的，奶放得特别足的那种，甜蜜蜜，甜腻腻的。

平躺着，菜菜一时间想抒情，就压低了嗓音，说，William，你知道吗，你在发廊给我做头发的时候，腰上别着一个黑色的匣子，好像个猎人哦。菜菜抚了抚魏侠平坦的腹部，接着又说，你的身材也不错哦。

那只黑色的匣子里边，是魏侠剪头发的一些基本工具，剪刀、梳子、夹子什么的，是理发师的专用。魏侠被菜菜这一夸奖，心里一激动，侧过身来，看着菜菜说，我是个猎人，那你以后就做我的小白兔，好不好？

老土，肉麻。菜菜不配合，摇了摇头。摇头之际，她猛然想起在网络女性频道看过那些小资在讨论一本书，书名很抒情也很好记，于是，正儿八经地对魏侠用上了——心是孤独的猎手。

什么？

心是孤独的猎手。菜菜提高了嗓音，不耐烦地重复一遍。

魏侠觉得这话很书面，也很高深，想不明白，只好讪讪地、坏坏地说，我还以为你说什么，性是孤独的猎手呢，呵呵。

切！菜菜忍不住鄙视他，同时，也觉得好笑。

现在，只要站在菜菜面前，魏侠就觉得自己像只"软脚蟹"，脚再多，也横行不起来了。菜菜说往东，他就往东，往西，他就往西。绝不走岔路的。

那天，在世贸大厦，他陪菜菜逛商铺，买东买西，花钱如流水。他想，追女孩子，哪里有不花钱的道理？人家谭咏麟早在几十年前，在自己还没长胡子的年代，就这样唱啦——"少爷威威 …… 追女仔／不要悭／休失礼…… 天天都送大礼／钻石与金表咪话贵／一味要死充……"

魏侠手里拎着菜菜那只 A 货 LV 包，跟在菜菜身后，全然没发觉老友刘子恒一直在对面楼梯口盯着自己看。没过一会儿，魏侠的手机响了，掏出来一听，是刘子恒。

"侠少，有没搞错啊，现在居然当起拎包男啦？"

魏侠一听，心一虚，向四周张望，口里咿咿呀呀地应付着，直到看见对面楼梯口的刘子恒，便盖了手机，朝他挤眉弄眼。

魏侠竟然一点都不觉得失礼。他对着老友，指了指前方不远处正在一个耳环专柜挑选的菜菜。菜菜那紧致挺拔的腰背，那两条直直的玉腿，以及那一身简装打扮，不消看正面，就知道是棵"小白菜"啦。果然，刘子恒顺着魏侠的手指方向，也看到了人群中那棵醒目的"小白菜"，远远地朝魏侠竖起了大拇指，那意思，魏侠再明白不过了——恭喜他钓上了个小靓妹！

魏侠不再理刘子恒，将手上的那只 A 货 LV 包，往自己的肩上一挂，紧跟了几步上去，自豪而亲热地揽住了那条招人的小蛮腰。

六

东山的"魏少爷府"，在八月的一个休息日，一下子成了三口之家。菜菜带着她的崽崽住了进来。

崽崽是只咖啡色的贵宾犬，第一次见魏侠，便自觉地半站起来，朝魏侠伸出了右前腿。魏侠看得有趣，以为它是在耍杂技，跟自己玩。没想到，菜菜扯了扯魏侠，嗔怪道："喂喂喂，亏你还是个少爷，连握手都不会吗？"

啊，原来狗也懂握手。魏侠新奇地弯下腰去，也同样伸出右手，绅士地跟崽崽握了握。刚一握上，菜菜就摸着崽崽的头，嗲嗲地说，崽崽，这是爹哋哦，以后要叫爹哋哦！

无端端收了个狗儿子。魏侠想，自己是崽崽的爹哋，菜菜可不就是崽崽的妈咪嘛，一家三口，也好玩。

崽崽是菜菜一手带大的，训练有素，只要见到生人，就要半站起来，准确地伸出右手，跟人家讨手握。更绝的是，崽崽跟菜菜出门遛马路，还会用右手牵着菜菜的手走路。菜菜对魏侠说，以前呢，崽崽是我的男朋友，现在呢，你是我的男朋友啦！魏侠顿时觉得菜菜一个人住的时候，真的好孤单啊，居然将一只狗训练成一个男朋友！如今菜菜委身于自己，他觉得有了义务，决定要好好地对待菜菜以及她的"前男朋友"。

休息日，魏侠一家三口，在东山逛外贸店。刚一出门，菜菜左手一递，崽崽自然地将右手搭在菜菜的手上，手牵手地逛了起来。魏侠只分到了菜菜的右边。菜菜左手牵崽崽，右手挽魏侠的胳膊。三人行，走得慢吞吞的，还很吸引人眼球。两人都不怕别人看，魏侠甚至觉得自豪，因为他经常从不少男人的目光里，证实了自己的能力——那些男人，最终的目光都停留在菜菜那时尚、活力的身上。

这一家三口，同住一段时间之后，关系就开始有点乱。

比起崽崽，似乎菜菜更喜欢叫魏侠做"爹哋"。两人做爱的时候，狗不在身边，菜菜还是"爹哋"、"爹哋"地喊魏侠。后来，干脆在电话里，菜菜也喊他"爹哋"。刚开始，魏侠有点不习惯，可喊着喊着，又觉得没什么，权当自己的英文名 William 改成了"爹哋"。况且，菜菜喊自己"爹哋"，无非也就是朝自己撒撒娇，装装嫩，是好事情。

谭蜜斯有一次从香港打电话来，菜菜接的，把话筒交给魏侠的时候，大声嚷了一句——爹哋，你的电话哦！那通电话，谭蜜斯花了整整半个小时，给儿子又上了一课。她说，香港那些老板，动不动就契女儿，那些小靓女一被干爹"契"上了，就上干爹的床，花干爹的钱，细侠，你发大财了吗？竟然也养契女？魏侠说，不是那样的，菜菜是我的女朋友，是她跟着那条贵宾犬喊我爹哋嘛。谭蜜斯在电话那头，点了根烟，呼了一口，长叹一声，声音就带着了些沧桑——细侠，你实在太天真啦，没有好处，那女孩子会喊你作爹哋？

魏侠懒得跟谭蜜斯争，他的脚搭在菜菜那细腻而圆润的大腿上，凉沁沁的，他舒服地在那上面蹭了蹭，打个哈欠，伸个懒腰，好没神气地对谭蜜斯说，我都说了，是那只狗要喊我爹哋啦。有什么问题吗？

谭蜜斯在电话里又细细碎碎地说了半天。她都能想象得出那女孩的样子。那种叫男人爹哋的女孩子，在香港，便宜得要命，等青春一过，本钱没了，就会比狗还贱。谭蜜斯想起从前，那个英国老头，拿出只周生生的龙凤金镯来，摆明了要契自己，嘿嘿，要不是她当时嫌镯子太细，说不好意志不坚定，也被"契"去了。好在，那时候，谭蜜斯有刘安扣，这个人虽然不是什么大老板，但是对自己斤斤两两的情义，也抵得上十对足金的大龙凤镯了。做人嘛，太贪了，最终都难有好下场。谭蜜斯颠簸这么些年，已经明白，抛弃大陆的儿子和丈夫，就是自己年轻时的贪，已经贪过一次了，再贪，就说不过去啦。过生日的时候，她会朝刘安扣撒娇，要刘安扣请她到半山那家西餐厅，扮演一对初恋的情侣。一边是诗情画意的维多利亚海港，一边是高楼林立的金融中心，东张西望，眼看着，大半辈子就过去了。摆在眼下的这一顿讲究的用餐，就是她自己穷了一生想追求的吗？很多时候，谭蜜斯都不明白这辈子到底为了啥。好在，她是个不爱向后看的人，她总是向前看，一向前看，很容易就被目色迷离的世界拖拖拉拉着走了。

魏侠曾经好奇地问菜菜："你爹咄是做什么的？呃，我是说，你真正的爹咄。"

那时菜菜正低着头，用心地在弄一样什么东西，没回答他。

魏侠以为她没听到，又问了一遍，还是没听到任何回音。他奇怪地走过去看，只见菜菜在做三只胶项圈，一只大两只小。那些项圈里，都装进了红色液体。她正小心翼翼地用火烧胶圈的两头，力图使那些红色的液体密封在胶圈里。

菜菜少有这种娴静乖巧地做手工的样子。有两绺头发垂落在她鼻子跟前，随着她细微的气息，悠悠地起伏。魏侠看得心里痒痒的，欲望顿时变成了那两绺头发，悬挂着，潜伏着，伺机袭击这浑然不觉的"小猎物"。看半晌，魏侠心里竟然有些害怕，因为，长时间地凝视着阳光底下的菜菜，他已经看不清楚眼前这个小女孩了，她那裸露出来直接接受阳光的皮肤，透明得发亮。这发亮的皮肤，就是她披挂在身的武器，让人不敢靠近。魏侠觉得自己顿时从一个伺机的猎人，软弱成了一个可怜巴巴的猎物。

没一会儿，菜菜果然猎了他。她把做好的最大那一只胶项圈，套在了魏侠的脖子上，并且温柔地帮他从后边把搭扣扣上了。

那里边红红的液体，随着魏侠脖子的摇晃，会左右荡漾。

是红酒？魏侠好奇地问菜菜。

菜菜摇摇头，让魏侠再猜。

草莓汁，口渴了可以解下来喝。魏侠猜不出来，故意逗菜菜。

跟菜菜同居这段时间，魏侠总是会被菜菜古灵精怪的念头和行为吓到。比如说，她会把魏侠别在腰上那只理发师黑匣子里其中的一把剪刀藏起来，放进去一只他们昨天晚上用来增加情趣的荧光按摩棒，魏侠给客人理发的时候，不小心就抽了出来，闹得他跟客人都窘得要命，不理发的时候，魏侠偷偷看着那根按摩棒，想起那些销魂的细节，内心也一阵阵温暖。大冬天的夜晚，菜菜披着魏侠那件宽大的浴袍，手在浴袍里拱起一个形状，说是给魏侠带了消夜，藏在怀里带进房间来，让魏侠赶快过来接，等魏侠走近去接那消夜，谁知道菜菜一敞开浴袍，露出一丝不挂的身体，学着小姐提供服务的口吻对魏侠说："先生，您要的外卖来啦！"……类似于发生在两人之间的惊喜，数起来，也不算少了，总是令魏侠既激动又感动，更让他的生活平添了情趣。

"这叫——血缘！好玩吧？"猜了三次之后，菜菜才神秘兮兮地告诉魏侠。

"什么血缘？"

"就是，你的血，加我的血，混合在一起的缘分！"

那项圈里的液体，是血！魏侠听得心里有点发毛。怪不得前几天，菜菜无端端地拿了只小仪器，戳他的手指，调皮地要放他的血呢。原来，菜菜是把他的血跟自己的血，调鸡尾酒一样，混在了一起，然后注入了项圈里。

菜菜在网上情趣店买回这种叫"血缘"的情侣用品，按照网络上的教法，一步一步地自己手工完成。做了三只，一家三口，每人佩带一只。

"爹吔，这是我们的魏氏家族标志哦，不要轻易弄丢了哦！"

魏侠一听，心头猛地一热，一把将菜菜紧紧地揽在怀里。他从来没被一个小女孩如此的天真浪漫打动过，他把自己的脑袋贴在她那小小脑壳上，他想，此刻，如果她要的话，他会把命都给她。

当天，他和她，脱掉所有衣服，赤裸相对的时候，两人脖子上各剩余一模一样的"血缘"项圈，他觉得她真的像自己失散多年的亲人，凭借这同样的标识，相认了。于是，他激情万丈地要她，要得足足的，够够的。

事后，他忽然想起，要给菜菜"回礼"，想了半天，觉得自己其实并没什么可以送给菜菜的，于是，从抽屉里，翻出一张信用卡来，给菜菜。他大大方方体体面面地对菜菜说，老婆大人，这里是我的半副身家，从现在开始，由你保管啦，就当我交给你的家用。菜菜也并不推脱，大大方方地接过来，说，老公大人，我一定帮你好好保管，从今天开始，要努力挣钱养老婆哦！一时间，两人一副相敬如宾、白发齐眉的架势，像极了午夜古装粤语残片里的对白，滑稽死了。最后，还是菜菜没绷住，爆发了一阵笑，她笑得很开心，开心得用手手脚脚把魏侠的整个身体都缠绕紧了。魏侠被那充满青春活力的身体，围困得几乎要窒息。

　　那张信用卡里的十五万，在某一天，过到了菜菜的名下。魏侠心想，就当下订金，找个老婆呗。十五万能做什么？在天河区，连买个厕所都不够呢。

　　菜菜有一次，光着上身，在镜子前，照来照去，唉声叹气一阵，突发奇想，对魏侠幽怨地说：爹哋，爹哋，不如，我拿十五万去韩国整两个大波？做成波霸！魏侠听了，几乎要笑翻。他从背后，抱住菜菜，两只手，分别盖住了那两只虽然不大但是温润、结实的波。

　　"你不喜欢吗？十五万，物有所值的啊！"菜菜讨好地蹭了一下魏侠的脸。

　　魏侠没说话，一味抱着她，心里怀着怜惜，任她在自己的怀抱里胡闹。

　　可以这么说，魏侠多年来练就的"泡妞"功夫全被菜菜给废掉啦。老友刘子恒说，侠少，这次居然被一个小靓女搞掂了，一个有家累的人从此诞生啦！

　　不会闷吗？刘子恒不相信魏侠这次是来真的。

　　闷？怎么会呢，吵都吵死了，一屋大小。咿呀，换作是你，肯定受不了的！魏侠装出一副嫌麻烦的大男人样子。

　　"换来试试看？"刘子恒坏坏地笑了几下，马上被魏侠捶了一拳。

"这次打算被套牢多久？"刘子恒跟魏侠快二十年的老友了，魏侠哪一届"入室"女友他没见过？

魏侠没了下文，下意识地摸了摸脖子上的项圈。不知道是不是心理作用，自从戴上了这只"家族标志"，魏侠总是能感觉到那里边的血的温度，有时候温温的，有时候热乎乎的，有的时候，还会发烫。这些感受，都伴随着他对菜菜的思念，温度计一样，贴紧了皮肤。甚至于两人在月光下耳鬓厮磨、缱绻不休的时候，他还能闻到那血甜甜腥腥的味道。

七

跟东山大叔同居的日子，逐渐有些闷。越闷，菜菜在网上就越活跃。最近，她在网上加入了一个"叉饭团"，很是狂热。这些人在网上聊天嫌不过瘾，就组织见面吃饭，定下时间地点，AA制。参加"叉饭团"必要的条件是：只要陌生人。

周六，菜菜打扮得香香艳艳的，要出门"叉饭"去。她对魏侠说要自己单独去，因为规定——陌生人才可以去。魏侠说，什么鬼荒唐的规定，陌生人才能一起吃饭？他一定要跟菜菜一起去。菜菜坚决不答应，严肃地对魏侠说："这是游戏的规则，谁要破坏了游戏规则，谁就会被逐出团队！"魏侠见她一副认真的模样，觉得好玩，就逗她：陌生人？陌生人都是些大灰狼，会吃掉我的小白兔的，怎么办？说完，龇牙咧嘴地，做出凶猛的样子，要去捉菜菜，吃菜菜。

两人手手脚脚纠缠了半天。最终还是菜菜无奈地妥协了，条件是：两人必须装作不认识，扮陌生人。

哟嗬，来个化装派对！魏侠兴奋得跃跃欲试。

化装派对，那已经是很遥远的往事啦。魏侠不太确定，是十年前还是二十年前，他也组织过化装派对的。在二沙岛的一个富太太家。富太太是魏侠的熟客，每半个月就到发廊找他护理头发。富太太太寂寞啦，老公长年驻美国做生意，她则带着一儿一女在广州生活。钱多有什么用？还不是不知道怎么花时间？每次到发廊，都要磨蹭掉魏侠半天时间。后来，富太太邀请魏侠到家里组织派对。那个时候，魏侠风头正健，所以，组织派对，只要有场地有资金，就不愁没有男人和女人。

因为是在二沙岛的别墅楼顶，当晚来的人都特别正式，很是花了些心思，化各种各样的装，有扮成白雪公主的，有扮成海盗的，有扮成中世纪英国绅士的，也有扮成艳女郎的……现在回想起来，也不知道那时候那些人何以那么认真。一个晚上玩玩而已，却隆重得真像演戏一样。富太太事先问魏侠要扮演什么角色，魏侠捡了个简单的，说，扮白马王子吧。当晚，他穿了一套米白的西装，料子亮闪闪的，脖子上系了根嫩黄色碎花小方巾，皮鞋呢，则是那种尖头的漆皮鞋，手上还戴了只大海盗头戒指。这些东西，都是谭蜜斯从香港给他带回来的。这身打扮，在当时已经算是很前卫了，魏侠只在本港台的"香港十大歌星颁奖典礼"上看男歌星这么穿过。富太太呢，明摆着为了要跟他配对，扮成了西洋公主，穿着她先生在希腊给她买的宫廷塔裙，袒胸露背，大波浪卷发全披在肩上，走起路来，还真有几分奢华的风范。只可惜，富太太比魏侠大了个十来岁，怎么看怎么也只像贵妇不像公主。

那晚有二十来人吧，在楼顶上，吹着江风，喝着香槟，就着舞曲跳舞，很是尽兴。或许是喝多了，富太太跟魏侠跳舞，一曲又一曲，旋着旋着，就把魏侠旋到了一个无人的楼梯拐角处。她把头伏在魏侠的肩膀上，说了好些半醉不醉的话。富太太是个穷苦人出身，乘着改革开放的大浪，跟先生一起在商海打拼，有钱了，最终却落得个两地分居，寂寞难耐啊。富太太一把鼻涕一把泪，都洒在了魏侠的肩膀上。魏侠用手一趟一趟地捋富太太的脊梁，安慰她，很像怀里抱着个谭蜜斯。最终，他对她什么都没干，只把她好好地安顿在了床上，熄了灯，出了门。二沙岛的别墅区，要是没有车，走到大马路上打车，起码要半个多钟头。魏侠从没在这富商区走过。他穿着那身闪亮的服装，慢慢地走在这优雅的岛上，心里的羡慕跟随着派对的余兴一齐消散。他有些明白了，其实，这些掩映在树丛里的一幢幢洋楼，里边住着的这些人，走近了，掰开了，揉碎了，一粒粒跌在地上的，跟自己没事的时候，坐在发廊里挠头皮屑落下的那一地，是一点区别都没有的呢。

隔天，富太太再来发廊的时候，他对她，少了些虚伪的花哨，少了些阿谀奉承，真心待她如老朋友。没多久，富太太就移民啦，在香港转机的时候，还约谭蜜斯喝了个下午茶，她羡慕地对谭蜜斯说，你真有福气啊，养了个这么有风度的儿子。谭蜜斯头一回听人夸自己的儿子，掩饰不住自豪，也不管别人是否反感，骄傲地对富太太说："我儿子啊，从小到大，就是个少爷来的！"

为了扮演一对陌生人，魏侠不得不在建设六马路让菜菜下了车。他把车泊在路边，看菜菜在人群里，也不回头望他一下，毅然地走到一个路口，站定了等出租车。还没等到菜菜打上出租车，他就被后边的车催促离开。他只好缓缓地移动车子。他的那辆破马自达，忸怩地不肯离开，跟他一样，只是希望能在人群里多看她一眼。

菜菜参加的那个"叉饭团"，虽说是网络自发，其实是有组织者的。魏侠在约好的包房坐定下来，才知道，对面那个叫"侧面"的小伙子，看起来也就二十来岁的样子，就是这个团的组织者，时间地点都是由他定的。

魏侠告诉"侧面"，自己是在一个网友的空间上看到了这个活动，自己是不请自来的。

"侧面"显然对这个不速之客有点不欢迎。看起来，这个不速之客年龄还有点大，而更让"侧面"失望的是，这个不速之客还用了这么一个俗气的网名——东山少爷！他真怕被这个"东山少爷"搅了饭局呢！

魏侠不管他，大方地找个位置坐下来，有钱还怕被人赶？他不是来会这些小朋友的，他只等菜菜。

因为堵车，菜菜进到包房的时候，人已经来得差不多了。她横扫一眼在座的男人女人，跟迎上来的"侧面"报了个名，便不动声色地坐在魏侠对侧的一个空位上。她眼角都没瞄魏侠一眼。魏侠在心里暗笑，陌生人，扮得蛮投入的嘛。

菜菜一坐下来，魏侠心里就开始了比较。这里边，坐着六个男的，九个女的，要是不算魏侠自己，平均年龄绝对不出三十岁。坦白说，菜菜不是最性感的那个。最性感的那个，顶着两只紧绷的大波，坐在隔魏侠三个人的位置上呢，隔着三个人，魏侠还是能感觉到那大波发射出来的热气。菜菜也不是最艳丽的那个，最艳丽的，是坐在"侧面"旁边的那个女孩子，她很懂得打扮，一下子就能把陌生人的目光都吸引过去了。魏侠给这些女孩各自打分，可是打来打去，还是他的菜菜分数最高，魏侠跟自己说，综合素质嘛，当然是他的小白菜最高啦，又白又嫩的小白菜，而且……嘿嘿，他在记忆里，重温了一遍他跟菜菜昨晚的热情，又从头到脚重现了一遍菜菜的裸体，心里暗自一阵激动。

看上去，这个所谓的"叉饭团"，等同于魏侠过去也没少参加过的"相亲会"。男男女女，坐下来，相互认识，彼此找好感，找机会。

那个叫"侧面"的男孩子，其实也没什么经验，大概长期泡网，喜欢张罗，比较有责任感，所以才当了组织者。倒是其中一个年龄稍大一点的男孩子，看样子像个业务员，他老是拿起一盒骆驼烟，到处派，跟人东扯西扯。

饭局渐渐地就变成了"自助餐"——各自找邻近的、顺眼的来聊天。跟"侧面"聊的人很少，看情形，"侧面"的组织者位置，即将会被一个叫"乱码"的男孩子取代。因为，那些女孩子，很多都在积极地找"乱码"搭讪说话，就连菜菜也不例外。菜菜正好坐在"乱码"的旁边，近水楼台，彼此聊得最密切。偶尔，魏侠还能听到菜菜那熟悉的娇娇的声音飘了过来，却又听不到具体的内容。

"乱码"有什么特别之处吗？在魏侠眼里，"乱码"就像一个还没发育完毕的小男孩，软软瘦瘦的样子。他心想，搞不好还是个处男。不过"乱码"的发型、衣着打扮，倒是一副公子哥儿的样子，在这些男人当中，应该说是最时尚最讲究的。经魏侠再三辨认之下，他认出了"乱码"身上的一件宝贝，Giorgio Armani 的黑色针织衫。Giorgio Armani，Giorgio Armani，那可是菜菜的顺口"情歌"啊。菜菜从时尚杂志上看到那些穿着 Giorgio Armani 的男模特，都会流畅而标准地念出这串英文，有的时候，还即兴谱点旋律，将这串英文哼唱起来。魏侠都恨不得能变成那个老 Giorgio Armani，那样他就能变成菜菜嘴上的情歌啦。

一认出这个 Giorgio Armani，魏侠的心里就紧张了，他的菜菜会不会对着"乱码"身上的 Giorgio Armani 大唱情歌？

事实证明，菜菜已经在魏侠的目光注视之下，毫无顾忌地搔首弄姿起来，而且用她那美丽的大眼睛，楚楚可怜地看着"乱码"，正崇拜地听"乱码"嘴巴里吐出来的每一个字呢。那眼神，魏侠知道，是会杀死人的！

魏侠真希望立刻把菜菜带出这个房间。

如果说，菜菜、大波女人、艳丽女人以及其他那些资质平庸的女人，都是一只只花孔雀的话，那么，她们此刻都愿意在 Giorgio Armani 面前开屏，而且，只愿意在他面前开屏。就连坐在魏侠旁边那个没一点特色的女人，在魏侠跟她聊关于头发保养护理的时候，都忍不住跃跃欲试地要找个由头跟"乱码"套近乎。

包括魏侠在内的那几个男人，心里都对"乱码"产生了敌意，他们不时地瞄几眼"乱码"，又不免因为被他的风头遮蔽而失落地懊丧着。

只有那个"骆驼烟"男孩子,似乎心情总是那么好,笑容满面地撩隔壁的一个女孩子说话。

魏侠心不在焉,只关注菜菜方向的动静,偶尔看到菜菜跟"乱码"耳语几声,大笑几声,心里就不快活。后来,他忍不住偷偷给菜菜发了个短信:"没意思,走人啦,去逛街,给你买靓衫!"几秒钟,短信就在魏侠眼皮底下到达了菜菜的手机上。魏侠盯着她看。只见她浅浅地瞥了一眼手机上的字,脸上没任何表情,眼睛连看向魏侠方向的意思都没有,就放下手机,继续加入到"乱码"的话题里去了。

魏侠只好端起一杯酒,朝对面的菜菜走过去,低下头,很是温柔,很是绅士地对菜菜说:菜菜小姐,赏脸喝一杯酒吗?今天晚上你真的很漂亮!说完,脸上露出了熟悉的坏笑。菜菜却没有笑,礼貌地站起来,有点高傲地看了看魏侠,端起酒杯,说了声:谢谢!然后用嘴唇抿了一小口,继而坐下,把魏侠晾在了一边。菜菜演得滴水不漏。

魏侠心下有些黯然。他近近地站在菜菜身后,又闻到了她那股熟悉的香水味。生日时送给她那支CD香水,现在就摆在他家的梳妆台上呢。想到那支香水,魏侠心里又一阵宽慰,这是他的女人,眼下这个扮演陌生人的菜菜,只不过在跟外人逢场作戏而已,没什么大不了的!他自己过去也经常逢场作戏的。不过,他还是不愿意离开,就站在菜菜和"乱码"他们身后,听他们聊天。

"乱码"很是夸张地说:有一次,玩得最激,我们几个朋友,玩烧钱,是真的用火烧钱啦!

菜菜很不解地问:怎么烧钱?

就是,在一叠真钞里边,混进去一些假钞,然后轮流抽,抽到假的就算赢,赏喝一杯酒。

然后就把假的烧掉?菜菜似乎有点明白那游戏了。

Fuck!那有什么意思啊?抽到真的,算输,就把真的烧掉!"乱码"

得意地说。

啊！包括菜菜在内的好几个听众不约而同地叫了出来。

"乱码"那显摆的样子，魏侠觉得怎么看怎么像个小屁孩，竟然吹这么幼稚的牛。魏侠才不相信呢。这小屁孩泡妞的手法，也太拙劣了吧！

真的假的呀？其中一个人不相信地问。

"乱码"没有回答，鄙视那问话人一眼，慢慢地说出了一句——要不，我们玩玩？

说完，被众星捧月的"乱码"抽出身后的一只时髦的包包，从里边掏出了一个大纸袋，又从纸袋里取出一大沓红红的人民币。

人民币一出现在饭桌上，魏侠顿时觉得安静了很多。其他人也都停下了话题，看过"乱码"这边来，仿佛他是个魔术师。

这里边，有真的，也有假的。谁想玩？"乱码"说完，从那沓钱里，翻出几张来，对着灯光照来照去，嘴里不断地说，这是真的，这是假的……

好多人都围了过去，像看把戏。

"乱码"眼见观众多了起来，忙霸道地下命令说，关灯，关灯，关灯看得更清楚。于是，又从包包里，掏出一只蓝色荧光小手电筒。

那个"骆驼烟"男孩，积极响应，把灯都关了。一时间，整个包房，只剩"乱码"手上那一小撮蓝光。

魏侠凑得比较近，在蓝光下，看"乱码"将一张张百元大钞放在灯光顶上照。验了有那么十来张，真钞假钞的概率几乎是对半。"乱码"就停止了。他在黑暗里，用手电筒朝周围的人墙扫了一遍，问：怎么样，有谁要玩这个游戏？

一时间，黑暗里没有人应答。

"骆驼烟"很配合地把灯又打开了，俨然已经取代了"侧面"的组织者位置。他就站在开关的地方，灯一亮，看热闹似的，观察每个人。

"侧面"觉得好没意思，顺势叫服务员来结账，各人平摊了饭钱，这次"叉饭"活动算是结束了。

"侧面"郁闷地离开包房的同时,还有两个男孩和三个女孩也离开了。

也就是说,不愿意离开的,都是有意要尝试"烧钱"游戏的。魏侠看菜菜没有动身的意思,也就没走。那个"骆驼烟",嬉皮笑脸地对魏侠说,看看,看看总可以的吧?魏侠笑了笑,没吭声,他只觉得这群小年轻,简直太无聊了,竟然无聊到要玩烧钱。当然,这群无聊的人,也包括他的菜菜在内。魏侠转念想,其实也不奇怪的,菜菜在网上,搞七搞八,本来就很无聊的,再加上,她又喜欢稀奇古怪的新鲜刺激,说不定人家塞颗摇头丸给她,她也敢去尝试的呢。哎,这棵小白菜,真是不知道人世间的水到底有多深啊!魏侠想到这里,又看到菜菜那一副等待游戏开始的跃跃欲试的样子,霎时觉得,这个女孩子,真的有点陌生呢。

那个大波女孩是第一个伸手去抽钞票的人,她抽到了一张,由"乱码"在荧光下照着,众人凑过头去,判断真假。

真钞!

啊,真的呀!啊?真的,真的要烧掉吗?大波女孩亢奋得胸脯起伏个不休。

Fuck!不烧怎么玩下去啊?"乱码"是这个游戏的主持。

就这样,大波女孩用"骆驼烟"递过去的打火机,烧掉了第一张真钞。魏侠看得出来,就像引爆炸弹一样,大波女孩手一直在抖。而那张红色的人民币,从点燃到烧光的整个过程,不到半分钟,把一旁的人全都看呆了。

我靠,居然有这么变态的玩法。"骆驼烟"兴奋得不得了。

魏侠看一眼"乱码",见他歪着嘴巴,得意地坏笑着,仿佛烧钱是他的一项伟大发明。

魏侠又看一眼菜菜,这个小女孩,完全被震住了。她的脸在荧光的照射下,又白又蓝,看着就像魔鬼世界里的一只小女鬼。

游戏继续下去，除了魏侠和那个"骆驼烟"没参加之外，每人都轮到了。有人抽到假钞，中奖一般地，狂呼一声，也不知道是遗憾还是不满，总之，屁颠颠地喝下一大杯啤酒。

菜菜抽到了一张真钞，她兴奋地叫了一声。在目睹几个人烧钱之后，她似乎已经有点习惯烧钱了。只见她用手拈着那张人民币，小心翼翼地，凑近打火机，表情奇怪，像做什么实验似的，目睹着这张人民币在自己手上，点燃，烧到一半，快要烧到手了，才依依不舍地扔进了烟灰缸里。那张真钞就这样，蜷缩在烟灰缸里，一下子由红变成了黑，完全被消费光了。

魏侠也被搞蒙了。在这个世界上，他活了四十年了，看到过或者听说过大手脚挥霍的公子哥儿，也没看到过这样烧钱法的。这个"乱码"，简直无聊到了变态的地步，钱也多到了变态的地步，居然花钱请人玩"烧钱"！实在是，太他妈变态啦，也不知道他究竟想干什么，难道就是为了看钱被烧掉那一瞬间的快感？

魏侠坐在不远的沙发上，看着那堆游戏圈。经过一轮轮烧钱之后，这些人克服了烧钱的心理障碍，游戏变得跟普通的诸如买大小、赌纸牌等游戏没多大区别了。人堆里，时而欢呼，时而惊叫，人和人之间也变得熟络起来，相互拥抱，打闹者不乏。魏侠居然还看到，菜菜因为抽到了一张假钞，欢呼雀跃，忘形地在"乱码"的脸上亲了一口，继而仰头喝下了一大杯啤酒。

就在魏侠盘算着如何把兴奋的菜菜带走的时候，"骆驼烟"在他身边的沙发坐下了。他给魏侠派了一根烟。魏侠一看，细长细长的，手工制作的，不用问，是那种特制的烟。他摇了摇头，没接。

玩一口嘛，有什么的，人家那边还烧钱呢，你一百块都出不起吗？搞半天，魏侠才明白过来，"骆驼烟"原来是推销"特制烟"的。

魏侠还是没接。他不是没有抽过大麻，他知道那滋味，过去跟刘子恒在酒吧里就玩过两三次，不过，后来就没再碰了，这玩意，抽了没什么好处。

"骆驼烟"看魏侠没反应,轻蔑地冷笑两声,自己充起了老大,点着了那烟,深深地呼了一口,说,这也不玩,那也不玩,那你来这里干吗的?还真的来泡妞啊?

大麻的香味怪怪的,虽然不熟悉,但是,魏侠很快就认出了那独特的味道。他想挪动屁股,离开"骆驼烟",到另外的椅子上坐。

嘿嘿,我跟你说啊,今天晚上这些妞,哪里是给我们这些人泡的?除非你有钱给她们烧,没钱,就烧烟,自己找乐子算啦!说着,"骆驼烟"再次从烟盒里掏出一根来,递给魏侠,看在同是天涯沦落人的分上,五折,五十块优惠给你,抽根玩玩啦,怎么样,啊?这样都玩不起吗?

这辈子,在玩的事情上,魏侠最听不得人寒碜自己了。他心里立时就有了冲动,豪气地从荷包里掏出一张一百元,拍在了"骆驼烟"的膝盖上,从"骆驼烟"手上拿过了那根细烟。

丢!老子玩这个的时候,你还穿开裆裤呢!说完,魏侠装作很熟练地,把那根细烟叼到了嘴上,点燃了那根烟,然后,就像吸一根骆驼烟一样,深深地吸下一大口。

这一大口,把魏侠给搞晕啦!晕乎乎的,像醉了。但又不完全像醉,别说,醉得还有点奇异的快乐。这快乐是一波一波加深的。

抽完一根,"骆驼烟"又递了一根给魏侠。魏侠还记得,自己礼貌地从荷包里,又掏出了一百大元,完成了交易。

抽着抽着,等魏侠再看过到对面那群游戏圈,他发现,那边已经不是一个游戏圈了,而变成一个游乐场了,那里边,满是人,而且,每一个人都巨大无比,就像电影里的魔幻怪物。不时的,那些怪物发出的尖叫、欢呼声,就像海啸一样,灌入了他的耳朵里。

魏侠整个身体都瘫软在了沙发上,那沙发是海洋,又深又软,把他淹得只剩脖子啦。他的眼睛所看到的,都是些巨大而变形的东西,忽远忽近的。他就在这个巨人国里，深深地呼吸着，脑子一片空白，不知今夕何夕地，畅游着，等待着快感一波一波地撞上来……

等到魏侠完全从巨人国里出来的时候，他已经坐在派出所的板凳上了。不知道谁报了案，警察闯进了那间包房，带走了一屋的男女。最严重的就是魏侠，他几乎认不出人了，对着警察傻笑不已，像一个朝大人伸手要糖吃的小孩儿。警察还从他的裤兜里，搜出了一根含有0.13克大麻的手卷烟。

被检测过抽了大麻的人，坐在一边，没抽的，则坐在另一边。魏侠看得傻了眼了。当中竟然没看到那个"骆驼烟"！这个卖大麻的家伙不知道什么时候溜了！让魏侠感到难过的是，他看到坐在另一组的菜菜，被吓得脸色苍白，短裙底下裸露出来的那双好看的腿上，起满了鸡皮疙瘩。

一个男警察凶巴巴地问他们，大麻哪里来的？

是一个男的卖给我们的。其中一个男孩唯唯诺诺地老实交代。

哪个男的？警察似乎对这些抽大麻的不感兴趣，一心想找到卖大麻的人。

各人面面相觑，谁也不知道那个"骆驼烟"姓甚名谁，他们甚至已经不大记得他的样子了。

老早跑掉啦！你们还没来就跑掉啦！"乱码"坐在凳子上，一副无所畏惧淡定的样子。从他坐的位置上看，魏侠明白，他也抽了。

警察又厉声呵斥道：你们都互相认识吗？

阿Sir，你说，在网上认识的，算不算认识？还是那个"乱码"，伸头回答了警察。

那警察仿佛找到了领头羊，径直走到"乱码"身边，喝了一声：给我老实点！老实交代！

"乱码"的头就缩了回去，没再吭声了。

最后，警察为了确认这是否是一次有组织活动，是否存在团伙贩卖、吸食大麻的问题，挨个地问没抽大麻的那一组，认不认识对面抽大麻的那些人。

快问到菜菜的时候，魏侠紧张得手心出汗。他不知道自己到底想要怎样，他只是不断地懊悔，他应该在玩那该死的烧钱游戏之前，把菜菜带出去的，说不定，现在这个时间，他们已经躺在家里看A片，亲热缠绵着呢。

只见警察指着魏侠那一组，严厉地问菜菜：这里，有你认识的人吗？别撒谎啊！

菜菜铁青着一张小脸，抬起头来，眼睛迅速地看了魏侠一眼，没一会儿，斩钉截铁地吐出两个字：没——有！

菜菜那一眼，魏侠看得如被冰镇。

这一夜，派对结束了，化装依然还在继续。这个女孩子，曾经娇滴滴地把自己叫做William、东山大叔，以及，爹哋。然而，大难临头，对面是何人？陌生人。

魏侠不得不以一个中年男人的镇静，把头别了过去，不断在试图镇压自己——这泪水，只是吸食大麻的后遗症，兴奋后遗症，没什么所谓的，属于正常反应。

<h2 style="text-align:center">八</h2>

从小到大，魏侠从来没有玩过这么大。居然玩到被拘留。吸大麻的那组，各被拘留了几天才放掉。烧钱的那组，被罚过款后当晚就遣散了。据说那个"乱码"，当晚也放出去了。

有钱崽，不奇怪啦。那个跟魏侠关在一起的男孩，说起来最恨的还是"乱码"。这么多天在里边,他一直在琢磨一个问题——他觉得"乱码"会巫术,或者说,懂迷魂大法。他说:不然的话,好端端的,我怎么会白痴到跟着他去烧钱呢?钱啊,又不是烟花爆竹,烧起来,既没响声又没好看的!男孩是个浙江籍小白领,他自认不是个笨蛋,把问题全都推在那个"乱码"身上。

从拘留所回到东山公寓,已经是四天后了。那一夜,如同一个荒诞的梦,梦里的那些各色人等,全都从魏侠身边消失了去。菜菜也消失了。魏侠想,说不定,菜菜前脚跨出派出所,后脚就跨上了那个"乱码"的车,飙车而去了。

公寓里,只余下了那些绕梁多日的香水味,还有,沙发坐垫的罅隙里,有那只叫崽崽的贵宾犬咬剩的半截狗粮。魏侠甚至觉得,窗台上的阳光也是菜菜留下来的。这是七月,酷暑的阳光,却那么凉凉的,薄薄的,随随便便地就伸进了他的老房子。

魏侠消失了四天,兼且因为吸食了大麻被拘留,惹得老板很不高兴。本来,老板最近就有点烦。业内杀出了一匹黑马,一个资金雄厚的商人,突然投资了一笔钱,搞了一个发型设计会所,理发师清一色是色艺双全的美女,明摆着要赚广州男精英的钱。做这一行的,谁不知道,理发师历来都用男不用女。"搞乱个行当,搞乱个市啦!"老板经营发廊几十年,活了一大把岁数,还没看到过这架势,眼睁睁看着客人跑掉好些,顿时有了危机意识,扛不过,也想改变经营模式,招美女理发师,吃吃青春饭,对于那些过气的老理发师,找个理由,炒了算了。

魏侠继续在发廊干了一阵,最终忍不下老板的脸色,辞了。他向谭蜜斯撒娇要本钱赞助开发廊,谭蜜斯拗不过儿子,便把养老金分给了他一半,让他在东山盘了个小铺位,开起发廊来。假假哟,也算是个小老板了。魏侠向谭蜜斯承诺,让她做老板娘。

魏侠的小发廊招了三个洗头妹,其中一个最难看的女孩,没事老喜欢研究那些娱乐八卦杂志，比那些明星的波谁大。有天，店里一个客人都没有，魏侠就端张椅子在门口，坐着抽烟。那女孩也站在门口，有一搭没一搭地跟魏侠说话。忽然，她指着东山停车场那边，投其所好地对魏侠说：老板，老板，你看，波霸来啦，波霸来啦！魏侠随着她的手指看过去，果然看到一个波霸，一颠一颠地朝他们的方向走来。那女孩边看边羡慕地低叹道：老板，这个波，够值钱啦，是吧？

  魏侠低下头来，弹掉一截烟灰在板凳脚，同时，一个疑问从板凳脚升了上来，菜菜到底有没有用十五万去韩国整了个波霸回来呢？这样一想，他的脑子里，映现出了菜菜那熟悉的裸体，从脚到头，每一寸肌肤每一根细纹都在魏侠的记忆里捋得顺顺的，依旧让魏侠内心的情欲涨了上来。唉，这别来无恙的情欲啊。魏侠长嘘了一口烟，心里酸酸、沤沤的。

  当上了老板，魏侠整日都待在店里，车也懒得开了。晚上发廊关门之后，他就在东山的小街里转悠，有时候会去酒吧，有时候也会上茶楼喝喝夜茶。有天晚上，他走过一个活动中心，里边传来了一阵很现代的舞曲。这舞曲热烈奔放，一听就是来自异国。魏侠走进去，只看见一个女人，穿着半截子胸衣，下身一条长阔腿裤，在教人跳拉丁舞呢。魏侠很快就被这热烈的舞曲和舞蹈吸引住了。他盯着那个女教练，看。目测之下，女教练的年龄大约四十岁左右，身材依然保持得很好，胸、腰、腹、臀这几个关键部位都还紧致，但是，一笑，眼角的细纹就兵分几路地包抄了她的年龄。可她似乎不在意那些细纹，光顾着热情洋溢地扭身体了。台下的学员，有男有女，有胖有瘦，平均年龄也不会少于三十岁。这些人，一看就知道不是来研究拉丁舞的，而是冲着锻炼身体来的。

  魏侠后来也报了名学拉丁舞，交了五百块，反正，时间刚好合适，深夜最后一场从十一点到十二点。魏侠学完拉丁舞，出身汗，然后回家洗个澡，喝杯酒，磨蹭一下，就可以睡觉了。有拉丁舞的夜晚，魏侠再不觉得长夜漫漫没法打发，跳舞成了魏侠一天的谢幕方式。

那个女教练邹宁，很看重魏侠，有时候，还会请魏侠跟她跳双人拉丁舞，给台下的学员做示范。这种双人拉丁舞，很有戏剧感，跳舞的两人，有的时候热情相迎，几乎身体相贴，有的时候，又冷漠地甩开对方，老死不相往来的样子。魏侠的双人拉丁舞跳得很好，他搂着邹宁的腰肢，能感受得到女人身体凹凹凸凸的情欲。要是换作过去，魏侠不会去招惹这类老女人，可今时不同往日，魏侠搂着邹宁的时候，时而相贴，时而相分，跳得也享受。在这套舞蹈里，魏侠尤其喜欢一组动作——邹宁的头先是伏在他的肩膀上，接着，顺着音乐的节奏，慢慢滑向了他的脚后跟，他则用一只手拖着她，头颅仰得高高的，做一副冷漠状。这组动作，魏侠完成得特别有感觉，似乎又找回了往日的风度，少爷威威，只不过，这些美好的时光，现在，十分钟就结束了。

小姨

我经常听到外婆跟别人讲，小妹啊，已经错过了最好的结婚年龄。后来，我妈跟人煲电话粥的时候，不时也会蹦出几句关于我小姨的话来——别像我老妹那样，错过了生育的好年龄。家庭聚会的时候，但凡说起小姨，似乎每个人都有自己的看法，而这些看法最终都变成了一声声叹息，以及抱怨。我外公固执地认为，小姨念大学，念坏了。据说，小姨上大学前，还是一个很正常的优生，大学之后小姨就变了。"抽烟、喝酒、打老 K，没有理想，不思上进，整个人颓废掉了！" 身为一名中学校长，外公说话总是恨铁不成钢。

关于小姨人生历史上的这次重大转变，家里人至今都不能完全理解。失恋？小姨早就澄清了这个猜测。成绩跟别人比，落差大？小姨撇撇嘴很不屑地说："弱智，大学生谁还比这个！"那是为什么？小姨发脾气了："什么为什么，那个时候，人人都一样啊，有什么问题吗？"仿佛颓废是一种时髦，小姨理直气壮得很。

我的小姨生于1970年，八七级大学生，毕业后分配到本省一个偏僻的小城。当年，外公努力想办法要把小姨调回我们家所在的省城，小姨却完全不配合，努什么力呀？在哪儿不都一样活着？她自作主张卷起包袱去小城那家单位报到。至此，小姨离开了外公外婆的怀抱，邪邪乎乎独自生长。外公说，就像一棵发育不良的歪脖子树。

我喜欢跟小姨待在一起，她似乎对什么都无所谓，松松垮垮，相处起来一点不像长辈。过年过节她会从三百多公里外的小城回来，放寒暑假，外公外婆也会带着我去她的那个小城，跟她住上一段日子。不过，这"一段日子"，大抵也不会超过两周的，小姨嫌家里人多，烦。确切地说，小姨其实怕被人管，任何一个他人都会打搅小姨多年的独身生活，这个"他人"，自然也包括父母。他们都说，小姨一贯追求自由。在我的理解里，自由是什么？就是没有人管，狂吃鸡翅和薯条，把可乐当水喝，把电脑当书本看。可是小姨想要的自由实在让人看不懂，就像她喜欢的那张画——在小姨的卧室里，摆着一张躺椅，椅子正前方墙上，除了挂着一台电视机外，还挂着一张画。小姨说，这是一张世界名画的复制品，名字叫《自由引导人民》。这张画常年挂着，从没更换过。有过一段时间，我不太敢去看那张画，那个举着旗子在战场上指挥人们的女人，上身裙子滑到了腰上，露出两只胖胖的乳房让我很难为情，会不断联想到自己正在像小馒头一样涨起来的胸部。后来有一天，我在美术课本上看到这张世界名画，感到十分亲切，就好像看到了小姨的旧照片。

小姨常常窝在躺椅上抽烟，看看画，看看电视。时间长了，头顶的天花板上便洇出了一大圈黄，遇到梅雨天，潮湿格外严重的时候，人坐在躺椅上，会被一滴滴油一样的黄色水珠打中。小姨懒得去擦，反觉得有趣，抬头去数那些凝在墙上的"黄珠子"。

这张画是师哥送的。师哥是大学时的学生会会长，我在小姨的相册上看到过他，中等个子，瘦瘦的，拧着眉头，表情的确很"学生会"，长得有点老。我怀疑地问小姨，师哥很多女同学追？小姨眨眨眼，想了想，说："是的。他当年可是个人物呢，有理想，有信仰，有激情……""噢，师哥现在在哪里？做什么呀？"小姨一问三不知："可能，失踪了……""啊？那么大一个人，怎么会失踪了呢？"小姨迟疑地摇了摇头。据小姨说，师哥大学都没念完，后来，就杳无音信了。

我猜小姨喜欢师哥，不过，是暗恋的那种，小姨会不会因为暗恋师哥，变成了一个"剩女"？如果真是那样的话，那小姨太伟大了。我算了一下，应该有二十年以上了，Oh,my god! 我觉得小姨简直就是——虐！

小姨在家里实在待不住了，会带我到游乐场玩一把，玩刺激的青蛙跳、摩天轮，在人群里她的叫声是最尖的。小姨还喜欢刮刮福利彩票，二十块买上十张，认真地问我："小媽，这张会不会中？"我说："中！"当然，一次也没中过。"鬼信！"小姨笑着走开了，并不觉得那是输钱。

在玩这方面，我跟小姨是没有代沟的，我玩什么她也玩什么，只是在玩够了回家的路上，小姨一下子就变了，她忧郁地揪揪我的小胖脸说："人啊，活着都是没意思的，总体来说都是不高兴的，只有游戏里那几分钟时间是高兴的，小家伙，你说是不是？"那个时候，我心里盘算着要怎样才能多吃到一支香芋雪糕。走到一棵大榕树下，小姨说，要坐下来，嘘根烟再走。刚好附近有个书报亭，书报亭前摆着个雪糕柜，我终于如愿。对着大马路，我和小姨两个人坐在大榕树下，一个手里举着支雪糕，一个手里举着支香烟，各自幸福着。小姨连续抽了两根烟，烟头往地上一扔，脚尖一搓，抢抢手臂，好像跟空气里的谁打招呼："回家喽！"

回到家，我向外公外婆汇报今天出游的高兴事，外公看看小姨，没了抱怨的念头，俯下身来，摇摇我的手说："你看，小姨对小媽最好了，小媽长大了要像孝敬妈妈一样孝敬小姨哦！"我重重地点头说："嗯，我长大赚了钱给小姨买烟抽！"小姨笑了。她的眼睛里红红的。

离开小姨家，走到楼下不远，我转头回去看，只见小姨站在三楼的阳台上，挨着两盆芦荟边，右手举在耳朵旁，两根手指做成一个"V"的形状，好像在等人拍照的样子，见外公外婆也转过头来，她的手才垂到栏杆底下。我知道，小姨的"V"字里，夹着根香烟。外婆说："小妹这样下去，怎么办？总是高兴不起来。"外公看了一眼远处的小姨，狠狠心，扔下一句话："没头脑，自作孽！"

小姨站在阳台上，抽着烟，目送我们离开的次数有很多，等到有一次，我忽然体会到离别的伤感滋味时，已经十三岁，青春期正躲躲闪闪地在我的身体里抢地盘，而小姨已经不动声色霸占到一个"资深剩女"的地位。

我妈多次郑重其事地对外婆说："妈，您一定要说说小妹的，女人一定要有个家。不生小孩可以，但婚是要结的！"外婆很是赞同我妈的观点，连连点头，在此基础上她又强调了结婚的重要性。二人在这方面高度一致。结果，外婆长出一口气对我妈说："要不，你去跟小妹说说，你们是两姐妹，你的话她能听得进去。"我妈盯着外婆看了几秒，溜走了。

只要有小姨在场，但凡涉及结婚生子、老有所依之类的话题，无论谁起的头，都不会有第二人敢接下去讨论的，仿佛当中埋了个地雷。倒是小姨，偶尔会大大方方地接过话题，向大家公布："我嘛，以后肯定是自己去老人院的，要是能有幸猝死，省了病痛的折磨，那就是积上大德了，要得了大病，半死不活的，我就自行了断，活那么长干吗？"她讲得轻轻松松，干脆利落，现场人人面面相觑，无以回应。外婆只好挥动手中的筷子，假假地在她脑袋上敲了一记："说什么呢，死不死的，在吃团圆饭啊！呸！呸！呸！"小姨朝我扮个鬼脸，给自己塞了一口饭。

有一天，小姨要我咧开嘴巴，研究我的矫牙钢箍，看了看，摸了摸，羡慕地说："小嫣真幸福，将来会有一排整齐漂亮的白牙。"

在我们的家族里，小姨微微突出的嘴巴是个异类，并非出自遗传，而是后天的龅牙造成的。我妈说，杨天高就是被小姨的龅牙吓跑的。我从没见过杨天高，可杨天高却像我们家族里的隐形人，一有机会就出现。"现在想想杨天高这个人最合适小妹了，可惜了……""这个人长得好像一个人耶，呃，像不像那个杨天高？"……杨天高大概曾经是小姨唯一靠谱的男朋友,虽然他仅仅是个小公务员,但是,我们家里人都认为他曾经是小姨命运的特派员,是专门来拯救小姨的。可小姨却放弃了这根救命稻草。"太麻烦了,谈恋爱,结婚,生子,造一个生命到这个乌七八糟的社会再受一次罪,有什么意思?"

外婆拼命做小姨工作:"不是那样的,结了婚,结了婚就会好了,日子总是一天一天好起来的。"

"怎么可能会好起来?学习那么辛苦,工作压力那么大,贫富差距那么大,整个环境那么恶劣!"

"现在比过去好多了,过去我和你爸爸,两个人工资加起来才四十六块钱,养四口人,一根香肠要分成四段,一口就吃光了,你们小时候真的生不逢时,现在可不一样了,不愁吃不愁穿,什么东西都不缺……"

小姨懒得听外婆忆苦,她想说的根本不是这些。

外婆多次严肃地警告外公:"小妹的人生观很成问题,很有必要矫正!"

可是,人生观跟人的牙齿何其相似!乳牙更换掉,新牙按秩序刚排列好,牙根还没站稳的时候,对付那几只歪斜、出格的牙齿,我的矫牙钢箍就像紧箍咒般起作用,但要对付一副已经咀嚼了几十年、牙根已经深扎牙床大地的牙齿,任何方式的矫正都是徒劳,除非连根拔起。同样,要想把小姨稳如磐石的人生观连根拔起,除非小姨的脑子被洗得一干二净!可这世界上谁发明过洗脑器?

有一段时间,我妈总把我跟小姨扯在一起。我不止一次偷听到我妈在厨房里悄悄问外婆:"妈,您说小嫣将来会不会像小妹那样?"外婆生气地打了我妈一下。"少发神经啦,小嫣又不是小妹生的,怎么可能像?你自己的女儿你都不了解吗?""啊哟妈,我都愁死了,小嫣叛逆得太厉害了，谁都管不了她，啊哟，我现在只要一想到小嫣不听话，整晚都不能睡了……"甚至有的时候，我跟我妈顶得厉害，她也会口不择言，指着我的鼻子大声说出来："你看看，你现在这个样子，牛鬼蛇神，谁的话都听不进去，简直跟你小姨一模一样！"我立即就会顶回去："小姨怎么啦？我就是要学小姨，我偏要牛鬼蛇神！"我妈气得再说不出话来。

在我妈看来，小姨的叛逆期永没过完，她做法奇怪，想法更古怪，是一个异类分子。除了婚姻问题，她最无法理解的就是小姨的运动方式——独自爬无名山。小姨喜欢找那些无人问津的无名山爬，在爬山的时候，又爱觅偏僻的山路，甚至野路来走。我跟她去爬过一次无名山。那山虽说就在郊区，却极少人去，就像被抛荒了多年的一堆垃圾，连苍蝇都没兴趣钻了，可小姨偏偏喜欢钻那山。沿着一条几乎看不出是路的路，小姨手脚并用，撩开杂草，不时踩平一根顽固的拦路枝条，她熟络地朝前方攀登，胸有成竹，仿佛只有她才知道，无限风光就在不远的顶峰。我跟在小姨后边，沿着小姨踩平的路，一声不吭，只盼望早点下山。好在，这是个小山包，并不需要太长时间，我们就登到顶了。这个所谓的山顶大概也是小姨自己命名的，仅仅是一个稍微宽阔一点的平台，只是杂草少些而已。我呼吸一口空气，环顾左右，看不到任何风光。也不知道小姨为什么要跑到这种破地方！我在心里后悔死了，还不如待在家里看几集《海贼王》！唉，小姨真是无聊。

小姨对爬无名山的兴趣一直不减，任谁劝都不停止。好几次，小姨的手机一整天都处于"无法连接"的状态，我们吓死了，想着，再接不通，明天一早就要跑到小城的无名山去寻人了。好在，通常最终都能听到小姨的声音从电话那边传过来，伴随着一声清脆的打火机响，小姨嘴里便一阵含糊——唔，到家了……

我妈劝过小姨："你这样很不安全，荒山野岭的，要是遇到坏蛋，在那种叫天天不应、叫地地不灵的地方，谁来救你？"小姨耸耸肩，无所谓地说："我这个人，要啥没啥，劫财还是劫色？"我妈哭笑不得，反问她："你说呢，你想劫财还是劫色？"小姨笑笑，干脆地说："财没有，色倒还剩几分，拿去吧！反正荒着也是荒着。"我妈也笑了，推了小姨一把。第二天清早，我妈拉着小姨出门，也不说去哪里，走了十五分钟到时代广场。这是我们城北比较大的一个广场，紧挨着运河边。远远地，就能听到大喇叭吵吵闹闹的，舞曲带来了好多人。我妈直接扯着小姨到东边。那里已经有十来个人在跳舞了，舞步娴熟、轻快。我妈撇撇嘴说："西区那边是老年队，这里是我们的队伍，来，你也来跳跳，很简单的，你不是要运动吗，这种运动最好！"说完，我妈就加入到了那十来个人当中。小姨朝西区看过去，那里的人数比东区多出很多，她们不能说是在跳舞了，只是扭动身肢、活络筋骨罢了。

　　小姨并没有参与到队伍中去，任凭我妈在人群里起劲地朝她挥手。她站在原地，看了一会儿，开始沿着广场的四边，慢慢地走一圈。她走远了，喧闹的舞曲逐渐被她关小了音量，这时，她才把目光伸向了广场中央的那尊塑像。塑像不是巨型的，无须仰头，就能看到人工铸造的五官和笑容。小姨缓缓走近塑像，塑像就跟小姨站在一起了。小姨才看清楚，在他身上几个呈现弧度的地方，搭着几件运动者脱下来的外衣，在他站直的长腿边，傍着几把扎着红缨子的长剑，他垂下来微微握拢的拳头上，塞着塑料袋包裹的几根油条……小姨朝他咧开嘴笑了。一会儿，她绕过了他。她也绕过了那群拍手扭臀、锻炼热情饱满的人们。她从广场的一个缺口处溜了出去……

　　"老妹这种人，典型一个反高潮分子，这方面到底像谁？"我妈无奈地问。外婆极力要撇清遗传的关系，翻出一个旧相册，指给我们看。一张，小姨穿着双排扣列宁装，马尾巴梳得高高的，手握一本书，表情很是"英雄"。外婆说："这是小妹读小学，参加全省演讲比赛呢。"

一张，是少女时代的小姨，穿着花连衣裙，站在湖畔垂柳下，跟女同学手挽着手，头稍微侧着，笑容很甜。还有一张，是几排人的合影。外婆戴着老花眼镜，把照片拿远了仔细找，指着第二排中间的那个人说："你看，这是小妹在入团宣誓呢。"果然是小姨，右手握拳，举到脑袋边，嘴巴张开，显得挺激动的。"你们看，小妹以前还是蛮合群的嘛！"外婆惋惜地说。

除夕夜，一家人坐在沙发上边看春晚，边聊天嗑瓜子，外婆又拿出那本相册，指着照片对小姨说："小妹，你看你以前，多好。"小姨没吱声，一张张看过去。外婆又叹口气说："小妹，我还是喜欢那时候的你！"小姨就丢下相册跑到阳台抽烟去了。

小姨问了我一个很奇怪的问题："小嫣，你会跳兔子舞吗？""是像兔子那样蹦蹦跳跳吗？"小姨在客厅里，一边哼着曲子，一边把双手伸直向前，脚上随着节奏跳起来，步伐很简单，就是双脚不断地前前，后后，前前……小姨跳得气喘吁吁。她告诉我："这就是兔子舞，双手搭在前一个人的肩膀上，几百人在操场围成一个大圆圈，蹦蹦跳跳，这是我们大学时代的圆舞曲，毕业那一年，一个大圆圈跳着跳着就散了，各自抱头痛哭！""为什么呀？男生也哭？那么多人，一起哭？"我简直不能想象。小姨很自豪地拍拍我的肩膀说："是啊，我们很团结吧！"小姨把我拉起来，说教我兔子舞。两下就学会了。我们两个从这个房间蹦到那个房间，累了，一头扎到床上！我大声地喘着气，而小姨却安静得像睡着了一样，等我凑过脸去看，发现小姨闭着的眼睛，流出了眼泪来。我觉得，小姨肯定是想念师哥了。

后来，我们硬拉小姨到时代广场倒数，十、九、八、七、六、五、四、三、二、一，新年快乐！礼花在天空华丽飞舞，我们在人群中欢呼，直喊得口干舌燥。要散时，才忽然想起一直落后的小姨不见了，也不知道她什么时候挤出了人群外，孤单得像电视剧里那些失恋的女主角。

等到师哥重新出现，小姨已经人届中年。干瘦，满脸黄斑，一副烟嗓使她听起来比看上去还要苍老。每天，她沿着护城河，骑电瓶车上下班，烟瘾上来，便把车停下，双脚点地，点根烟，看河边垂钓的下岗工人。那么多天了，她从未曾见过他们收获的场景，不知道是不是他们从没钓到过鱼，还是，她一向悲观主义者的眼睛里压根就看不到生活中的欢呼雀跃？师哥的电话就是这个时候响起来的——这是一个怎么看都陌生的号码。小姨本来不想接的，不过这号码太执着了，那首《秋日的私语》就快要奏完了，钓鱼者都快要转身来抱怨那声音吓跑了鱼。

差点被拒听的这个电话让小姨感到阳光灿烂，一来因为师哥说他出国二十多年刚回，费老大劲才找到了她的电话号码；二来，她不断温习这个惊喜的电话后，得出一个结论——师哥没变，如同这个电话一样，执着。谁也不会知道，这种执着曾经难以想象地深深吸引了她，无形地影响了她的人生。小姨执着地燃烧过，又执着地让自己变成了冷灰。如今，二十多年后，师哥如同一只走失的信鸽，翻山渡海，从远方又飞近来了，这只信鸽的翅膀扑扇着，将那堆冷灰腾了起来，在记忆的天空中舞蹈，并试图在滞重的岁月后再扬起那种血气方刚的风姿。

那天，小姨要去三亚参加同学会，从小城赶来省城的机场坐飞机。我从没见过小姨这种样子。她穿一条真丝连衣裙，外罩一件崭新的皮衣，隔着饭桌，我都能闻到羊皮的气味。

小姨说起这次将要参加的同学聚会。组织承办者是班上一名体育特招生，成绩差得一塌糊涂，对集体活动却总是热情高涨。他毕业后分到海南，现在是一间私立学校的校长，腰包涨得很，这次聚会，吃住行玩他一人全负担。小姨还破天荒地跟我们提起了师哥。她认为，毕业那么多年，这种同学聚会头一次举办，完全是因为师哥的出现，又把一帮子当年志同道合的人聚在了一起。

"师哥还是相当有领袖魅力的！"小姨说完，想了想，开心笑了。

"那师哥是做什么的呀？"我妈认为那师哥肯定很有来头，竟能指挥一个阔校长包办下几十人的费用。

"呃，师哥在电话里没说，他说这些年一直在法国，回来不久。"

"噢，海归啊，那就是大款喽，成家没？"我妈找到了话题，顺带给我们谈起了现在的婚姻市场行情。据她看过那么多档相亲节目后得出一个结论，小姑娘特别欢迎海归。海归，并不是指出国深造回来的归客，而是指那些在海外市场打拼积累了财富的大叔。"这类人啊，既有成果，又有海外身份，小姑娘们抢得步步惊心呢！"在这方面，我妈一直是家中权威，她的话基本上没人会去挑战。看起来，小姨这一次心情的确很好，她没像过去那样泼冷水，只是从鼻子里哼出了一声冷笑。算是客气了。

我妈在饭桌上高谈阔论。小姨把我扯到一边，掏出一张钱，让我到附近的东利文具店买几副扑克牌。我轻蔑地对小姨说："小姨你太过时啦，现在没人要玩扑克了，三国杀才好玩。"小姨抬手试图拍我的脑袋，却只能拍到我的肩膀——我已经比小姨高出一头了。"小鬼，又不是跟你玩！我告诉你啊，以前我们班同学打老K最凶了，基本上每个宿舍门口都摆着一摊，不分白天黑夜打，真壮观啊！"小姨是怕同学聚会时想玩的时候找不到地方买，所以买了五副扑克备着，可见小姨是多么盼望这一次聚会啊。

小姨拖着一只亮壳拉杆箱，穿着同样发亮的黑皮衣，出门，下楼。我从窗边看下去，尽管她很快就被楼下的树挡住了，可还能听到那笨拙的"噜噜噜"响的拉杆箱，仿佛她牵着一个队伍。我忽然冒出一个浪漫的想法，我希望小姨从此不要再回来了，就像一个奔向新生活的勇敢女人一样，跟上她那些志同道合的"队伍"，在这个广阔的世界上闯荡，干一番有意义的大事，而我呢，熬到明年六月高考结束，书本一烧光，也到这个世界上去，拼命赚钱，赚够钱之后就当个背包客，去旅游去探险，从此自由自在。事实上最近我常常做这种有关自由的假想，而这类假想，无一例外地被现实逐个击破。

三天后，小姨又牵着那只"噜噜噜"响的拉杆箱回来了，她打开它，掏出一大袋东西：大红鱼干、海螺片、虾米、沙虫干……那是同学会的赠品，都纷纷地装进了外婆的储物柜。此外，她还从钱包里翻出一套票券送给我妈，说是度假游的赠券，可以招待一家三口。那是在我们城郊新建的一个生态旅游度假村。我妈看到票券上介绍的项目种类繁多，顿时来了兴趣，连问了一些情况，小姨只轻描淡写地答了一句："是师哥投资建的。"这简直应验了我妈当时的话！她得意地说："我就说嘛，海归的这类大款，就是有搞头！"我妈其实还想继续问那个师哥的情况，不过看小姨很不耐烦的样子，只好作罢。

小姨把从同学会上带回的东西全都掏出来了，包括睡在箱底的那五副扑克牌——它们连包装都没拆。

这次外婆硬要小姨多住一天，因为再过五天就是小姨的四十二岁生日了，外婆想提前给小姨庆祝。在我的印象中，小姨是个没有生日的人，因为她一直孤零零地在外地生活，我们都凑不到一起给她过生日。外婆早就想好了，趁小姨这次来，给小姨过一次生日。可小姨坚决不要过生日，她反复说自己从来不过生日的，她对这些仪式感到最肉麻了。我们则在一边七嘴八舌地劝她，像挽留一个过于客气的客人。最后，一直沉默不语的外公从沙发上站起来。我们以为他要下死命令了，谁知他长叹一声，对小姨说："你考虑考虑吧，你妈和我都快八十了……"话说一半就没了下文，自顾朝卧室扬长而去。

在家庆祝生日其实很简单，无非就是晚饭多出了几样菜，打开了一瓶红酒，每人轮流举起酒杯向寿星小姨祝福。我不知道，为什么这么简单的事情，小姨做起来却显得那么尴尬。切生日蛋糕的时候，她干脆久久地待在阳台上抽烟，直到我们把蜡烛点好，灯灭掉，喊她，她才走过来。

看起来，柔和的烛光终于让小姨自在了一些。她会跟着我们一起拍手唱生日歌，逐渐融入我们这个集体。她凝视着那些蜡烛，目光亮晶晶的，仿佛过生日的人不是她而是这只摆在中央的大蛋糕。唱完歌，外婆催促小姨许愿。小姨只好双手合十，闭上眼睛。我发现外婆也双手合十，闭着眼睛，嘴巴动了动，像她在寺庙拜神的那样。

蜡烛吹灭，灯光重新亮起，我们拔蜡烛准备切蛋糕，小姨忽然好像神经发作般，用手在蛋糕上抓了一把，在我们还没能作出反应的时候，她的手往我脸上一抹，弄了我一脸的奶油。小姨这么幼稚的举动跟她四十二岁的年龄以及一贯沉闷的性格太不相称了。我们都感到很怪异，仿佛她被什么灵魂附体。

就像电视里经常看到的画面一样，那个蛋糕被我跟小姨你抹一把我抹一把的游戏浪费掉了。小姨狂笑不已，看上去简直像个疯子。最后，她竟然把整盘蛋糕都盖到了自己的脸上。

无论如何，大家为小姨这突然而至的疯狂感到难以理解，隐隐觉得：小姨一定受什么刺激了。

当天晚上，我跟小姨睡一床。睡到半夜，我就被声音吵醒了。小姨睡的位置是空的，那声音代替了小姨在黑暗中起伏。我一动不敢动，连大气也不敢出，只是凭感觉找到了那声音的所在地——靠墙的那只落地大衣柜。小姨把自己关在那里面，正试图放低声音哭泣。我听了一会儿，鼻子就酸了。我想，失恋，大概就是这么伤心绝望的吧。可怜的小姨！

几个月后，我在郊区那个"绿岛生态旅游度假村"见到了师哥。他在满墙的大照片里，跟好多人握手合影。那些人，用我爸的话来说，都是些"大人物"。我虽然从没见过师哥，但相比小姨相册中的那个清瘦师哥而言，他变得实在太多了。他已经变得圆乎乎的，正面照，两只耳朵已经看不见了，侧面照，鼻子被深深地埋住了，一笑，满脸的肉都在放光芒。他总爱穿阔阔的唐装，黑的、白的、花的……在不同的相片中，人再多我也一眼就能把他认出来。整个度假中心，随处可见师哥跟"大人物"的合照，出现频率最多的，就是那张巨幅照片：他曲着脊背，在跟一个"大人物"握手，手腕上戴一串佛珠让我记忆深刻。这些照片一张张看过去，除了几个明星之外，那些"大人物"我都不认识。可是，我爸却对他们相当"熟悉"，他说，这里边，有新闻联播的常客，有财经杂志的封面人物，还有体育明星、网络论坛的公知分子……"额的神啊，"我爸佩服地说，"这个师哥还真能混啊，什么界都能搭上，太牛了！"

这个度假村其实就是一座山。师哥把整座山都包了起来，温泉、高尔夫、射击场、农庄……要是可以的话，一个星期都玩不完。我妈说，其实那里并不合适家庭度假。那适合干什么？我妈眨巴眨巴眼睛，暧昧地说："适合这些人来，搞腐败！"她指了指墙上的照片，迅速跟我爸交换了一个眼神。

托小姨的福，我们一家三口在"绿岛生态旅游度假村"好好地"腐败"了两天。临走的时候，我们还凭赠券领取了度假村自己研制的农家保健品——两盒标价为两千八百块的绿色螺旋藻。又白玩又白拿，我妈满意得要命。离开度假村时，她望着车窗外远去的青山，怅怅地说："老妹怎么当初就不跟师哥好上呢？"

小姨是绝对不可能跟师哥"好"上的，当初不可能，现在就更不可能了。因为，比起师哥的改变，小姨现在的改变更让人可怕——她已经变成了一个中年怪阿姨。原来，反高潮主义者伸出手来制造高潮另有一套，那就是——搞破坏。就像破坏她那只四十二岁的生日蛋糕一样，她把命运分配给她的那部分蛋糕，毫无耐心地一下子捣碎，如同玩各种不同游戏，她从中获取短暂的快乐。比方说有一次，小姨到邮局汇款，电脑排序票上显示，她还需要等待四十八人才能轮上。反正无所事事，她就坐在大厅里等。等着等着,她发现,很多人拿了号之后,没耐心等下去了,就把票一扔,走人,造成电脑叫的很多都是空号。同时她也发现,在地上,在板凳上,的确有不少还没叫到的号码。于是,她把那些还没轮上的弃票一张张收集起来,遇到刚进门的,看得顺眼的,或老病残弱的,就发给他们。这样一来,一些人没等多久便能轮上了,而那些坐在大厅久等的人们,眼看着这些后来者居上,先是纳闷,等他们弄明白是小姨在破坏秩序,顿时感到很生气。个性内敛的人,则在心里对这个中年妇女嘀咕几下,他们认为她肯定脑子坏掉了;而那脾气暴烈者,忍不下就跟小姨吵了起来——

"你怎么能这样呢?存心搞乱秩序,你不赶时间,别人可是要赶时间的……"

"我怎么搞乱秩序了呢?我又没有插队,我明明是在维护秩序啊!"

"我看你就是吃饱了撑着没事干!那么有空搞这些,还不如回去搞老公……"

"哈,难道你是总理吗?赶时间何必亲自来排队?叫你二奶来办嘛……"

你一句,我一句,小姨跟一个瘦瘦的中年男人吵得不可开交,眼看着就要骂到各自的祖宗八代,就要推推搡搡了,保安才跑过来……

无人能解释小姨这类无厘头的行为。小姨跟我们这个家庭集体越走越远。当我们鲜有地谈论起她,多数是在回忆些涉及她的往事,然而,即使是一件好笑的趣事,我们最终也会伤感地就此打住。

高考结束的那个暑假,在我准备跟同学一起去北京旅游之前,外公突然把我叫到房间,他让我去小城看看小姨。他说:"在这个世界上,除了我们,小姨对你最好了,小姨是个善良的人,这一点,无论什么时候你都要牢牢记住!"外公的话让我想起了那个深夜,小姨在衣柜里哭。这个秘密我一直没有告诉任何人,这是目前为止我对小姨唯一的回报。

不过，我也时常感到后悔，我想，我应该打开柜子，坐进去，拍拍她，就像一个成熟人所做的那样，就算一句话也不说。

听从外公的话，我独自乘大巴去小城看了小姨。她正忙得不可开交。写宣传单，制小红旗，一副要大干一番的势头。我的好奇心很快被她那认真积极的样子挑逗起来了，也跟着跃跃欲试。

第二天上午，太阳只升到了半空，温度却已经完全飙了上来。在小区的门口，我的小姨集合了一群业主，共同拉起了一条横幅："抗议政府建毒工厂危害市民安康！"除了这条大大的横幅之外，他们每个人手里还挥着一面小红旗。这些小红旗是昨天我跟小姨连夜赶制出来的，有一捆呢，我们逢着人就分发。

很快，小区门口就被围了个水泄不通，有本小区的居民，也有附近小区的，还有一些路过的行人，想到这附近即将要修建起来的那个LCD数码多媒体工厂，他们就像被化学废气毒侵般恐惧，他们责无旁贷地参与到其中来，高呼口号——抗议毒工厂，还我生活安康！口号一喊起来，人们的声势便壮大了，听上去像有千军万马。

小区的物业管理者、社区的工作人员闻声而来，试图制止这次集会。无须多追究，他们就确认了小姨是这次集会的领头，所以，他们把小姨拉过去，想要说服小姨。

"这是政府决定的事情，你们这么闹也无济于事啊，而且，还干扰了居民的生活，多不好啊。您说是吧？"

"要闹也别在这闹，行不？这样我们很难办啊，都是住在一个小区的，和谐最重要，别闹了行吗？"

"要不这样，你们先停止，然后我们跟相关部门反映，让他们给你们一个合理的交代，和平解决，好不好？"

"哎哟，求求您了，别闹了。"

……

无论怎么商量，小姨都不会妥协，她理直气壮得很，仿佛手上握的那把小红旗就是真理的权杖。在众志成城的气氛鼓动之下，她坚定地爬上了花坛，高出人群一大截。她在花坛上稳稳地站着，手挥小红旗，声音尖利——抗议毒工厂，还我生活安康！人们便随着这个站在高处的女人齐呼，连呼几遍，便呼出了默契的节奏感来，那口号就像一曲即兴而成的歌，嘹亮、高亢。

　　我从来没有见过这么激动人心的场面。人人似乎为真理而战，而我那小姨则越战越勇！这种场面，看起来的确很令人发泄的。假使一个毫不相干的人路过，停下来看热闹，没过几分钟，他心里长期积压的一些抱怨之气很快就会蹿上来，也会借机嚎上几声。

　　如此又过了一阵，有几个穿制服的警察接到报告后赶过来了，一看到他们，人们本能地闪出了一条道来。

　　那个拿着喇叭筒的制服者，反复对着人群喊："请大家自觉疏散，不要扰乱公共场合秩序，请大家自觉配合，维护社会治安和谐……"喇叭处理过的声音听起来比人们的呼叫声要威风好多倍，它们迅速地盖过了小姨近乎歇斯底里的尖叫。不过，小姨却并不示弱，固执地挥旗呐喊。随即，那个喇叭筒便对准了小姨，喊："请花坛上的那位妇女同志马上下来，注意人身安全，请你马上下来，注意人身安全……"

　　眼看着，以小姨为领袖的这次运动就因制服者的到来而失败了。人群里的那些过客以及本来就抱着"抗议无效果"的心态的人，逐渐觉得没意思，打算要退出了。刚才还挤挤挨挨的人圈，开始出现了松散。

　　就在这即将溃散的时刻，花坛上的小姨猛地把小红旗往人群里一扔，这举动吸引了所有人朝她看过去。只见她迅速将身上那件宽宽大大的黑色T恤往头顶一撸……人群里顿时发出了一阵短促的尖叫声，之后，四周就陷入了沉默。那喇叭筒也张着大大的嘴巴，一个字也吐不出来。

　　我的小姨，正裸露着上身，举手向天空，两只干瘦的乳房挂在两排明显的肋骨之间,如同钢铁焊接般纹丝不动。在这寂静中,她满眼望去,看到的,都是那些绝望的记忆,那些如同失恋般绝望的伤痛,几秒钟就到来了,如高潮一般,战栗地从她每一个毛孔绽放!

我站在人群中,跟那些抬头仰望的人一起。我被这个滑稽的小丑一般的小姨吓哭了。

达人

一

　　石井村改为石井街之后,村里的卧虎藏龙就做了鸟兽散,有能耐的都不在这条街混了,剩下那些没能耐的,统统被收归到石井菜市场楼上那二十层安置公寓。仿佛约好了似的,晚上,十一点一过,稀里哗啦,噗噗,乒乓,砰砰,或多或少,或硬或软,一只只装着垃圾的塑料袋开始顺着楼体成功着陆,像一个个锦衣夜行客,行程长一点的那一位,风尘仆仆,呼呼生威,落地的动静也最大。

　　除非装个雷达,不然哪能搜捕到谁家乱扔垃圾?当然,也能寻出些线索。市场冰鲜海产档的黄姨把卖剩的墨鱼带回家,剥掉墨囊洗干净用姜葱爆炒,一只只墨囊从高楼上扑哧落地,就像有人在地面画了一夜的水墨山水画。社区工作人员沿着这条线索,找黄姨来问话,黄姨平日习惯跟人论斤两,耍赖说:"扔怕什么?反正最后都有人来管。""谁来管?""政府啊。我们连下半世都给政府了,政府不管我们谁来管我们?"这些被安置下来的人,经历了整个拆迁过程,动不动就把政府挂在嘴边。

　　社区工作人员每当提到石井街,头就大,说,这条街,出刁民。

　　也不知道是有心还是无意,是政策还是对策,两年后,石井街上连着盖起了几幢气派的小矮楼，牌子一掀开，人们惊叫起来，喔哟，原来政府就在我们身边哪！河陂区的劳动和社会保障局、信访服务中心、劳动就业服务管理中心、交警大队……基本上都来齐了，簇簇新的门面，白底黑字的牌匾，看起来有几分唬人。刚开始，人们经过这几幢楼，脚步会加快，后来逐渐也就适应了。人们最爱坐到社保局门口的阶梯上"蹭空调"，背后那扇自动感应门，开开闭闭，里边的气流便像波浪一样，时时扑到人背上，夏凉冬暖，很是舒服的。说起来，这个风水地段最早的开发者，是丘处机，他是那里的常坐民。

在过去的石井村，丘处机也算得上是个特别的人物，虽无权势，也无财富，但他属于行动派的，每每做出些成为村民谈资的事情来。单说丘处机这个名字，之所以跟《射雕英雄传》里那个全真教道长丘处机一字不差，就是他改名行动的结果。

丘处机原名孙毅。上个世纪八十年代，因为爱看《射雕英雄传》，崇拜丘处机，孙毅不顾家人强烈反对，偷出户口簿、出生证，开了单位证明就到派出所改名字。那个年代电脑还没出现，办什么事情都要跑，改姓改名等于把一个人取消再重新造出一个人，得跑多少部门盖多少公章等多长时间？丘处机却不嫌烦，心平气和地一点点去办。半年后，孙毅从此消失，石井村多了一个丘真人丘处机。人们觉得好生奇怪，丘处机那时才二十岁出头，不崇拜郭靖杨康东邪西毒，偏偏崇拜个老气横秋的道士，再加上，在人人都在为一张嘴吃饭劳心劳力的阶段，丘处机却费尽心思做这些无用功，人们更觉得他是个怪人。好在，那时丘处机还旱涝保收，在一家印刷厂里当工人，吃饭、结婚、生子，也在过着正常人模式的小日子，也不足为怪了。进入新世纪后不久，纸张印刷业开始走向夕阳，一些中小型印刷厂直接关门。丘处机下岗的时候，除了得到三万块遣散费外，就是满满四个纸箱的书，一套《金庸全集》，一套《梁羽生全集》，还有一些古龙、温瑞安、萧逸、还珠楼主……清一色武侠。

多数工人们挑《新华字典》、《中英双语词典》这类可以卖钱的工具书拿，丘处机却一概不要，只挑武侠。几年来，这四箱书被丘处机看了又看，也看不腻，每看一遍都像看新书一样，有滋有味的。

只要不下雨，每天下午两点半到五点半这个时间段，经过或者到河陂区社保局办事的人，必然就能一睹丘处机尊容。丘处机坐在阶梯上，依傍着门口那棵小叶榕，两只光脚垫在鞋面上，端着书，或低头或侧脸，乍眼看，像社保局门口放了尊雕塑。金庸的《射雕英雄传》、《神雕侠侣》、《倚天屠龙记》、《连城诀》……梁羽生的《冰川天女传》、《萍踪侠影录》、《云海玉弓缘》、《白发魔女传》、《龙虎斗京华》……古龙的《绝代双娇》、《陆小凤》、《白玉老虎》、《流星蝴蝶剑》、《天涯明月刀》……温瑞安的《温柔一刀》、《四大名捕会京师》、《逆水寒》……还珠楼主的《蜀山剑侠传》、萧逸的《十二神拳》、诸葛青云的《江湖夜雨十年灯》、王度庐的《卧虎藏龙》……读这些武侠书，丘处机乐在其中，表情松懈，偶露爽意。

社保局劳动关系科有个小秦科长对丘处机最感兴趣，经常跑下楼来，跟丘处机扯上几句。小秦科长问丘处机，那么多经典的侠客人物，为什么偏最崇拜丘处机？他在书里戏份不多，又没盖世武功，又不风流倜傥，高在哪里？丘处机淡淡一笑，说，高手过招自然看得过瘾，但无招战胜有招看得最让人心服，丘处机武功不强，却胜在意强，道可道，非常道，天人合一，方能胜人胜天……平日里，丘处机讲话从不是这个调调，但一论起武侠来，迅速就进入了书中角色，仿佛丘处机道长在给人传教义，把那小秦科长听得鸡皮疙瘩起了一身。不过，看丘处机入定般坐在那里，手捧厚厚一本书，面朝车水马龙的大街，背靠社保局一楼办事大厅的各种滋扰、口角甚至耍赖，却丝毫不受干扰的样子，的确有那么几分天人合一的味道。

小秦科长对同事说："这个丘处机是个超级武侠痴，能大段大段地背诵武侠小说呢，算不算是个达人？"同事们开玩笑说，应该让丘处机报名上"中国达人秀"，或者"星光大道"，说不定，也一夜暴红，能超过那个"送你葱"的菜花大妈！

菜市场的人都知道，丘处机的绝活可不仅是背诵武侠！每天清晨四五点，天蒙蒙亮，菜市场后门的卸货场已经人声鼎沸：青菜瓜果从郊区运过来了，猪肉牛肉从屠宰场抵达了，各种海鲜在密实的冰库车里等待见光了……菜市场的摊主们吵吵嚷嚷地开始验货收货。这个时候，总有这么一个人，穿着一身黑色的防水雨衣，脚蹬长筒雨靴，穿梭于货场与摊位之间，或抱或背或拎或扛着重物，步伐轻盈，往返次数居于卸货工首位。这个黑衣人，必是丘处机无疑。丘处机仅仅只是力气大吗？不完全是。当然，按丘处机身高一米七零、体重六十五公斤的体格，能有这样的力气已经不俗，重要的是，丘处机运货从不会出差错，一箱一箱一袋一袋，老刘的青菜、阿强的土豆、和记的牛肉、基哥的猪肉……人多货杂，本来就容易出乱，但货主验好货后，朝人群里大喝一声：

——丘处机，和记五十斤牛肉！

——丘处机，阿强二十斤淮山十斤毛豆三十斤马铃薯

……

丘处机便会准准确确地把这些东西斤两不差地运到摊上，一点都不用操心的。然而，这都不算什么，丘处机足以震慑人的绝活，还是徒手捧冰这一招。冰鲜档每天要从冰库车里运冰，每方冰大约十到十五斤左右，惯常的运输方法是用铁钩抓住冰块，或吊挂或拖曳着走，丘处机却可以将一方冰徒手捧到冰鲜档，步伐从容，还不妨碍他跟旁的熟人打招呼，仿佛他手上那一坨亮晶晶的东西，是一捧淌着水滴的百合花，看起来很有风度，或者说，很酷。菜场的人说，丘处机练了铁掌功，耐冰。

丘处机没别的活儿干了，就靠清晨这点时间赚钱，好在老婆在造船厂当油漆工有工资拿，儿子也已经考上大专了，所以，他每天早起忙个

一两小时，剩余的时间就是做家务看武侠，生活得也算惬意。人们见丘处机那么有闲，劝他去练武，一来可以强身健体，二来可以给石井街看看场子，练个一招半式的，吓唬吓唬那些来找茬的人。自从这些政府部门落脚到石井街之后，这条街就没那么太平了，隔三岔五有人来闹，虽说他们闹的是政府，可这条街总不免也受到牵连。有一次，大清早的，社保局对出的那段马路上，被人淋了一大桶粪，熏得路人眼睛都睁不开；还有一次，一名中年男子劫持了街上一名少女，用刀架在她脖子上，说领不到失业保险金就把这女孩喉咙割了，那男人跟警察整整对峙了五个小时，搞得石井街的人一段时间出门都心慌慌。直接影响石井街人生活质量的，就是停靠在路边的一辆辆车子，这些车子脾气一律都很差，因为它们是来交警大队处理事故的，气鼓鼓地来气鼓鼓地走，一片乌烟瘴气……这些，丘处机当然都尽收眼底，但他从不喜欢多管闲事，他对暴力很反感。有一次，他坐在那看书，身后就起了骂架声，声势越来越激烈，他连头都没回，接着，传来了拳脚的互搏声，他还是没回头，后来，他的背部遭到了一击，扭打之人一脚出去，祸及了他，他这才穿上鞋子站到一边，只是观战，直到那场架被制止后，人潮散尽，他才又在原先的地方坐了下来。

人们都说，别以为丘处机整天看那些打来杀去的书，其实是个胆小鬼。不过，人们也懒得去评价丘处机了，谁都清楚，石井街像这般没用的人，多了去了，那些有用的人，都已经离开这里，到城市的各个中心区、高尚区、开发区去，到江湖上去，早就混得风生水起了。

二

这天下午，丘处机照常坐在社保局门口"蹭"空调看武侠，来了六个人，逢人便发传单。丘处机以他印刷厂工人的经验，一眼看到那打印出来的黑字，题目是初号黑标宋，通常用来印些告示、公文的正规标题，标题下边，密密麻麻写着一段字，末尾又是几个初号体感叹号，跟着摁了六只鲜红的手指印。又是一纸控诉书。那六人每人头上绑着一根白布条，仿照古书里鸣冤告状的人，引起了行人的关注。他们拦住每一个不赶时间的行人，愁眉苦脸地诉说着自己的悲惨遭遇。其间，社保局的保安出来撵过他们几次，他们非但不怕，反而横横地一屁股坐到阶梯上，吵嚷着说："怎么啦，这路是你买下来的吗？政府还不让人走路？怎么啦，想打人？"

快要下班的时候，那六人也疲倦了，人仰马翻，散落在阶梯上，离丘处机不到五米远。他们纷纷从包里掏出自备的水来喝。丘处机眼尖，瞟一眼，就看到离他最近那个白头老汉的矿泉水瓶里，飘着白的菊花和红的枸杞，跟他老婆天天上班前拿到工厂那瓶一模一样。

那白头老汉也一直在看着丘处机，这个怪人，一下午了，坐在那里光看书不看人，递给他的传单也不知道扔哪里去了，如果他稍微表现出一点好奇，他早就想"发展"他了。白头老汉故意跟丘处机坐得近。他瞅了瞅丘处机手上拿的那本书：《多情剑客无情剑》。因为挨得太近了，丘处机把目光从书里移出来，看了白头老汉一眼。

"啥书啊，看一下午，那么好看啊？"

丘处机笑了笑，不愿接白头老汉的话。

"多情剑客无情剑，哼，再无情，有政府无情么？啊，有政府无情么？你看看，我们这几个……"

丘处机不想再听他们重复了一下午的话，立即打断他——你们这样做，没用，我见得多了。

丘处机终于开口了。白头老汉有点成就感，即使自己的话被打断了，也觉得无所谓。他朝丘处机苦笑一下，说："谁说不是呢，没用又怎么办？难道就由着政府欺压百姓？我们这六个人，岁数加起来都快四百岁了，被老板剥削那么久，老了回家了，连一分养老金都还拿不到，有这么坑老百姓的吗？还让不让人活啊……"

这六人，都是同一家外资公司的员工，从1994年一直干到去年退休。这么多年来，工资条上每月明确显示着扣除养老保险金。退休后才知道，公司为了省钱，买通了相关部门，一直在越城下边一个叫青镇的地方为员工买保险，为什么呢？因为青镇的人均工资低，养老金的缴费基数比越城要低得多。也就是说，公司在青镇买保险比在越城买要省钱。六人退休后，问题浮出水面了，十几年在青镇买的保险，要转到越城来用，人家不让转。在穷的地方按低的基数买保险，在富的地方按高的基数领保险，明显的钻空子嘛，政府哪有那么傻？社保局以不符合政策为由，拒绝转入。六人折腾快一年了，一分钱都领不到。

丘处机觉得这六人蛮倒霉的，被坑了那么多年都一点不知情，吭哧吭哧地替人干活，到头来，连养老的钱都领不到。这样的事丘处机也是头一回听说，大千世界，为了利益，无招不出，他没想到还有这么懂钻空子的黑心公司，简直比石井菜场里那个在木瓜腐烂口子上贴标签的阿惠，比往鱼腮滴汽油使它变鲜红的黄姨还要黑心得多啊！那可是老人家养老的钱呢。

丘处机起了同情心，放下手里的书，打算跟这六人聊聊。这六个人，年龄相仿，都有白头发了，只不过白的程度不一样，衣着也很随便，丘处机自以为还不如自己。六人脑门上扎着的那根白布条，让人看起来有点滑稽，既不像日本武士也不像披麻孝子，丘处机忽然想到了"桃谷六仙"，金庸《笑傲江湖》里那六个糊涂倒霉蛋，桃根仙、桃干仙、桃枝仙、桃叶仙、桃花仙、桃实仙，丘处机个个都能数得出来。哈，这眼下的六人，倒是刚够数。丘处机在心里暗暗笑了起来。

说实在的，丘处机觉得"桃谷六仙"眼下做的这些事，完全是无用工，发传单、静坐、告状，这些方法根本解决不了问题。

你们打算天天在这里坐？没找其他路子？丘处机刚一问，那个身材魁梧的老汉就着急说话了。"怎么没有，这事快搞了一年，各个部门都跑遍了，还找了律师咨询，都没办法啊……"丘处机在心里称此人为桃干仙，体形和性格都比较相似。

那律师怎么说？丘处机又问。只见那桃干仙捅了捅身边较瘦小的那个，示意让他来说。他讲得很详细，其中还运用了不少丘处机听不明白的专业术语。丘处机觉得那人应该是桃叶仙，比起其他几个来，他最清瘦。桃叶仙最后总结性地说："总之，律师说，这官司没得打，因为公司买保险手续齐全，也符合规定，只是钻了个空子，那空子能钻进去，就说明人家已经打通了关节，根本告不进的。"

"他娘的，干脆搞包炸药来，炸了这鸟地方！"其中一人，边说边抬头打量着眼前这楼。丘处机就把这性格暴躁的人定为桃枝仙。

这桃枝仙的气话，很快引起了其他人的共鸣，他们纷纷列出自己的报复方案来，解气地发泄了一通。丘处机觉得这些老头真可怜，要是他们有"桃谷六仙"的绝招——能在一眨眼工夫将一个人撕成六大块，他们还会在这里为钱烦恼？

话说间，"桃谷六仙"似乎已经当丘处机是朋友了，各自讲了很多自己的工作和家庭烦恼。丘处机的怜悯之心已经被他们撩拨了起来，便将自己平日在这里所听到的一些相似案例，成功的失败的，都告诉了他们，像说书似的，把这六人听得一愣一愣。

先前那白头老汉心想，自己果然没找错人，这个怪人整天泡在这里，懂那么多，肯定认识局里的人，就像医院门口的医托、火车站大厅里的黄牛，虽说都是些小人物，但还是各有门路的。白头老汉硬是觉得丘处机不是个平常人，在折腾那么长时间都没有效果的绝望处境中，竟然对丘处机抱上了希望。白头老汉讨好地对丘处机说："兄弟，您懂那么多，肯定神通广大，您看，能不能帮我们一把？给我们点条路子走走，以后一定会重重谢您的啊！"

丘处机早想好了，这白头老汉就是桃根仙，在六仙中算得上是老大。老大这么一说，其他几仙都明白了，围过来拍丘处机的马屁，配合得默契。

不知道为什么，丘处机对这白头发的六仙，有了种与别不同的感受，他们连自己这个素不相识的人都想着来求，可见他们有多绝望？谁说不是呢？六张老脸都不要了，难道不是绝望是什么？

丘处机穿好鞋子站起来之前，犹犹豫豫地撂下一句——我试试，问问看。六仙听后，大喜过望，这个下午，丘处机是唯一一个向他们伸出援手的人。

拿着六仙递过来的那张传单，离开小叶榕，丘处机往对面石井菜市场楼上的家去了，他趁拐弯的时候，用眼角扫了一眼站在夕阳中的六仙，心情觉得很沉重。

劳动关系科的小秦科长还没走近单位门口，远远就看到平日里丘处机坐的那个阶梯位置上，蹲着一个人，心想着，又有人来闹了。刚走近一点，就听到有人喊自己。居然是丘处机。

丘处机手上拿的那张传单，小秦科长昨天已经看到过，并且，他已经听到风声了，那家外企公司的人力资源部，早已经外包给了一个国内专业团队，目的就是为了让这个团队全权处理纠纷。这个团队，呃，怎么说呢，社保局里以小灵通著称的欧阳说，是很有来头的。怎么个有来头法？它的法人代表是省里某个常委的儿子。哪个常委？这，常委就那么几个，自己排排看呗……

当然，这些内幕小秦科长是不会告诉丘处机的，这是他们单位的"福利"——比一般老百姓总能知道得多一些。他只是实话跟丘处机说，这件事情，他们局也解决不了，早就明确回复过这六人，还得从公司里找到解决的方法。丘处机将六仙昨天跟自己说的所有情况都跟小秦科长说了，小秦科长也没办法，最后给了丘处机一个建议，让他们去找找上层，看有没有可能特事特办。丘处机在脑海里想了想那几个普通得不能再普通的六仙，又不是能各显神通的八仙，上层的门在哪里他们肯定都摸不着。

丘处机只好低声下气地再求小秦科长，求他想想办法，帮找找上层。那小秦科长一句话就把他堵死了——你以为我是局长？我也就是个小副科而已，这座楼里，副科长算个屁呀！丘处机看小秦科长愤恨的样子，没敢再求下去了。

最后，小秦科长奇怪地问丘处机："这六人里边有你的亲戚？"丘处机摇摇头。"朋友？"丘处机含糊地似认非认。小秦科长走进社保局大门之前，回头对丘处机叹口气说："唉，让你的朋友们别再来白费力气了，赶快抓紧时间重新续买保险才是上策。"

下午，"桃谷六仙"一见着丘处机就围了上去，仿佛丘处机是个大官。那个桃叶仙，没说几句话，就从包里掏出一个矿泉水瓶，瓶子里装满了白色的液体。他对丘处机说，这是他老伴泡了一夜黄豆，早起用豆浆机打的豆浆，绝对纯天然。丘处机哪里会要？桃叶仙很是诚恳地再三请求丘处机收下，他一直强调，这黄豆是亲戚从乡下背到越城来的，绝对是有机黄豆。其他几仙也都帮着劝丘处机收下。白头老汉桃根仙嗓门很大，说："兄弟，又不是什么值钱的东西，一瓶豆浆而已，还没有商标，卖都卖不出去的，就收下吧。"说完，连推带塞地把那瓶子推到了丘处机的怀里。丘处机只好收下。人的心理就是那么奇怪，收下这瓶豆浆之后，丘处机就觉得自己对六仙有了一种责任，他不再是一个旁观者，他认为自己有义务将小秦科长说的话一句不少地转告他们。通过自己私人关系所获取的那么一点信息，权当是那一瓶豆浆的回报。只不过，这回报起不到半点作用，还添了六仙的沮丧。

白头老汉桃根仙一直在问丘处机，找的那个熟人是哪个科的什么官呀？以他的愿望来看，最好能找到局长，或者，副局长，就算让他们凑点钱来打通，他们也愿意的。可丘处机有这个能耐？说实话，那么久以来，他还没见过局长甚至副局长长什么样呢，据说他们从不走前门，他们的车直接停到后门的院子里。

那天下午，丘处机横竖没能看成书，他只在树底下坐了一会儿，在起身回家前，他的内心有过一些波澜，他寻思着，走？不走？那瓶豆浆就放在他身边的阶梯上，拿？不拿？最后，他手上拿着书，胳肢窝下夹着那瓶豆浆，告别了"桃谷六仙"。碍于情面，是的，如今他跟他们就算有了情面了，丘处机安慰性地对那六人说："那么，我再找其他人问问吧。"

看得出来，"桃谷六仙"已经不似昨日那般对丘处机抱希望了，他们逐渐清醒地接受了一个现实——一个无业游民，哪里能走到什么关系？

三

一连两天，丘处机都没到社保局门口看书，他觉得尴尬，帮不上忙，情面上过不去，但他一直在关注着"桃谷六仙"。他坐在石井菜市场十六楼自家的阳台，看着对面依然徘徊在社保局门口的那六人。两天了，他们还是不死心。丘处机搬个小马扎坐着，时而看书，时而透过阳台的栏杆看那六人，从十六楼看下去，那六仙简直就是六个小侏儒。六仙丝毫察觉不到丘处机的目光，兴许他们还在等待丘处机出现呢。

丘处机抬起头来，看了看对面不远处正在拔地而起的一个建筑。那个地方，原先是石井村的老祠堂，拆掉之后，据说正在建一座五星级酒店。快两年了，那庞然大物在丘处机的视野里，一寸一寸地立起来，高高的脚手架披挂着一层施工网，看着像个穿披风的大侠。丘处机望着它，有一种冲动想从阳台上纵身一跃,使上乘的轻功,跃到最顶那层的脚手架上,与它比武。凌波微步,罗袜生尘,走在空中,宛若水上飘……路线可以这样跃:从阳台栏杆跃至对面社保局楼顶的中央空调冷却水塔,那里常年喷着一些雾气,丘处机早就想去会会那雾气了;从冷却塔再跃至后院一棵大大的老玉兰树树冠,过去丘处机喜欢坐在那树底下看书,如今它被困在了社保局的院子内,丘处机一直想找机会再去摸摸那老朋友;接下来,应该借着树尖的力,跃到那五星级建筑物一个凸出的架子上,那里应该没有任何机关,因为已经露出了完工的钢筋水泥墙,就算在那打筋斗都不碍事,可是,等等,丘处机的目光忽然"咻"地折了回来——与玉兰树顶平行的东侧,那个小媳妇正在楼顶晒被子,丘处机一眼就认出了她,很多次她从自己的跟前走过,他看书的目光就像中了"吸星大法",不由自主地移到了她的身上,目送她挺拔的脊背和圆润的屁股以及那白嫩如葱根的脚踝,一直到她消失在那栋楼的铁门内。此刻,小媳妇躬身翻动着一张粉红的棉被,将它摊在露台上,丘处机几乎能感觉到那粉红棉被的柔软和温暖,他的丹田下方,一股暖流蒸腾,心起异念,他决定从那白玉兰树冠上跃下,跃到那张敞开的棉被上,他要与那小媳妇来个"生命大和谐"。"就像山洪突发,杨炎突然紧紧抱着了她,在她的粉脸上吻下去、吻下去。吻干了她脸上的泪水。他像小孩子一样伏在冷冰儿怀中,两人如饮醇酒,如游太空。真不知天地之间,除了他们两个之外还有什么,相怜相惜之中,两人获得了生命大和谐。"这一段出自梁羽生《弹指惊雷》的描写,丘处机不知道反复读了多少遍,已经能随口背诵了。梁羽生一贯喜欢用"生命大和谐"来称男女之事,在他书里,很多痴男怨女最终都获得了"生命大和谐"。丘处机在这方面,是个旧人,不喜赤裸裸地讲性或做爱,"生命大和谐",还有比这更大的和谐吗?想着自己跟那小媳妇在粉红的棉被上获取"生命大和谐",丘处机激动死了,他已经放弃了跃到顶层脚手架上的目标,他的轻功之途耽在了一张轻飘飘的棉被上……

三天之后,"桃谷六仙"便不再出现在石井街,丘处机又回到了他的位置上看书。为了温习一下关于"桃谷六仙"的描写,他又把《笑傲江湖》拿了出来,挑了第二十八回来读,那一回专写"桃谷六仙"。文中写道——

桃枝仙道:"爹爹妈妈生我们两兄弟之时,记得谁大谁小,过了几年,便忘记了,所以也不知到底谁是老三,谁是老四。"指着那黑脸人道:"他一定要争做老三,我不叫他三哥,他便要和我打架,只好让了他。"令狐冲笑道:"原来你们是两兄弟。"桃枝仙道:"是啊,我们是六兄弟。"

丘处机读得好笑,笑了出声,又自知失态,便抬起头来环顾一下周围,仿佛那六人还在身边。

那六人是肯定不会再来了。每天来石井街办事的人那么多,车那么多,问题那么多,能解决的和不能解决的,一并地,都随着这鲫鱼般的人流流向各自看不到的地方。不过跟那些人不一样的是,丘处机跟这六人萍水相逢过,却又不辞而别,在心里,他对他们产生了一点歉意。

靠石井菜市场的那一面,早上的阳光似乎降临得要快一些,零担的小贩、街边的水果档、早茶店、豪记粥粉面、桂林米粉店、辣婆婆麻辣烫……热火朝天市声喧嚣,而对面则相对安然,上班路过的行人还可以对着那一溜没开启的玻璃门,照照自己的头发,甚至停下来当全身镜用。这一天,反常的是,社保局的门还没打开,门口就站了一圈人。冰鲜档的黄姨闻讯过来凑热闹。她钻进那圈人里一看,原来那瓷砖地面上写了一大段五颜六色的字。先是一排稍微大一点的字,黑色的,写着:使行人到此,义愤气填膺。接下来的字小了些,但却很整齐,一行绿色,一行红色,一行紫色……虽像是顽童写下,但字字端正整齐,又断然不可能是出自孩子之手。黄姨还没读完，就得意地下结论了：哦，我知道了，肯定是前几天那几个绑着白布条的老头写的，传单上都这么写的！

保安跑过来，手上拿块布，想着要擦掉，咦？却是一点都擦不掉的，再用脚使劲去搓，还是搓不掉，用水去冲，那字的颜色却更显清亮。蹲下去仔细一研究，才知道，那五颜六色的全是油漆。围观的人纷纷出主意，用汽油！用香蕉水……可这些东西一下子从哪里找？

那段五颜六色的字，在社保局门口差不多存留了一个上午才被处理掉，最有耐心最完整阅读它的人，就是那些每天进出于这道门的政府人员。

香蕉水的味道弥漫在空气中，等到黑夜降临才肯散去。

人们都在议论，那六个老头真有毅力，半夜三更的，趴在地上写那么多字，还要用那么多种颜色的油漆，多辛苦啊！卖牛肉的和记说："唉，真惨，要是我老爸这么干，我索性把牛肉档卖了贴钱给他算了，六十多岁了，还出来跟政府斗，怎么斗？"

社保局楼里的人都在猜测，那六个老头伏在地上写字，人那么多，动静肯定大，何以值夜班的保安发现不了呢？如果不是那六人写，而是一人单干，那么多个字，还写得那么从容整齐，又是何方神圣？不过，写控诉书这样的方式他们见多了，也不觉得是多大件事，倒觉得这人有点创意。

写油漆书之事没过几天，又发生了一件怪事。那天，第一个踏进社保局门口的人，忽然感到有些异样，把已经伸进去的脚重新退了出来，原来两边门柱挂着的单位牌匾，被人用白纸蒙了起来，左边那柱子上，白纸黑字写着：两袖清风。右边则写着：一身正气。正中的门楣上新添了一个横幅：查无此人！他差点没笑出声来！

肯定跟前些天写油漆字的是同一人，字迹几乎一模一样。真是胆大包天，竟然写到门脸上了。这一次，局里引起了重视，影响太坏了，要是被谁拍到报纸上登或网络上转，颜面何在？于是，他们到派出所调出监控摄像记录来看。只见那监控画面上显示，凌晨一点十七分，出现了一个人，全身黑衣，脑袋上低低地压着一顶黑色鸭舌帽，脸上戴着一只大口罩，浑身上下只露两只眼睛，夜行侠一般。这人一手举一把简易梯子，一手拿着一捆纸，四下看过之后，先将梯子架到左边门柱，将其中一卷纸拿在手上，再从裤兜里掏出一个瓶子，应该是一瓶胶水，然后逐级登上梯子，因为摄像头视角的限制，看不到那人在梯子上做了些什么，很快，一张书法从上至下垂了下来，两分五十秒过后，那人落地了，又把梯子架到右边门柱边……这一系列的行动，只持续了八分钟又二十七秒，身手可谓敏捷，绝不像六十高龄的老头。

再翻回前几天写油漆书那晚的监控录像看，果不其然，都是同一人所为！

那天下午，小秦科长特意跑到楼下，坐到丘处机的身边，悄声问："丘处机，这事，不会是你干的吧？"丘处机的头偏了过来，诧异着问："啥事？""在门上写大字的事啊，一身正气，两袖清风，查无此人。"丘处机恍然，回答了一句："呔，我丘处机明人不做暗事！"小秦科长盯着丘处机又看了一眼，说："那你回去转告你那些朋友，不要再搞了，这里的摄像头最集中，都看在眼里呢！"说完，噔噔噔跑回局里了。

此后，类似的事情再没出现过，人们记下了那副精妙的对联，录在手机里，到处转发，据说，都转发到市委领导的会议桌上了。

四

人力资源市场一楼服务大厅内，每天都集着不少人，他们抻长了脖子，抬头看墙上那个巨大的电子屏幕。不知情的人，还以为这是在看股市开盘呢。实际上，墙上滚动播放的是劳动力招聘信息——温暖家政

公司　月嫂 5 名　月薪 6000—8000；华泰超市　收银 2 名　月薪 2000—3000　越城户口；越城电网　保安 3 名　月薪 3000　45 岁以下　包吃住 ……红字的滚动信息是表明正在招募中，绿字则是近期已招募罄。石井街那些无业者，无所事事就跑到这里来，以留意劳动招聘信息的理由，坐在椅子上聊天、打瞌睡，隔几天，其中的一个就消失了——他已经在那红字信息里，找到了自己的"东家"。因此，石井街的人，索性就将那墙上的红红绿绿称作了"股市"，有的人，来得勤快，出手及时，往往能买到一只"好股"，在满意的工作中捞了一票，生活改善了；也有倒霉的人，签了招聘合同，上班后才发现工作并不轻松，挣得也不多，却也不敢违反合同，只好熬下去，等待合约期满了，再从头开始。总之，东家不做做西家，他们像一只只跳蚤，从城市这角跳到那角，说不清楚是幸福的还是辛苦的，只要有工开，有饭开，身体没遭病痛洗劫，口袋里总能装有几张大票，一日一日，也过得欢实。

　　四十七岁的时候，丘处机也成为到这里看"股市"的一员。这一年，他的老婆也下岗了，而他的儿子，忽然懂事起来，刻苦了一把，从专科考升本科了，还有漫漫的四年求学路要供养。丘处机老婆说："阿机，看来，这下你要亲自出山了！"迫于生计，丘处机便乖乖地到人力资源市场填了表，在"工作要求"那一栏上，他想了想，写下："印刷厂工作优先考虑。" 丘处机还是想干老本行。

　　丘处机当年在印刷厂是一名标兵，拿手的是切割纸张，一卷纸，切成 A2、B4、A3、A5……误差往往在于宽度 ±0.5 毫米，长度 ±1.0 毫米，只要看到过自己切割出来的纸张，丘处机想，哪个老板都会争着要自己的。油墨的特殊味道，碳粉黏在身上钻进人的鼻子一直到肺里，还有那已经耳熟到可以忽略的机器噪音……就是在这样的情形下，他还能在休工时间，随便往哪个角落一坐，看起武侠来就像置身于世外桃源。丘处机看书看得慢，一本书，放在机床底下一个固定的小篮子里，往往要放上一两月才换新的。他看得慢的原因，不是因为他容易受外界干扰，分心，而是因为他每看上那么一段，眼前的文字就会变成图像，人的形象便在他眼前动来动去，他按照自己的理解，让那些比武的招数这样打，那样搏，而且人物和人物的对话也成为了有声……这些时候，他的心思就离开了页面，或者跑到寒风凛冽的绝顶华山上，或者跑到一个春花烂漫的绝情谷，或者跑到一个寂静无人的孤岛，或者跑到飞雪漫天的冰川，尽管他生活在南方，连米粒大的雪都没有见到过……外人看着他一副安静的样子，殊不知他却在东跑西颠，或暗器飞花摘叶或轻功水上飘，或降龙十八掌或移魂大法，丘处机忙死了！就像孙悟空使了"金蝉脱壳"之术，肉身的丘处机与魂魄的丘处机早就脱开了十万八千里！

时隔五年，丘处机最终还是干回了老本行，他在人力资源市场谋到了一份印刷厂工人的工作，除了偶尔被抽调到加工部把一些盒子的皱褶刮平之外，他主要的工作还是切割纸张和装订。工作并不复杂困难，当然钱也不见得多，试用期间月薪1500，试用期后2500。第一天上班，老婆递给他一只布袋，里边装了一只大号的可乐瓶子，瓶子里飘着白的菊花和红的枸杞子，丘处机不由得想起那"六仙"，白头老汉桃根仙也有这么一瓶子水。唉，也不知道那六人的事情最终怎么了结的。

新厂规模比过去丘处机干过的厂小，整个生产部机器不多，人也不多，除了两台激光切纸机外，其余的切纸机跟过去用的相差不大，都是半自动化的切纸机，需要用人力先将纸张推进机台，对准尺寸比例后，按下开关，切刀才下来。比起当年，如今印刷的业务需求是大大减少了。丘处机常听在证券公司做保洁的阿妙唠叨，在那里打扫最轻松了，垃圾都很少，那里的人，据说都提倡无纸化办工。连纸都不要了，还要印刷品干吗？

丘处机头一天上班，负责装订的，都是些铜版纸彩印的广告书和传单——超市的打折酬宾、幸福堂补肾丸、典藏稀世黄金箔片、微笑山庄笋盘……走在路上，这些冷不丁塞到人手里，停留几秒后随即变成垃圾的印刷品，大部分都用了不错的铜版纸，页面光亮，色彩斑斓，只是克数略有差异而已。这类纸，在过去的印刷厂里被视为一级印刷，需要专门组织熟练的工人来操作，为什么？因为贵，不允许出一点差错。过去，厂长称这一组熟练工为"铜人"。一接到铜版纸印刷任务，"铜人"就布阵了，加班加点，安全生产。丘处机便是这"铜人"中的一员。当然，"铜人"仅仅是一种荣誉了，与工资无关，只是在集体分海带绿豆糖水或韭菜猪血汤的时候，他们除了可以自己喝一份外，还可带一份回家犒劳家属。如今，四十七岁的丘处机就算经验再丰富，也混不到"铜人"阵里去了。丘处机观察了一下，新厂的那几个"铜人"，年龄跟自己当"铜人"时差不多，都是三十岁左右。那个叫做刘天骄的年轻人，是"铜人"的头儿，据说他是大学生，学机电的，懂得维修切纸机。难怪，丘处机想起儿子说的话了——现如今，卖猪肉都需要学历了！夸张是夸张了些，但也没错。丘处机庆幸自己生得逢时，不然，以他高中毕业的文化程度，现在能混进"铜人"里？回顾自己的印刷生涯，好歹他丘处机也曾经在上个世纪领过风骚数年了。

两个月干下来，丘处机逐渐感到有点乏闷，他每天切割、装订那些花花绿绿的印刷品，少有的几行字，不是广告就是业绩报告书，全球、先进、％、销量、效果、经典……这些字符，几乎在每一张纸上都能找见。这些印刷品，丘处机都懒得带回家去垫桌子的。丘处机想想过去，一本初校样书在手上刚装订完成，封面还没装上，只简单地蒙着张白纸皮，他就迫不及待地带回家看，言情的、武打的，他一概占领先机，这是他们印刷工人当时的唯一福利。从前的石井村里有个租书铺，铺主老王每次遇见丘处机，都会问："丘处机，最近有什么好书？""《哭泣的骆驼》。""什么类？""言情。"于是那老王颠颠儿就跑到新华书店去买，谁知，书店还没上架，说是连印刷厂门都没出，只好将书名记在书单上，等几天再去新华书店看看，有了，马上买来。老王的租书铺多亏了丘处机，成为了租书界的先锋。因为有这些书看，丘处机觉得当印刷工人很有趣，那些机床的肚子里，满满的都是传奇故事呢，一张白纸，进去了，再出来，纸上就有了人物，就有了七情六欲，就有了悲欢离合。有了这些，丘处机连车间大门都不要出的。

如今什么时候才能等到印一本书？每天开机之前，丘处机都要先跑到制版房去瞄瞄，看看今天要印的内容是什么。直到上班的第五个月，试用期刚过，丘处机的运气来了。那天，开机前，他照例到制版房去转转，只看到一个干瘦的老头坐在电脑前，正对着屏幕指手画脚。丘处机走近去一看，制版人员小林正在电脑上排一本书，屏幕的那一页上，几行字结束后，是一张古代的图画，仔细一看，妈呀，原来是一幅古代春宫图——以前在车间的时候，有人带回来传阅过的。丘处机不好意思盯着图看，目光转向那个正在对小林指挥排版的老头，只见他神情严肃专注，仿佛正在排版的是一幅科研图片，根本没在意身边多了个人。他用食指指着那幅春宫图说："这里，把图注插入到这里，居中。"小林想了想，觉得不妥，说："叶教授，居中似乎不好看，跟下边的文字太贴近了，不如，右对齐试试？"那叶教授想了想说："不怕，还是居中好，跟下边的文字间隔距离大些，没问题，图与文，做疏朗些，更好看。"

于是，那幅让丘处机耳热心跳的春宫图下边就多了两行字："男子以肩承其双足，玉麈尽入阴中，不留纤毫余地。"

接着，跳过几个页码，又出现了一幅春宫图，图中一张石桌上，女人双足朝天缠抱着一男子，在图的右下方，一簇花丛背后，一个古代男子正在偷窥，一手撩花枝，一手伸进自己的裆部，神情淫荡……丘处机看得实在不好意思，只听那叶教授说："不对啊，这一页应该放《教蜂酿蜜》，这幅《饿马奔槽》应该在后边一页，搞错了……"

那两幅春宫图搞得丘处机一上午工作都有点心猿意马，他在期待，什么时候这本书才能在自己手上开印？

午饭时间，丘处机在简易食堂碰到了制版的小林，那瘦小的叶教授居然也跟他坐在一起吃盒饭。于是，丘处机也端着盒饭坐到了同一桌上，听他们聊那本即将隆重推出的"奇书"。

叶教授因为赶着要出这本书，这两天进厂亲自督阵。一般说来，车间是不容许外人出入的，叶教授却是个特例。不是因为叶教授有多么牛，而是，这本书有着很大的利润，必须谨慎又谨慎。赞助出这本书的人，是越城的支柱产业——越城制药集团的老总，他找到越城大学研究古典文学的叶教授要求编这本书，钱不在话下，只要书出得别致精美、典雅高档。叶教授接下这一笔大生意，如临大敌，比做一个重大的科研课题还费心思，他从《金瓶梅》、《如意君传》、《肉蒲团》、《痴婆子传》等明清著名的禁书中，精选了艳情刺激的章节，文言文虽读起来使人感到文绉绉很有文化，但内容放荡得让人耳热心跳。叶教授给这本"奇书"起了个很是庄重的名字——《明清传奇》。那制药集团的老总说了，纸张要用最好的，开本不要太大，最好是便携型的，印数也不需要太多，两千本就够了，因为这书并不是要拿到市场出售，而是小范围赠阅。那么，都赠给些什么人物看呢？叶教授一听之下，顿时感到自己责任重大。原来，老总是要为那些高官朋友和商界朋友们增加生活雅兴，搞搞新意思，弄这么一本书赠给他们，让他们在出差考察旅途中打发无聊时间，翻翻玩玩的。这些人，值钱的字画都收过了，送些新鲜玩意儿，可以加深印象。老总要求每一章节不超一千字，这样可以方便随时翻阅，最重要的是，必须图文并茂。本来，这本书早就该印刷出来了，内容定下来送给那老总审定后，老总忽然意识到一个问题，叶教授选的那些文言文里有不少生僻字，恐防别人看不懂，还需叶教授在每一节后，用今人口语逐节翻译、解释。叶教授做这样的书，本来就有点说不出口，再加上明确了要给的是高端读者阅读，也就相当于一本VIP贵宾书了，哪里来得半点马虎？

当然更不敢吩咐自己的学生来做。如此，叶教授又花了两个多月的时间，亲自逐字逐节作了校注。

小林把叶教授送走后，丘处机就急忙问他，这本"贵宾书"什么时候开印？只见那小林贼贼地对丘处机说："怎么？你也想看这本书？"丘处机腼腆地笑笑。那小林马上压低了声音说："要不，我刻个光碟给你拿回家看，三十块，怎么样？"丘处机的脸便通红了，像做了见不得人的事似的，尴尬地走掉了。

后来，丘处机才知道，小林已经偷偷卖掉了好些光碟，就连那个大学生刘天骄都买了一张。难怪吃饭时间，只见他一边捧着饭盒一边趴在电脑前，看得饭都顾不上扒了。

丘处机不会用电脑，更不会在电脑上看书。儿子这些年已经不买书了，要看书就在电脑或手机上看，丘处机有时也凑过去跟儿子看，没一会儿，便眼花脑涨了。他硬是接受不了，字离开了纸，还能叫书吗？

《明清传奇》最终选定用高级蒙肯纸。每一页轻如蝉翼，色泽柔和，与木浆原色相近，手感软润，字符印在上边，犹如印在绢布上，朴素雅致。而那一幅幅彩色春宫图，镶嵌在文字当中，却并不像当初在电脑上看那般刺目，相反，由于纸张的黯淡深沉，倒显得古朴含蓄起来了。样书装帧好之后，丘处机拿在手上，左看右看，很是欢喜。这是他在新厂做的第一本书，小32开本的便携版，淡黄色的封面，压纹纸将一张牡丹仕女图低调地印在封面右下角，"明清传奇"几个瘦金体字，文雅地竖排居中，看着真的就是一本VIP贵宾书了。丘处机心想，这样一本书，若然光看封面，冠冕堂皇地摆在任何一张会议桌或书桌上，都不会比那些经典名著要逊色啊！丘处机心里感到骄傲了，只要有纸有油墨有印刷机，什么样的内容都能化腐朽为神奇呢！

这本样书是送给叶教授和那老总过目审定的。没想到，样书才送过去一天，叶教授就急吼吼地跑到印刷厂来，要求修改，加急开印。因为那老总说，后天下午，有一大批官员朋友要带团出国二十天，他们将带着二十多位越城的明星企业老总到欧洲考察，那老总自然也是其中一员，他想赶在出行前，将这本《明清传奇》带到飞机上，分赠给他们，这是一个很好的交流机会，所以，必须在这一天半内，将这本书印出来，加班的费用多高都不成问题。

印刷厂的厂长亲自到车间来下达指示，不惜一切努力，也要将这本书在指定时间内印出来。时间就是金钱。

叶教授从包里掏出两本书，指着其中一本黑皮书说，要做成这样的开本，这样的封面。丘处机仔细一看，原来是一本《圣经》，小32开黑色软皮包装。而另外一本是《论语》，一本毛边书。那老总的意思是，外部包装要像《圣经》，内页要像《论语》。大家一听之下，顿时就泄气了，怎么可能？一天半之内要做这么一本中不中西不西的书出来，光是软皮的切割装订就够呛了，还要手工将每一页裁割成毛边，别说印两千本，就是印两百本也难啊。

说实在的，厂长自己心里也没底气，他断定光靠手下这一帮工人，肯定完不成任务，但他又不想外包给别的印刷厂做，好不容易接下这么一单贵宾生意，怎么好让别人来赚钱？他想了个方法，先印个几十、百把本出来，救急。他跟叶教授商量了一下，达成协议了。

从做印前准备开始，丘处机就没打算迈出车间大门一步，他已经打电话给老婆，估计晚上不回家睡觉了。怎么说呢，面对这一场加班战争，丘处机心里有些小激动，仿佛找回了过去当印刷工那会儿的积极性。没想到，造化弄人，雄心勃勃加入生产大战的丘处机，在开机之后，没十分钟，就败下了阵来——他操作的切纸机刚切了第一刀就发生故障，切刀下不来了，跟技术人员报障后他便返回机台去整理纸张，那个技术人员来检修的时候，没留意在整理纸张的丘处机，按了下转动切刀的开关，说时迟，那时快，甚至比古龙笔下的小李飞刀还要快——刀光一闪，丘处机还来不及喊叫，四根手指从骨节处被切断了……

好在，事故并没有影响加班进度。当这本似《圣经》又似《论语》的《明清传奇》准时分发到飞机上那些达官贵人手上的时候，还能让人闻到一股浓重的油墨味。丘处机也分到了一本，当然，不可能是在飞机上，而是躺在医院的病床上，来看望自己的工友给他带来了这本新鲜出炉的"贵宾书"，黑的软皮，毛糙的页边。这本高贵的书，本来可以陪伴丘处机打发无聊的住院时间，可是此刻他的右手缠满了白胶布，左手吊着水，无法翻页，又不好意思叫来陪夜的儿子或老婆翻给自己看的，丘处机只好将它藏到了枕头底下。晚上，他竟然做了个春梦，梦见自己站在一丛茂密的牡丹花下，透过花丛，只见一古代女子与一古代男子，正坐在石椅上，进行一场生命大和谐……

五

丘处机出院后，自然没再上班了。因为得到及时处理，有良心的印刷厂厂长也认晦气掏了钱，医院做了尽力的抢救修复，那四根断指移花接木又回到了丘处机的右手掌上。可是，怎么说呢，丘处机几乎感觉不到它们的存在，除了那只完好的大拇指外，丘处机觉得自己的右手掌像块大姜，奇怪地长出了四瓣姜头，有的时候，还辣辣地刺痛，别说用力了，就连简单的屈伸，都得小心翼翼。如此，丘处机就是一个残疾人了。

冰鲜档精明的黄姨闲着没事，拿着计算器，按照她所了解到的那点皮毛知识，给丘处机算起了工伤保险赔偿金。顶多两万五！给多点三万，绝对超不过三万五！黄姨不知道怎么算出这一个数字，她很得意地对一脸不解的和记说："关键是要看工伤认定的级别，九级和八级之间，就相差一截了。""工伤找谁认定？""笨蛋哦，当然就是对面社保局大佬们啦，亏你每天还跟人家面对面，这都摸不清！你这脑子怎么算得清账？"黄姨横竖觉得和记脑子就是不好使。那和记倒习惯了黄姨的刻薄，脸皮厚厚地说："喊，我这样的个体户，无组织无纪律，赚了自己花，赔了自己咽，死了自己收……""呸呸呸！大吉大利，大吉大利！……"

　　黄姨的算盘果然很准，社保局工伤医鉴科给丘处机定了工伤八级，折合人民币约两万五千元。和记这下服了！此后但凡遇到生意上理不清的数目问题，都拎着一包碎牛腩去找黄姨，他拍马屁地对旁人说，黄姨就是石井街的精算师。既是精算师，旁人就出题去考黄姨，算算那两万五，够丘处机一家花几年。黄姨一听题，知道人家明摆有意来难为自己嘛，顿时火大，一句话塞回给人家———条咸鱼能下多少碗饭？一条鲜鱼又能下多少碗饭？吃咸鱼和吃鲜鱼，标准不同，你叫我怎么算？

　　这道同样的问题像一只刚抱回家的流浪狗，每天跟丘处机独处着。老婆出门给人做清洁零工去了，丘处机就和这条叫两万五的狗谈心——两万五，能把我儿子送到大学毕业吗？两万五，能给老婆看几次心脏骤停的病？能住几次雪白的病床？两万五，你能把老子一直送进坟墓吗？……谈着谈着，丘处机就烦躁，暴躁起来了，他挥动着那只不敢出力的手掌，想要把这条叫两万五的狗赶跑，却徒劳，只好坐到阳台的小马扎上，晒着免费的阳光，看着十六楼下模具般的人和车，他逐渐觉得自己像刚被高手挑断了手筋脚筋，武功全废，软塌塌无一克战斗力。那条叫两万五的狗，也蜷缩到自己的脚边，打个哈欠，迷糊过去了，倒也寻得了片刻的安详和谐。丘处机想，自己是否真的要养条狗在家做伴呢？这个念头刚一冒出来就被丘处机老婆掐死了——人都养不活，还养狗？你有那闲工夫，不如想想办法，搞辆残疾车来开开，载载客，赚点养老钱。

　　丘处机老婆早就羡慕那个开残疾三轮的群姐了。"你看看她，哪一点像个残疾人啊，每天哒哒哒哒地开着三轮摩托，既载客又载货，赚得不比正常人少呀，来来回回比谁都威风呐！"丘处机脑海里浮现出了那个群姐，五十岁左右，脸上总布着两坨太阳晒出来的红，要是一直坐在驾驶位上，样子比健全人还春风得意，即使落了地，一条腿站着吃力地将另一条小儿麻痹的腿搬到车下时，也全程都在笑眯眯。丘处机领到残疾证后，老婆立即就想到了残疾人的活路——做残疾人，就要做像群姐那样的。可丘处机偏偏废的是手，工伤鉴定科的办事员明确告诉丘处机，国家规定，除右下肢和双下肢残疾以外的其他人员，是不允许申领残疾人专用小型自动挡载客车型证的。丘处机老婆才不相信呢，鬼话！官僚话！什么人不可以申请？健全的人，不健全的人，只要下决心申请，就没有申请不到的！丘处机老婆的证据是，她多次在街上看到一些四肢健全的非残疾人，开着残疾三轮载客做生意，哒哒哒哒跑得可欢了。丘处机如今名副其实地残疾了，八级残疾证都拿在手上了，为什么不能申请？她几乎每天都要跟丘处机唠叨残疾车的事，丘处机听都听烦了，只好去找那个小秦科长。

小秦科长带着丘处机到工伤鉴定科，找那个姓赵的科长。可那赵科长的意思是，既是残疾证已经颁发了，再更改几乎没可能，再说了，丘处机断的是手指，体检也过不了关啊。说了一通之后，小秦科长只得带着丘处机走了。他正想着如何劝说丘处机打消开残疾车的想法，谁知道丘处机却先开口了："我的左手一点不比右手差。你知道老顽童周伯通吗？他被困在桃花岛十五年，练成了双手互搏，分心二用，双手分别使两种不同的武功，使得威力大增。"小秦科长哭笑不得，心想，这人走火入魔了，他难道真以为自己是武功高强的丘处机？便逗他说："那可是周伯通啊，东邪西毒南帝北丐中神通，武功比丘处机高多了！""不瞒你说，我还真练过分心二用，在一张纸上，左右开弓，左手画正方形，右手画圆圈，一点问题没有。"

小秦科长这下真的无语了。丘处机也好，周伯通也罢，在今天就算真有盖世武功，也领不到一个戳着红印章的驾驶证啊。

好不容易把丘处机打发走，小秦科长心里陡生沮丧，他对这个古怪而毫不现实的人，生出了些义气和怜悯，不过，也空有一腔罢了，他一个小小的科长，还是副的，有什么用？这些年来，他身处江湖中，彻底明白，但凡来这里门口静坐、闹事甚至于以死相挟的那些人，往往是办不成事的，使的都属于不入流的三脚猫功夫，只有那些不动声色或者在谈笑间就能办成事的，才算上乘功夫呢。下班回家，小秦科长路过石井菜市场那栋安置房，停下了脚步，抬头望望，他不知道在哪一个窗口，但他知道必定在某一个窗口里，那个苦逼的丘处机正在潜心练习分心二用、左右开弓的绝技呢。他长叹一口气，唉，这个苦逼的世界，我们这些苦逼的人生啊……小秦科长随后拐进了石井菜市场，他那年轻的老婆过几天就要临盆了，岳母说，要多给老婆吃产奶水的木瓜炖鲫鱼汤，所以，他每天下班都来这里买新鲜鲫鱼，比在超市买划算得多……

之后一长段时间，小秦科长因为终日伺候老婆和新生儿，忙得焦头烂额，自顾不暇，丘处机这个他人生中的路人甲，早被抛到脑后了。直到有一天，他在石井菜市场的毛鸡档，正低头选一只毛鸡，忽听得老板在里边大喊一声："丘处机，实惠佳酒楼，十只脱毛鸡，即送！"声音洪亮，把鸡笼里的鸡惊吓得乱跳乱窜。小秦科长闻声抬头，果然看到丘处机，不知从哪个角落里冒出来，穿着一件黄色T恤，一条沙滩短裤，脚上一双防滑胶鞋，他将杀好、煺净毛并且扎成一串的十只鸡，用左手一提，扔下一句话——三分钟送到！便快步颠走了。

出于好奇心，小秦科长跟在丘处机后面，一直跟到了菜市场后门，只见丘处机走到一辆三轮摩托车边，鸡往小拖斗上的篮子里一放，脚便往驾驶位上一跨，发动油门，几秒工夫，哒哒哒哒，三轮摩托便扬长而去，车后拖斗上红白蓝相间的塑料顶棚，随着风力，一鼓一鼓地，消失在人流中……

小秦科长看得发呆，差点忘了折返回去买毛鸡。他一路上都在琢磨，丘处机怎么发动摩托车的？

这个疑问激发了小秦科长年轻的求知欲。第二天，他悄悄跑到石井菜市场的后门，果然又看到丘处机那辆三轮摩托，丘处机人却不知跑哪里去了。小秦科长走近去，一看之下，忍不住笑了出声。我靠！这个丘处机果然不凡，真有两把刷子啊，他竟把油门改在了左边把手上！真服了他了！

车一看就是二手买来的，有点年龄了，但改装的油门却是崭新的，右边的车把手，刷上了一层鲜蓝色的油漆，如同右把手的装饰作用一样，小秦科长想象着，丘处机那只无用的右手搭在这只蓝色的车把上，也仅仅起到了平衡的作用罢了。丘处机每天就这样，左手驾驶，右手平衡，就像那个独臂的杨过大侠，在石井街穿街过巷，载客送货，不亦乐乎！小秦科长看着这辆特别的残疾车，心里不知道为何感到莫名的激动和快乐！

丘处机远远便看到自己的车边有个人，先是一惊，定定神，再一看，原来不是交警也不是城管，是那个久违了的小秦科长，放下心来，屁颠屁颠跑向了小秦科长。

那个午后，菜场后门卸货区的一片空地上，小秦科长被邀请上丘处机的车，坐在拖斗里的小椅子上，丘处机为小秦科长演示了改装后的"自动离合"的威力，加速、减速、刹车，这些技能在小秦科长肉眼看不到的情况下，丘处机的完成度都很高。只是在一次朝左拐弯的时候，车身过度倾斜，小秦科长整个身子晃了一下，有惊无险！被刺激了一下，反觉得好玩，丘处机和小秦科长不约而同哈哈地笑起来。

停下车后，丘处机朝小秦科长敬了一颗烟。丘处机居然也开始抽烟了。他说，以前在印刷厂的时候禁烟，现在天天在街上跑，等活干的时候，抽颗烟，提神。

"每天能赚多少？"小秦科长深深吸了口烟，是硬壳的红柳，本地烟，乍看盒子还以为是红中华。

"总归有八九十块吧。"

因为是无证驾驶，丘处机不敢明目张胆到街上兜客，做的基本上还是菜市场的熟客生意，除了顺便捎些短途客之外，主要还是帮附近的一些酒楼、大排档送货。因为每次要的货不多，小三轮正好，算上搬运的人力费，运一次十块二十块，又便宜又方便。再加上，丘处机是这条街的"名人"，货经他手上，也放心。

"要是能开到石井街外边去做，像那个群姐一样，不可能只有这个数。"丘处机不无遗憾地说。

"还是别冒险的好，做熟客，挺好！"小秦科长抽完一颗烟后，便跳下小拖斗。

"以后，有需要用车的地方，给我打这个电话，你免费。"丘处机掏出了一张小纸片，递给小秦科长。

嘿，小秦科长乐了，这是一张正儿八经的名片呢。

"长春子三轮运输　丘处机"。

丘处机的道号，可不就是长春子吗？哈哈，这个丘处机，有趣极了，小秦科长就想立即小跑回办公室，给大伙儿讲讲丘处机。

六

俗话说，常在河边走，哪有不湿鞋？饶是丘处机在这条街上，开着那辆改装过了"长春子号"残疾车，练就了如何躲避城管和交警的本领，也终是免不了有落网的一天。

那天，家佳超市门口的小广场上，来了一个男人，三十岁的样子吧。他在地上铺一张小海绵垫，跟前架上一只小麦克风，将背上的吉他取下来。琴弦一拨，刚试了几个音，行人就注意到了他，试好音后，他开腔唱起了那首众人皆熟的《上海滩》。他的周围很快就站了些人。他唱得很好听，不亚于人们在电视上看到的歌手；他长得还挺英俊，一头卷发，快要披到肩上了。等他连续唱了几首歌的时候，他的周边已经花圈般围起了一堆人。他似乎对来围观的人数还不是特别满意，一首歌唱完后，他停下了拨琴的手，从背包里取出一顶帽子戴在头上，再把帽子那两根祥带细心地扎系在自己的下巴上。围观的人都安静了下来，不知道他要搞什么新花样。很快的，只见他把麦克风往地上一架，便双手撑地，整个人倒立在那张海绵垫子上，双脚无任何支撑地伸向天空。人群里顿时响起了几声"啊"！还没等明白过来，男人便将撑地的双手放开，去拨动怀里的吉他，唱了起来："无法可修饰的一对手，带出温暖永远在背后，纵使啰唆始终关注，不懂珍惜太内疚……"人群响起了掌声。有个女人，似乎想起了什么，大声地对身边的人喊："哎，哎，我知道他是谁了，那个中国达人秀节目，那个倒立弹唱的人啊！"又唯恐人家不知道，追加一句："就是那个，那个周立波的中国达人秀，很火的。周立波，你们不知道吗？"人群里似乎有人回应。

是他吗？真是他吗？那女人兴奋地边说着，边蹲下身来，仔细辨认着那张顶在地上的脸。左看，右看。

说实在的，那张脸在地上，很快已经表现出了吃力和不支，不仅涨得通红，还有点变形，他已经难以维持这个姿势再唱下去了。那女人刚一蹲下来，他的身子便一歪，歌声戛然而止，吉他往侧边一送，整个人塌了下来。

那个女人于是失望地站了起来——根本不是他嘛！人家那个达人，在电视上，倒立着唱完一首《真的爱你》，还可以接着唱一首《光辉岁月》，怎么可能一首没唱完，就歪下来了呢？不是他，我就说不怎么像嘛，不是他，肯定不是他！

女人朝人群证明着自己的结果。

坐在海绵垫上的男人满脸通红,抱着吉他,沉默了几分钟。这时,有些人散开去了,包括那个叫嚷的女人。那男人等休息好,喘定了气后,又自顾拨动琴弦,深情地开始唱一首新歌。那歌很新,几乎没人听到过,但,他沉静的声音和吉他的旋律实在配合得太贴切了,歌也实在太好听了,不一会儿,有几个刚才散去的闲暇人,又踅了回来。

丘处机便是这个时候,哒哒哒哒地开着他的"长春子号"路过这里,他听到了如此婉转的歌,如此迷人的声音,像一个人在哭泣,又像一个人在跟另一个在说悄悄话。路上的行人那么多,这歌声却一点都不被喧闹所夺走。为了听歌,丘处机停下车,把车拖上了小广场,停在男人的身边。那男人总是站着唱过两首歌后,又开始尝试着倒立唱歌,总是要唱那首《真的爱你》,总是唱到半途就坚持不下来了,身子一歪,往海绵垫上一塌。不过,他倒是一次比一次唱得时间要长,歌声一次比一次走得远。

丘处机看着这个执着的男人,毫不顾及颜面,也不害怕失败,在众人眼皮底下,竖起来,又塌下,好几次塌下来后,裤腰里的红内裤几乎都露出了一半。丘处机静静地站在旁边看,每一次都鼓掌,直鼓得右手那几根断过的手指,似乎有了些摇摇欲断的危险,火辣辣地刺痛。他的眼眶就有了湿润。

丘处机看得专注,丝毫没注意到,一个穿制服的交警站到了自己身边。或许,他本来也是来凑热闹的,或许,他早就盯上了这段时间有点过于招摇的丘处机,跟到这里来了,毫不费半点力气。丘处机就被逮住了。

离开家佳超市广场已经远了,丘处机还能听到那个男人在倒立唱歌:"是你多么温馨的目光,教我坚毅望着前路,叮嘱我跌倒不应放弃……"这首老歌,没唱完,又停止了。不过,此刻,丘处机再无暇去接那首熟悉的歌词了,他心里一片空白——完了,这下!

无照驾驶，罚款五百元，车没收，丘处机被拘留了十五天。出来的时候，那辆"长春子号"没跟着丘处机出来。丘处机四处找人问。毛鸡店的老板说，恐怕被拆掉送到废旧品市场了；卖牛肉的和记说，也不一定，可能还在交警大队里，给他们用来当巡逻车也不定；冰鲜档的黄姨说，傻啊，肯定拿到二手市场卖了，要不然，黑车市会那么繁荣？……说到底，不是奔驰又不是宝马，一辆违过法的破残疾车而已，他们都说，丘处机肯定是拿不回了。不过，如今的丘处机可不是当年那个只会低头看武侠的丘处机了，自从开上"长春子号"后，丘处机的人脉比从前广得多。他想到了那个潮州酒楼的老板，那个很和气的潮州佬，每次丘处机去送货，他都很热情，请丘处机到自己的茶桌前，泡上几道功夫茶给丘处机呷。丘处机边喝茶边听潮州佬吹牛，知道他能量很大，所以，他的潮食坊生意旺，门口总是停了一溜的靓车。有一次，他指着门口一辆高大的黑车，神秘地对丘处机说："你看，军牌车，军区后勤司令正在楼上的包厢呢，潮州人，自己人！"丘处机心想，难怪，这车那么霸道，都快停到大马路中间了。那潮州老板大概是同情丘处机，开无证黑车东躲西藏仅仅为了两餐饭钱，所以，每次都会给丘处机额外的小费，还拍着胸脯承诺说："有困难，来找我。"

丘处机琢磨了两天，硬着头皮去找潮州老板。潮州老板很不以为然地说："小事一桩，正好，明天晚上我请交警的头儿吃饭，你也来，我介绍你认识，没事嘛，小事一桩，免客气，免客气！"

次日晚上，丘处机去了潮州菜馆的包厢。正如丘处机所担心的一样，自己的木讷和身份果然与酒桌上的气氛格格不入。潮州老板将"丘处机"这三个字介绍给那个理着板寸头的交警队长的时候，一桌人才去注意丘处机。他们问起了丘处机的改名经历，然后，便从丘处机开始，各自回忆起了自己当年迷恋武侠小说的情景。那个交警队长讲得最多，从他在课桌底下偷看金庸开始，一直讲到第一次喜欢上一个比自己大十岁的女老师，觉得她很像小龙女……因为丘处机的名字，似乎打通了这里人与人之间交往的经脉，纷纷想起当年。腰缠万贯的胖胖的4S店老板，头顶仅剩一撮毛的茶叶行经理，风韵犹存的酒楼老板娘……他们暂时放下了各自拥有的那一套套公关手法，以一种诚实的态度动情地交谈，谈得有共鸣，桌子一拍，酒杯一碰，干！也喝出了些豪情和侠义。

　　有赖于丘处机这个让人印象深刻的名字，酒宴散席的时候，那个已经喝得满脸通红的交警队长，指着丘处机说："丘处机，你明天来交警队找我！"

　　丘处机心里一阵惊喜，乐颠颠跑回家找老婆商量去了。时间紧迫，得备好礼去呀。那个潮州老板说过了，空手去肯定不行，但又不能大张旗鼓送烟送酒，拿到单位去，多难看。最简单就直接送钱，包在信封里，放在兜里，掏出来办公桌上一放，神不知鬼不觉的。

　　那就送钱。三千？五千？丘处机和老婆实在觉得很难下决定。唉，这种事，又不能问人的，不然就去找那个精算师黄姨了。

　　丘处机坐在小马扎上，半天，站起来，决定了，一口价——六千！

　　"啊，六千？那辆三轮车，二手买来，就算加上改装费，也不过六千多块。"老婆心疼钱，是真的感到心口在疼。

　　"你傻啊，六千买的是车吗？是买路钱啊，给多点，以后在路上跑，就不用担惊受怕了。怎么说，也会给几分照顾，睁只眼闭只眼吧？"

　　钱，一张张数得清清楚楚的，放进了一只牛皮信封里。就算隔着硬硬的牛皮纸，也能看到方方正正的钱的形状。丘处机从小到大没给人送过钱，他在琢磨，明天怎么将钱掏出来又将钱递给队长呢？丘处机反复想着送钱的画面，怎么想都觉得尴尬。

　　那夜，快入睡了，丘处机忽然想到了什么，从床上一咕噜翻下，打开灯，跑到另一个房间去了。丘处机老婆正要扯开嗓子骂这个神经病，丘处机又回来了，手上还拿着一本书。

"去找个盒子来,美观大方的盒子,把这本书装进去。" 丘处机命令老婆。

老婆一看,正是那本丘处机平时当宝贝似的《明清传奇》,他一直把它锁在柜子里。丘处机老婆偷偷翻过,也看不太懂,只知道是一本"黄书"。

丘处机要把这本VIP贵宾书送给那交警队长,这样,他就成为自己日后生活的贵人了。

说实在的,丘处机有点舍不得,并不是说他有多么地喜欢这书里的内容,而是这本书在市面上根本找不到,是孤本,如果有,也得从那些达官贵人手中才能搞到。他最后摸了摸那软软的黑皮,翻开,摸了摸那细润的蒙肯纸,以及那刻意做粗的毛边页,这的确是多么高级的一本书啊。

丘处机狠狠心,将书放进了一个老婆不知道哪里找来的木匣子,刚好!

丘处机老婆看了看,觉得还不满意,又从杂物柜里,找出一瓶光漆,一把干净的毛刷,将那木匣子刷了一遍又一遍,鲜亮鲜亮的,档次顿时上来了。

这只木匣子在第二天的上午,正如它的主人所预期的命运一样,躺在了交警队长的办公桌上。那队长从没见过这么古旧的送礼方式,觉得有意思,打开一看,竟然是一本黑皮书,拿起来,始发现内中有机关:一个厚信封躺在木匣子的底部。于是心领神会。

石井街的人们又看到了一个熟悉的画面:丘处机又开着那辆装着红白蓝塑料顶棚的"长春子号",运货兼运人,哒哒哒哒勤力地满大街跑。他们感到惊诧极了。

"丘处机,你又买了辆新的?"毛鸡店老板他们几个横竖不相信这辆车就是原先的"长春子号"。

丘处机指着那车的把手，让他们一一来看，改装过的，那里有个脱了漆的月亮形状记号，他向他们证明，绝对是以前那辆"长春子号"。

众人相信了，却又满心狐疑——从交警大队里捞回来的？怎么可能？

"怎么可能？就是可能！" 丘处机骄傲地笑着说。

"说说看，怎么搞的，教教我们！"

丘处机便不再开口。说什么也不开口。保持沉默。任他们提出要给他些什么蝇头小利，他也沉默。

不过，丘处机的沉默没过多少日子就失效了。整个石井街的人都知道了答案——丘处机搞定了交警队长！

这不是谣言，也不是谁大嘴巴走漏了风声。石井街的人们，在好些个黄昏，亲眼看到了丘处机的老婆，推着轮椅，在街心花园里散步。那轮椅上坐着一个中风老太太，她不时给那老太太喂水、擦汗，陪她说话，跟保姆无异。据各方考证，这中风老太太，就是交警队长的老岳母！

如今，丘处机开着他的"长春子号"，在石井街上跑运输，政府也不会对他怎么样，睁只眼闭只眼让他过去了。即使是那些为了迎接"创卫"或"创文"的突击检查人员，见到丘处机哒哒哒哒地从人行道边擦过，他们顶多会大吼两声——丘处机，还跑？丘处机在车上猛一听到这喊声，也不被吓停，反而加速朝前逃跑。他们也不是真要追究的，吓唬两声，逗他玩玩罢了。后来，有调皮的孩子，看到丘处机哒哒哒哒地叫嚣而过，也学着大人吼上两句——

丘处机，你还跑？

丘处机，再跑我开枪啦！

丘处机不用回头看，就知是两个小毛孩，也不气恼的，两只手从车把手上一松，平摊向两侧，做成两只翅膀状，拖斗后那红白蓝三色顶棚，随着速度的加快，在风中一起一伏。孩子们从后边看去，丘处机和他的"长春子号"像在模仿电影里那个披着披风的超人，似乎随时都有离开地面飞起来的可能。

父亲的后视镜

父亲生于1949年。过去，他总是响亮地跟别人说，我跟中华人民共和国同龄。不过，很久没听他再这么说了。退休前，父亲是个货运司机，跑长途。那些年月，汽车司机是很红的，跟副食品店员、纺织工人合称"三件宝"。父亲跟人炫耀光辉岁月，总是说，他最远跑到过天路，"呀啦唆，那就是青藏高原……"一说，肯定就要唱。天晓得父亲是哪个年代开到过天路的。别人要是问起，天路是一条怎么样的路？他无言以答，只顾哼"呀啦唆"，一哼没个完，好像他记忆里那条天路，开不到尽头，还时常超速，把人撇在后视镜都看不见的拐弯处。

公路上拖着大皮卡的那些货车司机，敞开车窗，赤着膊，肩头挂根油腻腻的毛巾，边扭动方向盘边朝窗外吐痰，或者逆着风大声讲粗话。父亲跟他们完全不一样，他无论跑多远，都穿得整整齐齐的，第二颗扣子永远扣牢以支撑衣领的挺拔，皮带卡在第二或第三只眼上，坐再久也不松懈。上世纪九十年代初，发胶刚刚开始流行那阵，父亲的车上就一直备着一瓶，风从来吹不动他的大背头。人们说，父亲倒像一个开礼仪车的，后边那一大卡车的货物，就像一支仪仗队，父亲领着他们在盘山公路、国道上拉练。我记得很清楚，父亲的驾驶室上挂着一个小相框，倒不是常见的平安符之类的东西，也不是毛主席肖像，是他八十年代在彩虹照相馆拍的4吋艺术照。所谓艺术照，也就是在黑白相片的基础上，涂上些彩色，眉毛加黑了，嘴唇微红，衬衫涂成了蓝色。坐在抖叽抖叽的驾驶椅上，父亲看看远方的路，又看看近前的艺术照，心里不知想到了什么，脸上露出了跟那照片一样的笑容，臭美地、轰隆隆地开向目的地。父亲的车开得并不快，他说，开得再快，也快不过前方那团云，一眼是这样，再下一眼，就跑样了，所以，着急啥呢？父亲不着急。父亲在路上跑的时候，感觉不到时光飞速，每次回家看看日历，摸摸脑袋，哎呀，这个月又穷啦？后来，我从物理课上学到了绝对运动定理，父亲在跑，时间在跑，父亲在路上的时间等于静止。

母亲在家守着我们兄妹二人，参照隔壁印刷厂工人老王一家五口的日子，时间就在做相对运动，跑得又快又漫长。母亲经常忧心忡忡地说："也不知道你们父亲在路上会遇到什么？"那个时候没有移动电话，全靠父亲从某个途中加油站，拨个电话回家报平安，有时候是清晨，有时候是深夜。后来我才弄明白，母亲最害怕父亲在路上遇到人。仔细想想，父亲每次出车，不仅自己穿得整洁，还把大卡车也擦洗得清爽，的确像一个出门约会的男人。母亲的担心不是没有缘由。事实上，父亲四十岁那年，他跟他的卡车的确开出过轨道。这事情无须隐瞒，在我们这条红石板街，只要住过些年头的人，都不会忘记父亲那次出轨。那个下雪的深夜，他们在梦里被一阵接一阵的汽车长鸣惊醒了，叫声既像一个人在发疯，又像是拉响的警报，听说有好几个人从床上蹦下地，出门打算要往防空洞逃了，后来发现竟然是一辆卡车，停在我们红石板街中央，在我们家楼下那片空地，瞪着大大的远光灯，厉声尖叫着。雪仿佛是被它从天上叫下来的，簌簌发抖着跌落地面。人们看着这不明来路的庞然大物，竟然不敢张口开骂，只是探出头去，像看到一只受了伤、不断哀号的野兽。

卡车不知道叫了多久，忽然便一下子安静了下来，同时远光灯也熄灭了，人们才看见，我父亲那辆卡车不知什么时候已经停到了近前。他们先是沉默着，车头顶着车头。后来，父亲的卡车发动起来了，发出嗡嗡的叹息声。父亲一点一点地逼近，那辆卡车开始一点一点地往后退，一直退出了我们红石板街，在大转盘掉了个头，朝城北开出去了。父亲的卡车安静地跟在后边，打着亮亮的远光灯，照亮了前边的道路。一前一后，他们开到国道上去了。

被灯光照亮过的雪，是有记忆的，结冰时就把光锁在了里边。两辆卡车留下的车痕，有时重叠，有时分开，每一段都特别深、特别亮，我母亲踩在车痕上，来来回回地走。天亮的时候，父亲回来了。如同他每次跑完长途回家一样，用热水把自己洗得干干净净，把大背头梳得亮亮的，然后倒到床上，睡了一个长长的觉。

人们再也没见到过那辆尖叫的卡车，他们总是不无遗憾地说，可惜那晚灯光太刺眼了，看不清车上那个四川婆。"四川婆"漂亮的吧？我母亲也常这样问父亲，父亲从来没正面回应过，在他看来，这问题就是公路上设的一个路障卡，他手握方向盘，绕了过去。

"不要总是老生常谈嘛，我们是新社会的人。我跟新中国同龄。"父亲理直气壮地越过这路障。

"新社会的人，就要做这样的荒唐事？"母亲眼眶就红了。

"好啦好啦，都过去了，已经开过十八道弯了，都过去了不是吗？"父亲就这么哄着母亲。

我们都没有见过"四川婆"，她是父亲远方的情人。

母亲生前也有一个情人，他总是在远方。父亲跑长途，远的地方，一趟七八上十天的，母亲就把父亲一件灰色的旧毛衣垫在枕头上，把手伸进袖口里，这样，她就躺在父亲的胸口上了，并跟父亲握着手。等到父亲出车回来，很奇怪的，那个远方的情人就消失了。她总是动不动就埋怨父亲，那种温柔的思念一扫而空。通常是吃过饭，把我们打发去做作业了，她就开始对着桌上的空碟、脏碗，责备起父亲来。归根结底，她是怨父亲不顾家庭，一个人跑到外边潇洒，留下她一个人在家拖儿带女。父亲也不逃避，安静地坐在母亲身边，用火柴将香烟点着后，花一点时间，用食指和拇指将火柴烧黑的地方捻掉，火柴变成了一根牙签，在父亲牙缝间进进出出。母亲那些唠叨在父亲耳畔进进出出，父亲像剔牙一样将它们剔了出来。

偶尔，父亲也不会绕开这些"路障"，会向母亲申辩。"你以为一个人在外边跑有多潇洒？我不累？你自己想想看吧？"母亲沉默一下，心里认输了，嘴巴还是要犟的："再累也没我累，我一个人，既要上班，又要照顾两个孩子，你一个人在外头，吃饱穿暖，全家不饿的……""我哪里是一个人了？我后边不是拖着一条大尾巴？"我母亲光联想到父亲坐在驾驶室疾驰的风光模样，她忘记了父亲身后那一车重重的货物。母亲无语了。父亲站起身来，拍着母亲的肩膀，柔声说："我哪里是一个人？我背后拉着一台拖拉机呢。"母亲彻底沉默了，肩膀慢慢地松懈下来。

父亲常说，他的身后拉着台拖拉机，母亲是车头，哥哥是左轮，我是右轮。

在我和哥哥的成长过程中，父亲经常缺席，他从来没有参加过一次家长会，他的签名从没出现在我们任何一本作业簿上。可是，父亲却为我们的求知欲付出过沉重代价。那一年，哥哥念初三，我念初一，我们不再满足从父亲捎回来的特产袋子上找课本里读到的地名了，我们缠着父亲讲那些地方。可是，父亲每每让我们失望。父亲抱歉地解释说，你们老爸天天坐在这个大玻璃罩子里，脚都不沾地，这些地方，多数是在镜子里看到的，你们知道，后视镜里看到的东西，比老王伯伯的风筝还飞得远，又远又小。是的，隔壁老王伯伯经常从印刷厂里拿回些彩纸，扎各种各样的纸风筝，星期天带上他们家三个女儿到运河边放，我们也会跟去。运河边空旷，北风南风全都不缺，风筝遇到风就会失控，线一松就往天空蹿，很快就远成一个点了。既然父亲在路上看到的风景仅仅是那样的一个个点，父亲又有什么好说的呢？可我们还是不甘心。我们趴在父亲的卡车轮子边，用手摸着厚厚的轮胎，想要从那些粗糙的纹路里，找到父亲碾过的地方，张家界、桂林、南京长江大桥、嘉峪关……最后，我们钻进父亲的驾驶位上，吵闹着，让父亲带我们到公路上，到这个小城以外的任何一个地方去。父亲从来没有妥协过。运输厂纪律很严，别说是我们小孩子，就连母亲，都没坐过父亲的车出城，她最多坐过父亲的车到十里外的郊区农场买红茶菌。母亲恐吓我们说，别老缠着爸爸和他的卡车，要是爸爸饭碗丢了，我们这台拖拉机就报废了，到那个时候，拆掉你们这两只轮子，卖钱去。我们就再不钻进父亲的驾驶室闹了。

　　有一天，吃过晚饭，父亲从房间里拿出一沓照片，神秘兮兮地递给我们。我们一看，竟然全是父亲在路上拍的。原来父亲求厂里那个工会主席借了相机。这些照片拍下的多数是公路牌。很多地名我们听也没听说过：怀集、白沙、乐从、溧阳……也有我们知道的：桂林、长沙、武昌，天啊，竟然还有贺兰山。哥哥显摆地背起了那首诗："驾长车，踏破贺兰山缺。壮志饥餐胡虏肉，笑谈渴饮匈奴血。待从头，收拾旧山河，朝天阙！"父亲赞赏地看着哥哥，那目光让我嫉妒死了。母亲也凑了过来，一张一张去认照片上的地名。翻到一张"宁夏人民欢迎您！"的路标时，她激动了半天，说，哎呀，这就是宁夏啊。原来她读书时，有个要好的同桌，读了一年就跟着父母转学到宁夏，从此杳无音讯，似乎跑到西伯利亚那么远去了。所以，她对宁夏这个地名印象特别深刻。母亲像找到了老同学般激动。过后，我从书里找哥哥背的那首《满江红》，心里一阵郁闷，此贺兰山非彼贺兰山啊，当时，竟然没有一个人知道，就连开到过贺兰山的父亲也不知道。那么，父亲算不算到过这些地方？

　　逐渐的，我们不再满足看公路牌，我们吵着父亲要看风景。父亲只好拍些沿途的风景回来。一座奇怪的石头山，一排飒爽的钻天杨，一道有趣的倒淌河，以及一轮即将沉入群山的落日……父亲的拍摄技术不怎么样，他的取景器总是装不完那些美丽的瞬间，这时，父亲就会在旁边用话语补充给我们听，有照片为指示牌，父亲说得生动些了。

父亲拍回来的照片越来越多，也越来越好看，他被路上的风景迷住了。因为这些照片，我们觉得自己就坐在父亲的副驾驶位上，到了父亲所到的地方，看到了父亲所看到的风景，我们不再觉得父亲远得只剩一个点了。

我们开始记挂在路上的父亲，会看着街上任何一辆车，想，不知道这次，父亲又会拍回什么样的照片呢？我们这样记挂着，觉得时间慢得像蜗牛。那天，父亲回来了，脸色沉重，二话不说，只顾喝水。气氛严肃，我和哥哥便没敢吵着父亲要看照片。母亲更伤心，她只是一直重复着那句话："阿基，就是不能停啊，以后千万别停了！"父亲没作任何申辩，他垂着头，乖乖地重复着母亲的话："是啊，就是不该停的啊，以后千万不能停了……"原来，父亲这次开到贵州六盘水盘山公路，那地方刚下过雨，山与山之间正骑着一道彩虹，像年画里看到的那么美。父亲生怕这彩虹消失了，连忙停下车，抓起相机，跑到路边拍起来。没想到，父亲停车的地方是盘山路一个转弯口，迎面一辆货车看到父亲的卡车时，刹车已经来不及，两相对撞，货车翻了，父亲卡车上的货物也被撞得七零八落。万幸的是，人没事。父亲被厂里记过处分，还要负责赔偿货物损失。

父亲再也没有停下来拍照。那些地图一样的照片，一段时间被我夹在课外书里，当书签。

父亲拉着我们这台拖拉机，吭哧吭哧地进入了新世纪，好在，我们都算争气，哥哥念了一所理科重点大学，毕业后在一家著名的证券公司工作，他骄傲地对父亲说，我跟您一样，也抓方向盘啦，我的手一转，上亿金额从我的手里转进转出。哥哥成了业界颇有名声的操盘手，赚大钱了，给父亲在运河边买了一套公寓。我呢，则读了文科，在一家报社工作，比上不足比下有余。在买下人生第一辆车那天，我隆重邀请父亲这个老司机坐到副驾驶位。那时父亲已经退休在家，开始看时间参照自己在做相对运动，他认为时间比过去快多了，像一辆改装后提速的卡车。我们一直朝城北开去，上了新开通的一条高速公路。父亲刚开始对车的感觉有些保守，总是盯着我的脚底下看，似乎害怕我踩错了油门和刹车。在高速路上飙了一阵，父亲才有点兴奋起来，他说，你这样开车，真像那个女人。我愣了一下，才明白他在讲"四川婆"。那个女人开得一点都不端庄。父亲说，就像你现在这样，从这条车道窜到那条车道，我跟在她后边，净看到她的车屁股扭来扭去，野得很。父亲遇见那女人的时候，是想跟上她，教训她一下，对她说，车不能这么开，太危险了，刚才她超他的时候，差点撞上了他的车头。谁知道那女人一直没让父亲赶上，"扭着个大屁股，在我跟前晃啊晃的。"父亲暧昧地笑了笑，不知道是想起那女人还是那车的屁股了。父亲赌气地一路跟着她，那女人见甩不掉父亲，就那样保持着若即若离的距离。一直开到一个汽车旅馆，他们都停了下来。他们坐在一起吃饭，好像经过一路上的较量彼此已经熟悉。后来，父亲干脆请那女人喝起了酒，他们喝得很尽兴，每喝一杯就像在用手挂挡，一挡、二挡、三挡……他们加速度冲向终点。

我猜，父亲跟那个女人爱得很疯狂，那个下雪的夜晚，女人跟踪父亲来到我们红石板街，疯狂地揿响喇叭，母亲说，就像一只在雪地里撒泼打滚的母老虎。

父亲向母亲保证过，想要再跟那女人见面，除非母亲不在这个世界上了。不过，直到母亲去世，父亲也没再跟那女人联系。父亲说，怎么能开历史倒车呢？

父亲一辈子只会开车，也没有培养什么业余爱好。母亲去世后，他独自一人打发晚年生活。我们劝父亲学点什么，父亲都兴致不大，后来哥哥想起父亲曾经爱拍照，就给他买了架简易的莱卡照相机。父亲拿着相机在运河边转悠，将远景拉成近景，将天空的云图分成若干帧局部，将一朵花拆成几瓣，将运河搓成一根线……如此半年不到，父亲发现，从镜头里看到的世界，其实跟肉眼看到的也没什么区别。他不玩了，把莱卡相机放进柜子里。

六十岁那年，医生检查出父亲的脊椎变形、增生，是长期坐在驾驶椅落下的职业病，晚年加重，压迫了神经，出现耳鸣、双腿发麻等症状。医生教父亲尝试倒着走路，可以锻炼脊椎，减轻疼痛。父亲很快喜欢上了这项运动，他做得很好。只见他双手握拳，双臂前后摆动，就像胸前摆着一只方向盘，父亲上下转动着它，一发动，便双膝微曲，左右、左右，一步步朝后退去。父亲倒行得很稳当，既撞不到朝前行走的旁人，也撞不到身后的树木、花丛、栏杆，仿佛他的身体左右各安了两只后视镜，背上装了只影像雷达，并且还发出了嘟嘟的警报声："倒车，请注意，倒车，请注意……"每天，父亲给自己定下了起点和终点，从稻香园小区出发，沿着河堤，倒行至拱宸桥底，再折返，参照那条一路向东流淌的运河，父亲顺流一趟，逆流一趟，如此往复，一日两次，服药般定时定量。这种有起点有终点的运动，让父亲找回了上班的感觉，少一趟他都会觉得浑身不舒服。

父亲倒行的本领日渐上乘，速度已经可以跟那些慢跑者相媲美，他就像车流中一辆逆行的车子，往往引来行人避让、侧目。父亲超过了这些人，并且跟这些人对望，他正视着他们，朝和善者微笑，朝埋怨者挤挤眼，直到把这些人远远地甩在他的正前方。有一次，由于手臂摆幅过大，父亲撞到了一个男人的脊背。男人停下脚步，朝父亲瞪大了眼睛，嘴里骂骂咧咧。父亲超过他之后，一边倒退着，一边朝男人作揖道歉，男人觉得父亲倒行作揖的动作实在滑稽，简直有点卓别林的效果，便转怒为乐，用手臂捅一下身边的女伴，两人指着父亲笑起来。父亲看着那对开心的男女逐渐从自己眼前远去，最终变成两只小点。父亲说，现在我才知道，原来后视镜里的小点是这样形成的，有趣。

父亲倒行遇见了很多有趣的事。那个漂亮的年轻妈妈拉着小儿子闪进灌木丛，不一会儿就传出了小孩哭声，父亲清楚地看到了她教训儿子的过程，她无声地揪着那孩子的耳朵，又无声地把作业本塞进那孩子的手上；那个跟在生气的姑娘身后的男孩，数次抬起手，虚拟着去敲姑娘的后脑，表情既无奈又解恨；那一对老头老太磨蹭地落在了晨运队伍后边，他们偷偷拉了一会儿手；那个拉着行李箱的少年后边，跟着个中年男人，他走一会儿，就将手背放到脸上抹一把，抹完还不忘东张西望……倒行不仅有趣，也使父亲的脊椎轻松多了，他在电话里对我说，就像有人在前边拉着自己走，一点都不用使力的，即使上坡也不用挂挡，哈哈。父亲神清气爽的样子，让我感到欣慰，也减轻了我对父亲的内疚，算起来，我已经有两个月没回家看过父亲了。

一个秋天的傍晚，父亲倒行至德胜桥底拐弯的一个小坡，竟发生了"车祸"。他的脊背重重地遭到了一下撞击，脚下一个趔趄，重心朝后倒，要不是刹车果断，他差点一屁股摔到地上。父亲随即听到了一声尖利的"啊呀"，之后很快爆发了一串响亮的笑声。父亲掉转车头，察看车祸现场，只见一个女人先他转过了头，查明事故原因后，兀自先笑了起来。那女人原来也在做着跟父亲一样的倒行运动，因而接收不到父亲身后的雷达警示，于是——两背相撞。

父亲停下了，女人也停下了。彼此道歉，并不追究事故责任人。父亲和这位姓赵的女士，放弃了他们此次出车的终点，他们停留在各自的中间站，坐到运河边的长椅上，交流起他们的"行车经验"，聊得愉悦。自此，他们每每相约到德胜桥下的那张长椅，偶尔，也结伴倒行至武林门或者拱宸桥。那赵女士调皮地称父亲为"驴友"。当父亲头一回跟我说起这个词的时候,我还以为赵女士是位时髦的年轻妇女。说实话,父亲孤零零的,我倒不拒绝父亲再找一个阿姨。

认识了赵女士之后,父亲生活变得丰富多彩,尤其晚上,他的手再也不去抓遥控器了,他抓住了赵女士的手。在横跨运河的那条潮王桥下,依着河堤的那只桥洞里,开有一间歌舞厅,名叫水晶宫,在运河一带是极其有"老人气"的,白天集中在河边运动的老人们,到了晚上会带着舞伴来这里娱乐。赵女士喜欢带父亲到"水晶宫"去"嘣嚓嚓"。刚开始,父亲不愿意去,他这辈子没跳过舞,跳舞对他来说是新事物,他的腿不懂得"前嗒嗒、后嗒嗒,嘣嚓嚓、嘣嚓嚓",他的手从不会握着女人的手和腰,"左晃晃、右晃晃,嘣嚓嚓、嘣嚓嚓"。赵女士像唱歌一样念着这些口诀,培训着父亲。她说,"跳舞嘛,小意思,就是嘣嚓嚓、嘣嚓嚓嘛!"她边说着,用脚带着父亲,前前后后地舞了起来。赵女士跳起舞来,是真的很迷人的,父亲向我坦白过这一点。

据赵女士自己介绍,她今年五十有六,一儿一女都在外地生活,目前属于"空巢"一族,她跟她的老伴,呃,每每提到她的老伴,父亲总觉得她有满腹辛酸。起初,父亲倒不想太了解她老伴,横竖他和赵女士仅仅是"驴友",即使像现在这样拉着手握着腰"嘣嚓嚓",也只限于纯洁的"驴友"友谊。可偏偏赵女士最爱讲的还就是她老伴,仿佛那个人是缠绕她一身的慢性病,生气起来如山倒,多数时候提起来又如抽丝。时日长了,父亲渐渐明白,赵女士早就不想跟老伴过了,无奈就是找不到离婚的契机。明白了这一点,父亲的就心像碾到了一块石头,咯噔地颠了一下。在与赵女士认识、交往的这一路上,父亲的路况极其不稳定,总是被这样咯噔、咯噔地颠着,父亲的心脏就有了反应,他先是同情赵女士,后来,就喜欢上了赵女士。

某天晚上,父亲约赵女士又到水晶宫,买了两张十元钱含茶水的门票。他捏着赵女士的手,"嘣嚓嚓,嘣嚓嚓"。这晚,他发挥得尤其好,自我感觉也非常佳。父亲的外形在水晶宫里是出挑的,尽管他的头发稀疏了,但长年保持的大背头依旧隆起,闪着发胶浇湿的光泽,他的皮带还毫不吃力地搭在第二格里,他跳舞的时候,脖子尽量伸得长长的,在蓝荧荧的灯光下,就像一尾俊美的白条鱼,而赵女士呢,父亲觉得她就像风情万种的美人鱼了。

几曲跳毕,他们坐到边上的圆桌喝茶歇息。他们置身的水晶宫,宫殿的穹顶就是桥身,在音乐停止的间隙,能听到桥上过车的轰鸣,感受到车轮碾过桥身的颤动,在这些熟悉的颤动中,父亲一脚油门到底,朝赵女士飚出了一句:"离婚吧,跟我过!"这句话一脱口,父亲就感到头顶的桥身上,一辆重型卡车正隆隆驶过,凌空的重量仿佛要压向自己。赵女士并没有回答父亲,她只是站起身,优雅地朝父亲伸出一只右手,邀请父亲跳下一支快三。一被父亲揽住,赵女士才忽然变得羞涩起来,她服帖地倚着父亲,随着父亲的脚步,前进一步,后退两步……他们像两条优雅的鱼,欢乐、亲昵,在这幽暗的水晶宫里,游过来游过去。

隔三岔五的,赵女士就来跟父亲住。父亲先是觉得别扭,但又不愿意拒绝。赵女士生动活泼的生活作风,用父亲的话来说是——很有味道的。赵女士到家里来,改造了父亲的生活滋味,这滋味好是好,但细嚼起来也有那么点异常,父亲总觉得这样名不正言不顺的夫妻生活,实在是不成体统的,也心存隐恐,他说,哪天,老胡杀上门来,会宰了我们。尽管父亲从没见过老胡,也不知道老胡住在哪个小区哪间公寓,但在赵女士长期的描述中,父亲已当他是一位抬头不见低头见的邻居了。赵女士面对父亲的担忧却毫不在意,她总是说,老胡病快快的,拳头都握不紧,怕什么?再说了,我已经跟他分床住,等到春节,子女都回来后,我们就摊牌离婚。面对仍有疑虑的父亲,赵女士豪爽地说了一句:"嗨,你怎么那么老派,现在都是新时代了,我们可是新时代的人啊!"父亲才想起，自己出生于 1949 年，是中华人民共和国的同龄人呐。

这么看来，赵女士是位开放、大方的新派人物，事事显示出跟这个时代合拍的步调，可唯独在见家人这件事情上，赵女士表现出了不可突破的传统。当父亲要求把赵女士带给我和哥哥认识的时候，赵女士却坚持自己的原则，理由是时机还不成熟，见过家人，那就意味着要成为一家人了，目前，"我们还不能成为一家人"，父亲把赵女士的原话告诉了我们，我和哥哥顿时觉得，这位赵女士有热情，却不乏理性，绝对是操持家政的一把好手。一度，我们甚至把"成为一家人"当成了父亲余生的寄托，有这位驴友陪伴父亲同走人生最后阶段，也没什么遗憾了。

那年春节，注定是个不平常的日子，就连我那一贯运筹帷幄的哥哥也有点抓不准了，他给我打电话说，妹妹，会不会我们春节回去，家里就多了个新——妈妈？哥哥的心情跟我一样复杂。我更多地想起了我们的母亲，这个常年枕着父亲毛衣独自睡觉的女人，这个常年参照着隔壁老王家生活得又苦又漫长的女人。母亲没有跟进到这个越来越美好的新时代，她就是一台过时的拖拉机，永远停留在了那个埋头耕耘的年月。母亲真的没享到福。除旧迎新之际，往事历历在目，我想得泪流满面。不过，我又不得不宽慰自己，父亲跟赵女士结婚后，我就可以有理由长时间不回家了，我跟父亲的距离，就心安理得地处于一种远方的距离，而远方总是充满了想念，温柔、美好，我的父亲跟母亲就如同一张张旧照片，好好地珍存在我过去的某个远方了。

离大年三十还有五天，赵女士拎着一只新扫帚，几瓶玻璃水、油葫芦等清洁用品，风风火火地跑到父亲家，说要提前给父亲"扫垃圾"。因为两天后，她的子女回家，就没工夫管父亲了，她要处理离婚大事了。父亲心里一阵温暖，将这个正扎着一块头巾用扫帚撩着蜘蛛网的女人认定为自己的妻子，并下决心跟她一起养老至终。

赵女士怕父亲被灰尘呛着，命父亲到运河边做做运动。出门前，父亲喝下了一杯浓醇的铁观音，他关上门的那一刻，隐约听到了赵女士欢快地哼起了小曲。父亲微笑着下了楼，散步到河堤，"预备，开始！"父亲轻快地往后迈出了第一步。北风吹得树叶哗哗地往一侧倒去，似乎在为运河当啦啦队，有旁观者助威，运河跑得比平日快，像一个志在必得的冠军选手。父亲在逆风中稳住了自己，他双拳紧握，上下摆动着胸前那只"方向盘"，步伐如此坚定，仿佛他是在朝前奔去，是迎着风，相反，运河则在他的视线里一点点往后退去。父亲想着，那种孤单凄清的晚年生活，即将像这运河一样，速速退出自己视线了。父亲百感交集，他的思维在一个又一个弯道里行驶。

父亲倒行一个来回后，神清气爽地回到家，只见屋内窗明几净，悄无声息，一缕冬阳正罩着桌上那杯喝剩的铁观音，好心好意地为父亲加热着。毫无迹象的，赵女士如灰尘般消失了。就像一个会变戏法的女巫，赵女士骑着那把扫帚飞走了。她还把父亲衣柜里那些值钱的东西都变走了，包括：两只夏家祖宗传下来的金元宝、一对母亲的玉手镯、一只瑞士老手表以及那架还装着风景的莱卡照相机。父亲找遍了衣橱、壁柜、床底，甚至每一只抽屉，赵女士都不在里边。

父亲坚决不承认赵女士是个女骗子，他为她做过许多设想，他想得最笃定的就是——赵女士被老胡抓走了，没收了手机，软禁起来了。那么，老胡在哪儿呢？这个一度被父亲当成邻居却从没出现过的人，随着赵女士的消失，遥远得成了一个没有形状的黑点，甚至，一个点都不是，是一团白色的浮沫，逐渐消散。我们劝父亲报警，父亲死活不同意。他说，这绝对不是入室抢劫，哪里会有这么一个贼，先帮主人打扫卫生，然后再拿东西的？赵女士不是贼。好在，父亲的损失并不算太严重，加起来不过几万块钱。赵女士没拿走父亲的存折，她知道，拿了也取不出来，反而成为一名大盗。

父亲没有报警，他在水晶宫门口守了好些个夜晚，他在运河一带来来回回地碰，期待能与他的驴友重逢。这些美好的念头一次一次从侥幸的身边擦肩而过。整个冬天过去了，春天来了，万物发芽的时候，父亲将那些美好的念头掐芽，他将它们制成茶叶，泡水喝。夏天即将到来的时候，父亲终于敢直面这次挫败，他向我们坦白，跟那个女人好的时候，还给过四万元那女人代为炒股，也不知道她到底有没有炒。我和哥哥倒吸了一口冷气，像侦破一桩大案般，顺着父亲一点一点的交代，闪回了各种蛛丝马迹。哥哥说，遇到大盗了，这应该是一个有组织、有预谋的诈骗团伙，回过头看，父亲在德胜桥倒行的那次"车祸"，就是那女人的一次碰瓷。马路碰瓷这类手法，对于长期在路上开车的人来说，往往一眼就能识破，父亲为什么轻易就上当了呢？父亲没作任何解释，他低下头，用手慢慢地捋着那一丛稀疏的大背头，反复说："在那个地方，就不应该停下来的，不该停的，我真像驴一样蠢啊……"看着父亲这个样子，哥哥悄悄地对我说，我们的父亲真的老了，已经搞不掂这个时代了。我的心里一阵疼痛。

父亲再不乐意在路面上倒行了。他跟大多数老头子一样，在运河边散散步，坐在长椅上晒晒太阳。不过父亲还是跟大多数老头子不一样，他不爱扎堆聊天，木乎乎的，找僻静的一截河岸，坐在椅子上，看着离自己不到十米远的运河，以及河上稀稀拉拉的几艘货船，目送它们从下游的一个河弯处逐渐消失。父亲想起了很多遥远的事情，仿佛他的脑子里有无数面镜子，那些关于我母亲以及我们兄妹的往事，在镜子里成像清晰，他自个儿看得感慨万分，常常不管在上班时间还是午睡时间，拎起电话就给我或哥哥打，"小峰，你们小时候用石头去砸车厂的猪，人家都跑掉了，你还傻乎乎地站在那里看，害得我在厂里上了一个晚上的家长学习班……""小妹，你总是吵着妈妈给你买明星贴纸，妈妈不给，你就到我挂在门背的衣服口袋里翻,每次都有五毛钱在里面吧?那是我故意留在里边的……""唉,你们妈妈都没好好坐过我的车,她总是说,想坐我的车去宁夏看看,她最远到过哪里?……唉,你们妈妈最可惜了,都没享到福……"这些星星点点的事情,让父亲变得忧伤甚至消沉。我不得不鼓励他:"老爸,别老想着过去,你要往前看,吃好穿好,过好每一天,现在生活好了,想要什么就去买,我给你买……"父亲从来都乖乖应答,仿佛他是大病刚愈的患者。我讲得口干舌燥,心里其实很虚弱,我又能帮他做些什么呢?电话结束的时候,父亲说得最多的一句话是:"怪了,就像是昨天发生的事情……"

有一天上午,我接到父亲的电话,他兴致勃勃地告诉我,他决定开始练习游泳,他打算到运河里游一游。我吓了一跳,当即警告他,千万别做这事,这条肉眼看起来平缓的河水,实际上太危险了。在我的印象中,父亲从不会游泳。可父亲却丝毫听不进去,他很兴奋,向我说起老家乡下的那条河,他说他从小就是泡着这条河水长大的,不过他只懂得青蛙式,小时候一淘气,奶奶就会追着他打,一追,他就跳进河里,奶奶在岸上又气又急的……父亲说:"我要把游泳捡回来,今年夏天到运河里走走。"电话里,我听到了一声清脆的船鸣,我猜父亲正站在河边,羡慕地看着这艘货船,仿佛运河是他即将起航的另一条公路。

父亲对运河游做足了准备。他到小区的游泳馆,花八百元请了那个健硕的游泳教练,一对一地教他,并且只教一个动作——仰泳。父亲觉得仰泳这个姿势太优雅了。人像睡觉般仰卧在水里,头枕在水面上,双臂在身体两侧轮流滑水,双腿夹着水往后蹬,一往后蹬,人就往前飚出几米,这比在河堤上倒行优雅多了。

父亲练得刻苦认真,除了每天到游泳馆,教练利用午休时间一对一地训练他之外,他更多的时间是在家里自行练习。他穿着厚厚的羽绒服和棉裤,仰卧在客厅的木地板上,双手在身体两侧划着地面,双脚则配合地往后蹬。他先是在原地滑动,反复练习之后,他开始尝试着在地板上游。他顺着客厅往卧室的那条笔直长廊,来回地游。后来,他掌握了用髋部拐弯,就从客厅的长廊里游进卧室,再从卧室游进书房……父亲的方向感很强,他的脑袋就像一个舵,能准确地判断出,前方十点钟的位置是房门,左边九点的位置是一张茶几,右边四点的位置是一只拖鞋……父亲摆着舵,轻易地绕开了这些障碍物。

夏天还没真正到来,父亲已经可以仰躺在水面上,周游游泳池了。即使池子里人再多,父亲都不会撞到他们,就算那个埋头划着狗刨式的大块头,鲁莽地就要撞向父亲了,父亲都会调整好身体,脚掌一踩水,来一个侧滑,像一条无声无息的鱼,优雅地从大块头身边掠过。教练抱着双臂站在池子边,得意地看着他六十四岁的高徒,他对他的同事说:"所以说,年龄根本不是问题,关键看怎么教,谁来教。"

那个午后,父亲从一场充足的午睡中醒来。他开始行动了。他穿上一件文化衫,在游泳裤外套上一条阔短裤,脚踏进一双拖鞋,再用一只塑料袋装上一条浴巾,精神抖擞地往河边走去。在文化广场的一个坡下,他找到了走下运河的那条阶梯。他站在倒数第四级阶梯,脱下了衣裤和拖鞋,将它们装进塑料袋里,放在地上,又犹豫了一下,返回坡上,在草丛里找来一块石头,将石头压在塑料袋上。做完这一切,父亲才放心地走向最后一级台阶。

父亲的脚一迈,重心就交付给了与他做伴几十年的运河。

跟父亲的理想完全吻合。他平躺在河面上,顺着流水的方向,不紧不慢地,两手划水,两脚蹬水,脑袋顶水,那丛大背头被浸湿了,坍塌下来,藤蔓般稀稀拉拉地攀在他头上。游着游着,父亲惊讶地发现,在这里游泳根本不费力气,比在木地板上、游泳池里省力多了。他开始放松身体,快乐地、轻盈地向前浮游,并不时扭头看两岸风景,路灯、长椅、花坛、六角亭、柳树、橙色的健身器械……他看到自己走了无数遍的那条堤岸,他朝岸边挥挥手,就像一个阅兵的首长。偶尔,父亲会停下来,身体静止在水面上,很享受地朝天空打个哈欠。远远看去,那样子真像是睡着了。

父亲优雅的游泳逐渐吸引了两岸的观众,他们倚着栏杆,站在树荫下看,其中有几个人,还迈起了碎步,一路跟着父亲,跟了一会儿,他们看到一辆装满黑煤的货船,远远地驶过来了。货船的船身被压得很低,破着深深的水线,笔直朝前开,仿佛稍微做个侧身都很困难。在距离父亲还有几百米远的时候,货船已经发现了水上这个障碍物,长长地鸣叫了几声,把岸上的人都吓了好几跳。

父亲丝毫不理会那噪音,他慢条斯理地继续直线朝前游,仿佛他的脚掌上安着两只后视镜,在货船还没叫喊之前,他就先看到了它,并且完全掌握了它跟自己的距离。

货船越驶越近,它已经不可能再为父亲调整方向了。这辆身上写着"湖州007号"的货船,主人是一对中年夫妻,他们着急地走出船舱,双手叉腰,朝前方的父亲大声嚷嚷。紧接着,他们养的一条大狼犬也站到船头来了,它朝父亲紧锣密鼓地示威号叫。岸上的人开始揪起了心,好像父亲很快就会被卷到船底下,有的人还甚至朝父亲呼叫、打手势,他们以为父亲是个聋子。

就在货船与父亲相距不到一百米的时候,只见父亲双腿一蜷,身体一个侧翻,沉入水里,几秒之后,又浮出了水面,父亲脑袋朝下,背朝天空,张开四肢,像一只敏捷的青蛙,迅速地朝岸边游去,给货船让出了路来……

货船超过父亲的时候,那对中年夫妻惊魂未定,就像被捉弄了一番,恼怒地朝父亲大叫大骂。而那只大狼犬却无比安静,它警惕地看着远处的父亲,耳朵紧张地竖着,仿佛水中潜藏着一个威力无穷的不明危险物。

沉重的货船疲倦地朝前方开远了,风平浪静。父亲又回到了河中央,他安详地仰躺着,闭着眼睛。父亲不需要感知方向,他驶向了远方,他的脚一用力,运河被他蹬在了身后,再一用力,整个城市都被他蹬在了身后。

表弟

　　表弟背着沉沉的双肩书包，那书包最里边的一层，有几张他昨天晚上偷偷从床底摸出来的游戏光碟。表弟要去上学了。表弟急匆匆地穿过小院子，就从我们家族消失了，连同他一起消失的，还有"表弟"这个词汇。

　　将来，如果我有孩子的话，我的孩子会指着识字卡片问我：妈咪，表弟是什么东西？我该怎么回答我的孩子呢？是啊，表弟是什么呢？表弟是最后的一个弟弟。我的孩子，既不会有兄弟姐妹，更不会有表弟表妹。我只好对我将来的孩子描画那个消失了的表弟……

　　表弟十六岁。他有一间贴满了海贼王和DOTA人物以及散发着正在发育气味的房间，他长得不是很帅，但也不能确定，他的喉结还在蠢蠢欲动，未来还没有结出他想要的形状。表弟心里有个英雄，他不止一次跟我说，表姐，雷克萨是个了不起的斗士耶。DOTA勇士雷克萨的漫画就挂在他的床头，他日夜都想拥有他的技能。可是我从心里认为表弟不可能成为英雄。我清楚地记得，小时候他的手被割破了一个口，他就举着那只包扎得很漂亮的手指，到我们家每个人面前说，爷爷，疼！奶奶，疼！姑妈，疼！姑父，疼！……等所有的人都疼完他了，他才坐到小板凳上，看书，那只包扎得很漂亮的手指一直高高翘起，骄傲得像个穿裙子的公主。

这么多年来，表弟就是我们家的公主，万千宠爱在一身。就连我，也以与他争宠为耻。

说起来，我也是宠表弟的，我唯一的弟弟，没有他，我孤单得想发疯。暑假，我躺在床上看蜡笔小新，表弟趁外婆打盹的时候，一路扶着墙壁，笨笨地推开我的房门，跌跌撞撞地攀到我的床沿，嘴巴里吐出几个单词，口水就顺着嘴角流到了床单上。我把他当成一只小宠物狗，一下子把他从床下提了上来，抱他，亲他，揉他，搔他。我把嗑好的瓜子仁放到我的舌尖上，让他像只小狗一样用舌头舔走。他那个时候真的好好玩呀。他不到两岁，我快八岁了。外婆听到从我房间里传出来的笑声，便像狼犬般警醒，生怕我把公主弄坏了，扯着嗓子边喊边跑过来——妹妹，不要碰表弟啊，他脑笋还没长全哪……话音未落，表弟已经从我的怀里被夺走了。被夺走的表弟开始不服气地哭闹。表弟哪里知道，对付小孩的哭闹是大人的才艺，他们将孩子的哭和闹一贯地视为撒娇，他们最喜欢看到孩子撒娇，孩子一撒娇，他们就觉得自己是个强者，他们可以开出任何条件来满足孩子。就像一次次阔绰地付钱，并响亮地说道——说出来吧，你想要什么？那么，表弟想要什么？他想要跟孩子在一起，不想待在大人的怀里。即使他在我这里得不到呵护和溺爱，可他依然想要跟我在一起，我们是两姐弟。事实证明，他很多次逃离外婆的监管，艰难地一路扶着墙，艰难地推开我的房门，直走到我的床边，嘴巴里那几个单词说多几遍后，我终于听明白了——别关门先！

在我们前后脚地长大的过程中，我先朝表弟关上了门。

我在终日紧闭的卧室门里，慢火煎鱼般难过地完成了我的青春期。那段日子，我看到家里的谁都嫌烦，最向往的就是自由，盼着早日离开家。表弟放学回来，总是欢乐得像只小公鸡："奶奶，奶奶，奶奶奶奶奶奶，奶奶……"他喜欢用各种歌曲来喊门，有的时候是周杰伦，有的时候是张韶涵，有的时候还是升旗国歌。我听到他那样叫门，总会觉得他很可怜，同时也很鄙视他——这个还没断奶的小屁孩，竟然那么恋家，可悲啊！后来，我考上大学，彻底自由了，偶尔回家住，有几回，碰到表弟放学回家。他一声不吭地开了门，像个幽灵般踅进自己房间，逢到大人撞见他，并扯起嗓子喊："阿弟，出来喝橙汁啊，奶奶刚榨好的！"他就瓮声瓮气不耐烦地应了一声，大人又喊，喊不应，干脆跑到他的房间里去找，他烦躁地嚷了一句——过会儿！随即表弟的房门"砰"地关上了。我从心里偷笑，表弟终于在长了。他把自己关在房间里，像条蛇一样，慢慢地独自蜕变。就跟我那些年一样。

我舅妈忧心忡忡地对我妈说，小亮是不是长得太快了？总是关着房门，也不爱跟我们交流，十几岁就有秘密了，我都不晓得他现在心里到底在想什么了。

事实上，表弟有什么秘密？他整副心思都在抓紧时间享受自己的欢乐时光。玩游戏，跟女同学网上聊天，并装得很内行地跟男同学谈生理问题。这些，只要我进到他的QQ空间或者上他的微博，不消一会儿就能全掌握到了。不过我对表弟那些秘密一点兴趣都没有，那个年纪的我，只谈隐私。我想表弟是没有隐私的，他只有秘密。有一次，他很神秘地打开门让我进他房间，让我看他手机上的照片——那上边有一群穿校服的女同学，有说有笑。我问他，是哪一个？他腼腆地用手指点了一下那个侧着脸的女同学。表弟的眼光确实不错，虽然看不到整张脸，但就凭她高高的鼻子和白白的皮肤，我就认定这个女同学能配得上我表弟，因为我一贯认为表弟其实长得真不怎么样，至少他不是我心中的那盘菜。

你要是告诉别人，我就跟你绝交！表弟严肃地告诫我。然后又小声地说，她还没同意当我老婆。

你猜我看着他那张脸的时候，我在想什么？我几乎忍不住要笑出来了。我在想，表弟已经发育了吗？表弟懂得怎么做爱吗？小屁孩而已！

我那时已经二十岁了，我已经尝到了性的快乐。想到性，我的脸会立即红。我强忍住笑，装作很负责任地对他说，放心吧，这是我们之间的秘密。

要是表弟当时知道我这些心理活动，他肯定会被气哭的。我太有数了。表弟受不得半点的屈辱，从小到大都会被些芝麻大的屈辱气哭。眼泪几乎就是表弟的绝招和武器。

随手拈个例子说明吧。

表弟读小学四年级那年，有一天放学回家，外婆开门看到表弟眼睛红红的，后边跟着一个女人。那女人一见外婆就开口了："是杜亮的家长吧？我是他的英语老师。"外婆心下想，肯定表弟在学校犯错误了，赶忙给老师赔罪。了解后才知道，表弟把英语作业忘在家了，英语老师不相信，质疑他几句，他当场就哭了，英语老师为了息事宁人，只好说算了，下次改正就是了。谁知道表弟的哭还是没止住，硬说英语老师冤枉好人，非要她跟他回家拿作业以证明自己的清白。英语老师被表弟的哭闹缠得很没办法，只好口头答应。放学后表弟真的拦截住英语老师，硬把她领回家。作业确实是忘在家里了。英语老师坐在我家沙发上，郑重向表弟道歉，顺便向外婆投诉起表弟来。表弟太爱哭了，班上的男孩子都不太敢也不太愿意惹他。英语老师建议家长，让表弟适当参加一些竞技类的兴趣班，比如跆拳道什么的，培养坚强和勇气。后来，舅舅真的给表弟报了少年跆拳道班。看表弟穿着白色的道服，腰带一扎，嘿，顿时雄了起来。

表弟的跆拳道一招一式像模像样地练了下来。在家里，叫他表演给我们看。表弟便把一块木板拿出来，让舅舅和我爸爸两人各执一边，他穿着道服，向我们这些观众谦逊地一鞠躬，然后摆足架势，调匀呼吸。开始！只见眼前白影一晃，只听得咔嚓一声响，结束。那木板被表弟踢裂成两半。观众掌声起。我用手量了一下那木板,也有个几厘米的厚度。厉害!待我们围着表弟夸奖的时候,舅妈果然有知子之心,摸了摸表弟的头说:"哇,小亮力气竟然那么大了啊,我看看,脚疼不疼啊?"几秒钟,我们便看到表弟的眼睛里噙着汪汪的泪花。"不疼,不疼,不疼……"表弟叫嚷着用手霸道地推开舅妈。我们见此情景,大气都不敢出,心想着,又一次哭闹的风暴开始了。可是,出乎意料的,表弟的眼泪竟然没有跌出眼眶,表弟这次把门守好了。舅舅为了转移话题,拍拍表弟的肩膀,对表弟说,男子汉!除了武力之外,告诉他们这帮无知之徒,还学到了什么知识呀?于是,表弟从宽宽的道服里伸出来的瘦小的脑袋,摇晃着给我们讲跆拳道的书面知识,就像背书一样——礼、义、廉耻、克己、忍耐……表弟一套套的还讲得不错,我们顿时觉得学费没有白交。

表弟学跆拳道那段时间,在他的房门上,用彩笔写了一句话:忍就是德,忍者睡眠中,请勿打扰……我于是给他起了个绰号:神龟。因为那个时候特别流行动漫《忍者神龟》。

跆拳道馆举行家长汇报日那天,我跟着舅舅舅妈一道去观看。我很好奇,那个踢木板都掉眼泪的表弟会表现如何?我们坐在台下找表弟。表弟混在清一色道服的队伍里,很难辨认,不过,表弟看到我们,朝我们扬扬手,我们就发现到他了。表弟几乎排在最后一个,因为个子不算高,也比较瘦弱。当然,我想,还因为表弟学得不太好吧。先是群体表演,一招一式,也还蛮有气势。最后是对打表演。我们等了好久,才等到表弟出场。天啊,我的心紧张得扑通扑通跳呢,不过,看到表弟的对手是个同他体格差不多的"小豆芽",我顿时放下了心。表弟跟对手相互鞠躬之后,前进、后退、跳换、格挡,甚至还很漂亮地来了个侧踢,小腿的弧度看着还蛮有点架势。我跟舅舅舅妈一看到表弟出招,就使劲地拍手。表弟跟他的对手配合得相当默契,就像跳双人舞一样,动作看起来有那么些专业,但又感觉不到打斗的危险。可是,就在表演快要结束的时候,谁都没料到,表弟的步伐忽然出现了凌乱,只见对手的脚往表弟的裤裆下一伸,双手不知怎么竟能将表弟整个翻到了地上。"咕咚"一声,就算我们坐在第四排的观众席上都听得相当清楚。表弟一摔,舅妈跟我都喊了出来。表弟躺在地上,大约十多秒后,便干净利索地几乎是弹跳着起了身,眼睛盯着对手,腰一弯,鞠躬。对手见状,也朝表弟鞠躬。两人下台了。

我想,表弟下台的时候,肯定眼中又噙着两包泪了,那么响,摔得该有多疼啊。

我们在后台找到了换好衣服的表弟。舅妈紧张地去察看表弟有没有摔伤。其实,不用刻意去看,我们已经看到表弟的脑门上,已经有一个逐渐隆起的小青包了。没想到,表弟出乎意料地平静,压根就没有提被摔的事。回家的路上,舅妈一个劲地问他疼不疼,表弟只是摇头不吭声,情绪低落。

到家之后,我们在客厅里吃水果,表弟喝可乐。舅舅坐在沙发上,放松地跟表弟聊起刚才的表演。

"呃,我觉得,你们对打得很流畅啊,够默契的啊。"

"那当然,我俩已经配合了一个月了。"表弟终于开口说话了。

"哦,难怪。那么,那些对打的动作是设计好了的?"

"是呀,按照设计好的动作去练的。"

"那为什么你被他摔了,他没被你摔呢?这也太不公平了吧!"我很不忿地插了一句。

这句话简直就像一把火,把表弟的愤怒和委屈点着了。没一会儿工夫,他的眼泪就夺眶而出。

表弟哭得好伤心啊。一家人于是围着表弟,"救火"。

我像个犯了罪的人,待在一边。

肉体的疼痛,再加上精神的屈辱,使表弟大哭了一场。他泣不成声地控诉起那个"小豆芽"。原来,那几个动作不是设计练习好的,而是那"小豆芽"为了炫耀自己的功夫,临时加上去的,表弟被打个措手不及。

不带那么欺负人的啊,这个小龟孙!我愤怒地大骂起那个不知道姓名的"小豆芽"来!那时候,我已经念高中了,路见不平、拔刀相助的血气已经开始聚集在我体内,逐渐形成我自己的小宇宙,无论是班级上还是社会上的不公平事,我都喜欢干预。当然,干预的方式无非就是骂人,凶恶地骂人,直骂得自己感觉舒服了才完事。回想起来,那时候的火气跟血气就像隔三岔五地爆出来的青春痘般寻常。我甚至用粗口骂起了那个"小豆芽"。

表弟终于平息下来了,也不再抗拒舅妈用红花油去搽脑门上那个淤青的小包了。

最终,舅舅用一番具有理性的话结束了这场风波。他说:"小亮,你已经十岁了,应该知道,这个社会上并不是人人都会像家里人那样对你好,更多的人是为了达到目的而不惜一切手段向你出狠招,对于这些不按照牌理出牌的人呢,你只有敬而远之,不跟他们玩了。所以嘛,我觉得你今天在台上表演得非常优秀,摔倒了,迅速爬起来,向对方鞠躬,不跟你玩了!你不是说过嘛,你们跆拳道精神不是强调,忍,忍是什么来着?"

"忍就是德。"表弟认真地接了上去。

"对啊,小亮今天真是很有绅士风度啊!"舅妈也趁机附和。

我们也跟着附和。最后,我爸爸为了祝贺表弟演出成功,并且成为一个真正的绅士,请全家出去吃表弟最喜欢的必胜客。

看起来,表弟似乎已经忘记了刚才的屈辱,又欢天喜地了。

跆拳道是没再继续练下去了,那根曾经使表弟很雄的腰带,早被我外婆拿去改装成一件猫咪穿的小衣服了。而那件白得发光的道服变成了一件纪念品。多年后,我舅妈从箱子里忽然翻到它,哭了又哭,我的表弟曾经那么小，他真的来过这个世界上啊。那件道服跟表弟那些玩具一起，又构成了表弟的整个世界，只是，表弟待在这个世界里，比表弟待在他的游戏世界里还要——虚幻。

表弟像所有那个年龄的孩子一样，喜欢玩游戏。他坐在电脑桌前，头戴耳机，目光像雷达一样敏捷，手按键盘则像个专注的钢琴大师。我现在还坚持地认为，表弟玩游戏的时候是最酷的，隔着屏幕朝那些看不见的联机对手发号司令吹响集结号的时候，表弟简直就像个大人物了。

DOTA 里的人物有很多个，他们远比表弟现实中的朋友还多，我永远都搞不清楚他们谁是谁，谁跟谁是什么关系，表弟却了如指掌，仿佛他们就是表弟的亲戚好友，有的，还是表弟的仆人和下属。据表弟自己说，他在 DOTA 里级别已经很高了，手下也有那么几个喽啰，比方说屠夫、黑暗游侠、炼金术士、法师那几个，我见过他们，他们其实就是表弟同校不同班的几个学生，周末一大清早，他们就轮番打电话给我表弟，定时请安似的，其实是在催促表弟早点上线开战。可是，表弟什么时候得以开战却完全不以他们的意志所决定，也不由表弟的意志所决定，而在于舅舅舅妈。为了限制表弟的上网时间，周末的网络交通管制时间向来是很严格的。所以，一伺"限行"结束，网络信号刚开始冒出那么几格，表弟便一溜烟蹿进自己房间，联机，开战。一分钟前还是一片深渊的屏幕马上变成了一个杀气腾腾的江湖，表弟在里边笑傲。

我不明白表弟为什么玩得那么带劲，顶着被舅舅舅妈骂得狗血淋头的屈辱也不足惜。再大的江湖，不过就是几个手指在几个键盘格子间跳来跃去？还没有跆拳道看得过瘾呢。

有几次，表弟允许我在他旁边观战，我看得索然无味，这是表弟主宰的世界，我一点也融入不进去。不过，表弟在我无心观战准备离开的时候，说了一句话，让我对表弟的世界有了些理解。他用鼠标点着屏幕上一个丑陋的怪人说，表姐，你看，这是黑暗游侠，他把双臂弯成了弓，他的血液就是箭，他为了你，背叛了世界和信仰，才成为黑暗游侠，他会对你说——我愿意为你颠覆整个世界，只为了摆正你的倒影！

天，我顿时对这个丑陋的黑暗游侠好感得不得了，要知道，他这句话，把我多愁善感的心肝都揉碎了，要是，要是，我喜欢的那个人，也会如此霸气侧漏地对我来上这么一句，我，我，我，死了都愿意啊！

原来游戏里也藏着揪心的爱恨情仇呢！

离开表弟，掩上表弟的房门，看到表弟赤着瘦瘦的尚未发育的上半身，坐在电脑前，台灯兀自将表弟的影子拉到了墙角落，我觉得，表弟多么寂寞啊，电脑里的热闹，跟他半点关系都没有。现实如此乏味，不如归去……

表弟好歹在游戏里获得了些能量，这些能量有的时候比荷尔蒙更加旺盛。

有一天，表弟竟然自以为是他心目中的雷克萨英雄的身份，把屠夫、混沌骑士、法师几个人，约到了学校后边的街心花园里。他们都把这次格斗看成英雄会。

对手还没出现之前，他们互相检查了一下自己的武器，说起来有些失望，不过是几件常用的皮带、棍子、小刀……不过，他们却对即将到来的战斗雄心勃勃，仿佛他们相信自身的能量，可以使这些平常的武器舞动起来，都能像哈利·波特骑的扫帚一样，充满了魔力。

那个娃娃胖还没有完全消退的屠夫，从头到尾都在念着DOTA里的那句台词—— fresh meat！嘴里还不时地打着可口可乐呛人的嗝。混沌骑士在里边是最内向的一个，也是最英俊的一个，他正在扯条的身材已经让人想见，他有一米八五的前途。他几乎不跟其他人说话，似乎完全沉浸在自己的世界里，所经历的一切光荣和失败，只能换得他在心里冷冷的一句——Perfect！最没有特点的就是那个法师了，他简直败坏了这个充满幻想和法力的称呼，他平常得就像个品学兼优的班长，他是最让我表弟担忧的一个，既无特点也无特长。不过，人多力量大，作为召集人表弟，他对即将到来的决斗，其实挺没底的。这些兄弟听到老大的老婆被人撬了，游戏打得肾上腺激素狂飙之际，约好到这给老大出口恶气，表弟的万丈激情便被撩拨了起来。

老婆，其实是表弟自己一厢情愿喊喊罢了。他的确喜欢那女同学很长时间了，可人家只当他普通朋友。最近，隔壁班的秦子文跟那女同学走得特别密切，好几次还约着放学一起乘车回家。表弟认为，秦子文人品太差了，表弟最痛恨人品差的人，他觉得那女同学肯定会被他骗走。为什么？因为秦子文家里有钱，勉强属于富二代，他平时上学放学都打出租，因为要追那女同学才故意乘公交的。表弟反复地说，许茵肯定会被秦子文骗走。

以上这些情况，是在那场失败的决斗过后我才了解到的。要是早知道，我一定会挺身而出，果断阻挠表弟。这是一场还没开始就注定失败的斗争。表弟既没有武力也没有财力，就凭他在DOTA里的地位有个屁用？

事实证明，表弟他们被秦子文用钱雇来的三个彪悍打手吓都吓傻了，还没到一个回合，纷纷缴械投降。作为惩罚，表弟他们被几个打手小小地揍了一顿，没造成流血事件。可是，表弟他们挨揍的视频却在同学的微博之间到处流传。有图有真相——那个下午，街心花园里，屠夫、混沌骑士、法师以及我表弟，被打得无力招架，像几只瘟头鸡。刚开始，屠夫还扬着一张不服的脸迎接拳头，没几下，就只有用手臂格挡住头脸的份了；那个帅帅的混沌骑士简直徒有其表，被扇了一耳光之后，耷拉着脑袋任由他人推搡；至于那个法师，一边挨打一边试图跟别人讲道理，一句话还没出口，头顶上便挨了一下拳头，还想讲，就被对方凶狠的目光镇住了；表弟似乎因为肚子挨了一个重拳，脸色苍白，弯腰抱肚，仔细看，眼中似乎隐着泪光了……

简直惨不忍睹！当我看到这段时长达7分钟的视频时，我才深刻体会到鲁迅在书本上说的那句"哀其不幸，怒其不争"的伤心。哪个女生看到了这段视频，都不会去爱上其中的任何一个的！绝不！

表弟恨死了那个秦子文，并不完全因为他们被打败了，更重要的是，他们根本不知道，在他们遭受凌辱的时候，这个秦子文竟然用手机全程拍了下来，并且放到了网上。太丢人啦！表弟的自尊严重受伤。

这起发生在街心花园的七分钟事件，升格为学校里的一起恶性事件。"严重败坏了我们23中学的名誉，后果非常恶劣！"校长在高音喇叭里愤怒地喊。

表弟一伙人连同秦子文都被学校记过处分。彻底打败表弟的是，那个女同学见了表弟，连一眼都不愿看他了，即使有时候目光不小心碰到了，也转瞬便放出了蔑视的内容。

唉，现实如此烂摊子，表弟不如归去，归往哪里？还有哪里？表弟从此将爱恨情仇统统放进了DOTA里，变本加厉地DOTA。

看着表弟日益沉溺于网游，我们一大家子都深深地感到担忧。舅舅有一次还动用了暴力。从小到大，表弟挨揍不多，主要是因为，往往舅舅的拳头还没有砸下来，表弟的哭声就已经响起来了。哭便是知罪，知罪了就饶。实际上，这么个柔软的小家伙，谁忍心揍他？那天舅舅实在气得不行了，从表弟房间里，搜缴了他所有的游戏光碟、耳机、路由器，乒乒乓乓一阵闹腾，表弟都没吭气，直到舅舅最后将表弟的电脑显示屏拆下来，准备拖走的时候，表弟飞身而起，跟舅舅扭抢了起来——显示屏可是表弟世界的藏身之处啊。舅舅终于被表弟这个反抗激怒了，他放下显示屏，开始对表弟拳脚相加。

表弟这次却没有哭，一滴眼泪也没有。仿佛雷克萨的能量发挥了作用，附身于表弟。表弟绷住脸，任凭舅舅打，一点也不知道疼痛。他那一脸坚毅的样子，猛然让人想起了他练跆拳道时总挂在嘴边的那句话——忍就是德。没错，表弟终于练成了忍德，我对表弟的敬意油然而生，瞬间觉得他长成男人了，虽然其时表弟也就刚满十六岁。

表弟彻底跟眼泪说再见了，我觉得。

面对表弟此种忍德，全家人逐渐感到了可怕。游戏这个魔鬼终于把我们家的小公主也变成了一个魔鬼，他不怕疼痛不怕惩罚，对什么都无所谓，烈士般大义凛然。实际上，表弟并非成为烈士，也并未修炼到了什么忍德，骨子里支撑他的，是游戏里那股子杀人不眨眼的冷血，是逃到河对岸与现实遥遥相厌的冷漠。太可怕了。你只要看到被收缴了电脑显示屏后表弟看我们的那种目光，你就会知道，雷克萨的负能量压倒了正能量，厌恶和冷漠是表弟射向我们的每颗子弹。

我投降了。跟大人的宠爱不同的是，我对表弟有着友谊和理解。我会偷偷塞钱给表弟，让他在放学回家的路上，到网吧去过把瘾，我甚至会让表弟到我男朋友家玩电脑。只有在电脑前，表弟才会跟我们，跟这个世界和解，表弟才有血有肉。

"表姐，你知道吗，我现在唯一的渴望就是——快点成年，成年了就可以玩通宵DOTA，可以联机七七四十九天也没人管了。"

表弟恨不得明天成年。

在他这个年纪，我也渴望成年，渴望早点可以自己挣钱买漂亮衣服和包包，渴望跟男朋友过二人世界。我清晰地体会到，成长必定带着渴望的尾巴，就像希望必定带着绝望，爱必定带着美和伤害。这些，都需要我们有足够的耐心、克己、忍德，像乌龟爬山坡一样，游戏里那样的一刻千里、一键夺命的速度，绝对不适用于成长。

表弟去上学的那天清晨运气很好，一上261路公交车，就逮到了一个空位，简直百年难遇，顿时心下一阵窃喜。他一落座，就把沉甸甸的书包解放在大腿上，头枕着车窗。春天的朝阳透过玻璃抚摸着表弟的脑袋，表弟少有地感受到了现实生活给予他的新鲜和喜悦，他看着窗外晃动的树木和楼房，没一刻工夫，眼皮就耷拉下来了。表弟半睡半醒，一直坐到了解放路站，才迷糊地站起来，下车。

这个清晨，除了表弟的运气之外，跟过去那些上学的清晨一点区别都没有。直到课间休息，表弟才感受到了这个清晨原来如此异常，充满了煞气。在十点钟的微博热帖上，一张标题为"装睡哥竟对七十岁阿婆无动于衷"的照片在各网站上转热了，"装睡哥"一时红遍网络。那张照片上，表弟穿着绿色的23中校服，头靠在玻璃窗上，眼皮闭合着，他的椅子旁站着一位满头白发的阿婆，一手扶着椅子，一手拎着一个包，背上还背着一个包。表弟青翠的绿校服和阿婆满头银色的白发，形成了极其鲜明的一老一少的对比。

"装睡哥"遭到全民辱骂。你知道的，网络上的辱骂经常像咬人的野兽般凶猛。要是骂别人，我会觉得太痛快了，也会加入到里边骂骂，发泄发泄。可是，那人是我的表弟，我到现在连复述给你们听的勇气都没有。

表弟在自己的手机上看见了自己。没错，是自己，他当时还在心底里庆祝过自己的好运。怎么会变成这样子？好运怎么会变成厄运？

那么，表弟看到了这个满头白发的阿婆了么？当校长这样问他的时候，表弟心虚了。他看到了么？依稀仿佛好像……表弟说违心话了。

你真的睡着了？

呃，好像是睡着了。

那么你坐过站了？

没，没有。

那么说明你脑子还清醒。

……

表弟辩无可辩了，不知道道理怎么说，只能忍耐着校长逐渐升级的痛斥。最后，表弟被校长骂得连抬头的勇气也没有。

实际上，那阿婆刚一上车，他就用余光瞄到了她。她是在白仙湖站上的车。这个站，可以称为老人站。表弟每天早上乘车到这个站，势必会拥上来一大群精神矍铄的老头老太，他们晨运结束之后，一顺脚，跨上公交，随即一声声"老人免费卡"的电子音此起彼伏，接着就会机械地响起："请您为有需要的老、幼、病、残、孕妇以及怀抱婴儿者让座"……他们心安理得地坐在年轻人为他们让出来的座位上，相互交谈着该坐到哪站下车，该到哪个菜场买菜比较便宜，该到哪个医院做针灸人又少做得又好……他们跟我的外公外婆一样，享受着老的待遇和生命剩余下来的无聊时光。而那些站在他们身边赶上班或上学的人，满腹心事，面对新一天的新任务正踌躇不已，他们要站十多站甚至二十站路，他们将以疲倦的站姿迎接新一天的战斗。

我的表弟实在太想坐这个位置了，或许他的书包太沉，或许他昨晚没睡好，他喜欢的那个女孩在梦里遗作一摊冰凉弄醒了表弟后又无情地消失了，让表弟从后半夜懊恼到了天明，或许表弟认为阿婆根本不需要让座，因为她跟我那七十二岁的外婆一样，筋骨活络，气血畅通，没事补钙补肾腿好腰好，她背上那把漂亮的剑可以做证：红红的缨子精神地流露出来，仿佛在宣告世人——她一点都不输给年轻人，她一点都不少于雷克萨的能量呢……这些，表弟该怎么跟校长说起？

校长审问表弟时，他答案只有：A 不是故意不让座，B 是故意不让座。

表弟的表情，选的是 B。

"八荣八耻，回去给我抄一千遍。"校长对表弟上次那七分钟视频还耿耿于怀，这次又闹出这么有损校格的事情来，并且比上次还恶劣，造成了很不良的社会影响。校长终于对沉默的表弟失去了耐心，他把表弟赶出了校长室。

表弟从校长办公室出来，一路回到自己的教室。走廊的夹道上，站满了欢迎"装睡哥"的学生。

欢迎，装睡哥归来！

表弟的脸皮再厚，也能感到沾着耻毒的箭直射向自己，避之不及。

有一个人，朝表弟迎面走来，竟是那个女孩子，那个在梦里把自己折腾得疲惫不堪的女孩子。表弟一阵烘热，像被燃烧了脸皮。这一次，那女孩并没有躲避他的目光，而是逼视着他，那眼神，白痴都能看出，是嫌恶。

表弟在这样的眼神底下走完了自己人生的最后几步。他连自己也嫌恶自己了。他热血一涌，小跑至走廊尽头，一手撑栏杆，轻身一跃，毫不费力地，模仿雷克萨扑敌的那一次跃动，表弟从没学得那么像，从没如此果断勇敢，从没如此王者风范……

现实如此糟糕，不如归去……

我不知道，表弟躺在水泥地上最后的那一眼，是否能在天空中看到自己的倒影？

表弟离开了这个世界。很长一段时间以来，我们如同生活在游戏般虚幻。外婆常常在梦里捉到了表弟的手，外婆说，小亮的手比我的还暖和，健康得像头小牛牯。已经开始老年痴呆的外公，但凡在大街上遇见乡下人用箩筐卖鸡，总是要问：阉过的吗？阉过的吗？要是人家告诉他，没阉过的，还小呢，他一定会买回来，吩咐外婆好好去炖，他说，小亮还没变声，多吃小公鸡，嗓子变得响亮响亮的。我那可怜的舅舅，一夜掉光了头发，再长出新的头发来，竟全是白的，仿佛悲伤顷刻结成了无法解冻的冰山。舅妈呢？她已经搬到表弟的房间里住下来了，她常常坐在表弟的电脑桌前，对着黑黑的显示屏发呆，眼睛一眨不眨，生怕错过表弟出现在显示屏里。我一步也不敢踏进表弟的房间了，在那一米二的儿童床上，那张卡通的被单上，躺着一个仿佛时刻准备跑出来吓人的雷克萨……

在我的电脑上，依旧保留着表弟最后那天的照片。他靠在玻璃窗上，闭着眼睛，春天的阳光那么新鲜地照在他的脸上。他的心情是那么好。我不断地放大表弟的脸。那个陌生的拍照者手机像素不是很高，才放大了两倍，表弟的脸就有点虚了。不过，我还是能隐约认出表弟嘴巴上那一圈细细的绒毛，它们还没有变粗变黑，它们还没有变得茂盛而执拗，它们跟表弟的人生观一样，细小得让人无法觉察。

我时常回想起我跟表弟小时候一起玩的那些游戏，不是电脑上的那些，是那些幼稚的生活游戏。表弟奶声奶气地说，表姐，我们来玩反义词游戏。

"我不是杜亮——的反义词"。我就接上——的反义词，表弟再接上——的反义词……必须一口气接下去，谁都不许换气，谁先断谁先输。表弟总是输给我，"的反义词"这句话，一直牢牢地掌握在我的口中。只有这样，任何次反义词都失去了意义，最终整个句子总会归为"我不是杜亮——的反义词——的反义词"，最终输得气喘吁吁的表弟一声怪叫，跑开了，边跑边笑着，直笑得筋疲力尽游戏才算玩完。每次都是这样，表弟这个笨蛋，从来不晓得修改题目，不晓得一开始就开出 "我是杜亮——的反义词。"

不过，表弟也有赢我的时候。

"表姐，我们来玩争上游！"于是，表弟认真地发牌，理牌。因为手太小了，表弟理牌通常都很慢。我一手好牌，先出。一只大鬼，要不要？一个炸弹，要不要？一只小鬼，要不要？三个皮蛋带一双四，要不要……稀里哗啦，表弟还没反应过来，我手上的牌就出光了。表弟很不解,眼睛眨巴两下,看看我,再看看自己手上歪歪斜斜的牌,眼睛再眨巴两下,嘴巴一扁,嘹亮的哭声就像军号,把正在外屋忙碌的大人们集结了过来。我落荒而逃。隔着房门,我还能听到表弟杀猪一般的哭嚎——表姐欺负我,呜呜呜,我的牌都还没理好啊,啊啊啊……大人便是一阵息事宁人地安慰:表姐那么坏啊,我等下拿鞋板来拍她……

我顿时从赢者变成输家。表弟自有爱护他的人主持公道。

可是现在,表弟不玩了。表弟的牌还没理好,就离开生活这个大赌局了。这是个由无数对互为反义词的词组构成的无数次赌局:胜利和失败、强和弱、笑和哭、贫穷与富裕、光荣和耻辱、忍耐和爆发、对和错、开始和结束……表弟说——我不跟你玩了!

金石

一

婚礼进行得有点慢。不是有点,而是太。母亲赵佳露和女儿蔡文静站在台上,不时交换着眼神,这眼神里都有着一致的焦灼和无奈。

母女俩,一个喜欢穿袒胸露背的性感白婚纱,一个看上一条淡青色的洋装裙子,所以,她们最终决定了采用西式婚礼。

为了这场婚礼,母亲赵佳露赞助了一万块,洋装是她自己挑的,菜谱也是她自己订的,连老蔡的西装领结都是她指定的。她私下想,就当弥补自己这辈子从来没捞着举办的婚礼吧。

可是,这西式婚礼也太繁文缛节了。观赏新郎新娘生活的VCD,证婚人发言,新娘新郎宣读各自的结婚感言、交换戒指……一系列麻烦事。每一个步骤结束,下边二十八桌三百多位客人都报以热烈的掌声。要不是在一个喜宴上,还蛮像开大会。台上站着的老蔡,听到几百人的掌声,心情紧张。他从矿产局退休下来,好些年没开过大会了。

司仪终于请到老蔡代表家长感言了。蔡文静和赵佳露顿时松了口气,她们问过了,等老蔡一讲完话,就会开香槟切蛋糕,台上的部分就算是结束了。

老蔡说，他"简单讲几句"。可没想到，老蔡是这个婚礼闯出来的一匹"黑马"。他一讲，就讲了快二十分钟。

老蔡讲什么呢？讲人生。讲女儿女婿未来的人生。刚开始，还讲得情真意切，完全是一个做父亲嫁女儿的复杂情感的流露，听得台下人不时动情鼓掌。可是，讲着讲着，老蔡完全脱离了自己的腹稿，语无伦次地啰唆起来。他希望女儿结婚以后，好好做家务，努力上班，认真学习科学发展观，构建和谐家庭；他又希望女儿勤俭持家，少购物，可买可不买的东西还是不要买，多研究菜谱，慢慢过日子……老蔡想到什么说什么，几次词穷，却又紧紧抓住话筒不舍得放。

司仪好几次试图打断老蔡，又被老蔡抢了回去，弄得台下的人看闹剧般哗然。赵佳露和蔡文静，干着急，恨不得不顾一切礼仪将老蔡的话筒抢走，并且一把将老蔡整个人都攥走。

只有那个很早就失去了双亲的新郎屠庆民，站在新娘身边，认真听老蔡讲。屠庆民的心情也很复杂。今天是他成家的日子，结束吊儿郎当的单身生活了。蔡文静说，男人结婚之后，就要有责任感了，要把整个家都担当起来。责任感，三个字，把屠庆民对婚礼的情绪搞得怪怪的。他不明白为什么老蔡也表现得怪怪的，但正是他那复杂的情绪能使自己静下来，把老蔡的每句话都听得十分有道理。

"人生啊——很像拉大便，好多时候，你尽管很用力，结果出来的却是一个屁……"老蔡这一神来的幽默，终于把满堂都惹得不顾一切爆笑了起来。

蔡文静眼看就要哭出来了。赵佳露终于露出了平日生活的一贯本色，拎起那条及踝的美丽长裙，恶狠狠地走到老蔡身边，一把将话筒抢了过去，并且目露凶光，深深地剜了老蔡一眼。

"对不起，对不起大家啊，我们老蔡喝多了，话多了，话多了……"赵佳露堆着笑容朝台下道歉的同时，司仪在一边配合地开起了香槟——

"砰"……

婚礼上的不合拍，使老蔡彻底成为一个与母女俩格格不入的人。现在，她们很多活动都不带老蔡玩了，她们觉得老蔡"煞风景"。其实，这么多年来，相比起母女俩对生活风风火火的态度，对物质扑面而来的盎然兴致，老蔡那慢悠悠的生活脚步，以及他对有关消费和享受一切物事的消极，本来就不谐调。老蔡的这种不谐调，赵佳露认为，是他三十多年前在地质队工作期间，在广西河池矿井垄道里，脑筋被炸药爆炸震少了一根。

那次炸药爆炸，倒没死人，就是让包括老蔡在内的二十来个人，在井下生生关了一天半。在井下漫长等待的过程，老蔡每每跟人说起来，都有如死过一次——整个人只剩下一副轻飘飘的魂。最难受的是，在黑暗中，脑子总被一道刺眼的白光照着，从没被照得那么清清醒醒的，他感到这个世界不要他了，把他放在一个孤独的月球上。那是上世纪七十年代，老蔡挖金矿却挖出了登月的感觉，可是，谁也理解不了他的这些感受啊，所以，他跟人说那场惊险的事故时，听者都不知道从何回答他，只好说，万幸啊，万幸啊，人活着。

人是活着，可活下来的老蔡跟换了个人似的。事故发生后的那年春节回家，赵佳露头一回感到，在他们长达八年的两地分居生活里，她等回了一个陌生人。不仅是赵佳露，当时四岁的蔡文静，从幼儿园回家，一见老蔡，就往邻居家溜，还跟人家说，妈妈床上坐着一个奇怪的叔叔。要说，这个奇怪的"叔叔"还真是奇怪，他在家里没住几天，就感到浑身不舒服，他对赵佳露说，他想搬到离家不远的那个华安旅店去住，每天可以步行回来看看她们母女俩，吃吃饭什么的。赵佳露一听这话，顿时感到天崩地裂，以为老蔡要抛弃她们娘俩了，想到一个寡妇拖着一个四岁女儿的艰难时世，她一哭二闹三上吊，吵得左邻右舍都跑过来，人人谴责老蔡。最终才平息了这事情。

　　当然，炸药爆炸也给老蔡一家带来了好处——终于结束了漫长的两地分居生活。老蔡从地质队调回千江市矿产局当质检，坐在实验室，在从十万大山的各个矿井采集到的矿物样本里，找出有价值的矿物质。一年一年过去，越来越多的人夹着包包跑他的实验室，摸出条香烟或者捞出瓶好酒，很私密地小声问，老蔡，这批样本里，有没有金石？那架势，似乎有没有金石根本不重要，重要的是老蔡的态度。不过，老蔡坚持实事求是的作风，就算到最后，那些人从包包里摸出一沓钱来，他也不合作。他知道，那些来找他的人，凭借他出的检测报告，就可以让政府招标挖矿，含量越高，用的金钱力度就越大，至于到底最后挖出来的结果是怎样，是一堆烂石头还是一堆狗屎，他们才不管呢。开玩笑，金石啊，哪里有那么容易就采到的？有的人冒着生命危险去找都没找到！

　　"你可以跟老婆不合作，跟女儿不合作，跟全世界人都不合作，就是不能跟钱不合作啊，老蔡你这样的人，对于整个家庭来说，太没有责任感了！"

　　赵佳露这样的话，在老蔡一辈子人生道路上，就像雨后的春笋般，不时地冒出来。

　　老蔡再明白不过了，赵佳露眼里嘴巴里的"责任感"，其实所指的仅仅是这个世界上流通最广泛最迅速的东西——钱。只有能挣钱的人，责任感才强。哼，老蔡心想，钱算老几？钱不过是金石的孙子的孙子的孙子的孙子……金石早在二十多亿年前就已经存在了，那个时候，钱跟人一样，还没开始第一步的进化呢，唉，真没想到，老蔡眼见的这几十年间，钱跟人一起，进化得麻溜地快，快到要超越那二十亿年了！不过，人活在世，老蔡又怎能不知道钱的好处？只是他除了检测矿石，其他来钱的门路也一概不会啊，所以，老蔡只好选择了鸵鸟政策，把头深深地埋在自己的世界里，就好比自己压根就没从当年那个不见天日的垄道里逃脱出来。

直到若干年以后的某一天，赵佳露才似乎明白，老蔡之所以对那些急吼吼地来找他鉴定金矿的人总是抱着排斥和鄙夷的态度，还是因为那场爆炸事故。

那个当年跟老蔡一起被关在井下的老地质队长，有一天摸到千江市来，找到老蔡。就像生死之交的一次重逢一样，老蔡把老队长请到了家里来，喝酒，并且坚持像过去在野外作业一样，用口盅喝。回首往事，在半醒半醉之间，总算让旁边的赵佳露听出了个秘密：当年的那次爆炸，实际上是地质队长带领二十来个地质队员的一次违规操作，目的就是为了深入一个被他们鉴定出有金矿的地方，挖金石。谁知道，出事故了，金石没捞着，那支地质小分队被组织遣散到各个地方去了。这事表面上是没有再追究，实际上，老地质队长神秘地告诉老蔡——都被记录在案了。老地质队长退休之后，到各个城市试图找回当年那批参与的队员，目的就是为了印证一个事实——他们都接受了秋后算账的命运，几乎没有一个升官。当然，老蔡的命运也有力地支持了老地质队长的判断。

"奶奶个熊，这回死也能死个明白了，居然是这样搞法的！"老地质队长比老蔡年长个四五岁，却满头银发，老得厉害。似乎他花了半辈子的脑筋来研究这件事情。

赵佳露了解到这个秘密之后，很奇怪的，心里历来对老蔡的抱怨竟然减轻了些。她顶多把老蔡对金钱和物质的轻慢，视为老蔡一朝被蛇咬，十年怕井绳的胆小。她只好认下了这个宿命。

照道理，赵佳露既然认下了不能大富大贵的宿命，就应该顺应老蔡的生活宗旨"安心过小日子，慢慢过，好好过"，可赵佳露偏不能那样，她是个急性子的人，恨不能一天当两天使。退了休，她更是把节目安排得满满的，锻炼、采购、弄保健品、自制滋补膳食……女儿结婚之后，她还热衷起旅游，跟着旅行团，当然有时也跟女儿结伴，在祖国的名山大川前，留影。她说，这个时候不出去走走看看，等老了走不动了，就来不及喽。老蔡却并没从她的旅游中感受到多少对祖国山河的热爱，只是感到她对某地特产和旅游纪念品的狂热，以及她对照片里的那个自己的欣赏，仿佛只有在照片里，她才能感觉到时间的价值。

如果说，老蔡是墙上那只老钟的一根分针，那么赵佳露就是那根每每超越他，并且只肯在他身上停留一秒钟的秒针。秒针滴答滴答地过日子，分针滴……答……滴……答地过日子，日子长了，也就习惯为一种不搭调的存在了。

老蔡偶尔也会劝劝赵佳露，有话慢慢说，有事慢慢做，甚至，有饭慢慢吃，人不能急，人一着急就容易上火容易患心脑血管病。这些话每每遭到赵佳露严厉批判，而且，她最喜欢拿对面楼阳台上那个胖婆婆来当武器。她说，老蔡，你难道没看到，万爷爷死了之后，胖婆婆就把客厅里那张双人皮沙发摆到阳台上来了，为什么？就是因为她一个人哪都去不了啦，待在客厅又难受，只好把沙发搬到阳台上，天天坐在沙发上看风景，看人，顺便等万爷爷哪天把自己也接了去！人啊，只有在等死的时候，才会慢慢等，才会嫌一生太长……

一讲到死，老蔡往往没了声音。对于一个得以从矿难逃生的人来说，死的滋味就如悬在鼻尖的异味，哪里会忘记得掉？只不过，如今的老蔡看来，那滋味绝对没有被抛弃在一个孤独星球上难过。

二

女婿屠庆民一加盟到蔡家来，老蔡作为男人这种物种，更是彻底丧失了其性别的魅力。

女婿是千江市电力局的办公室主任。赵佳露给女婿的工作职务这样定了个位——办公室主任啊，就好比过去宫廷里的大内总管，管花钱，管公关。然而，这个大内总管在蔡家却不管花钱，只管往家里扒钱。每次，女婿从外边应酬回来，上缴一个小信封的钱，一沓购物券，一袋礼品，或者搬回公家请客时喝剩下的洋酒、鲍鱼、燕窝之类的好东西，有的时候还将举办活动时用不完的礼物纪念品大包小包拎回家。七七八八的，都让赵佳露母女高兴得合不拢嘴。要知道，这些额外的进账，几乎是蔡家几十年来，吭哧吭哧正常收入以外唯一得到的"不义之财"。

说到底，人对"不义之财"有着永远无法熄灭的热爱。女婿对这个家庭做出的贡献，迅速使他这个孤儿成了蔡家的掌中宝。她们对女婿照顾有加。女儿负责在网上找一些成功男士养生的食补方子——补肝的养肾的去血脂的消疲劳的……应有尽有；母亲则负责将这些方子实现为一罐罐精心熬好的汤或者一碗碗内容考究的中药。老蔡的任务呢？就是在女婿应酬到深夜回家的时候，将这些好东西，放到微波炉里，叮热，监督女婿喝。反正老蔡进入六十五岁以后，从来只会晚睡早起，黑夜成了他的半个老伴。

每当屠庆民满身酒气地回家，看到老蔡打开那盏佛手形状的小顶灯，坐在饭桌前，边读晚报边等自己，他的心头就发热，无论再累，都会在老蔡的身边停留一会儿，跟老蔡说说话，邀请老蔡一起分享桌上留给自己的那些"好东西"。

八岁时，屠庆民的父亲就去世了，直到三十五岁才又有了老蔡这个父亲，所以，"爸爸"这简单发音，在他嘴巴里，曲折了起来，他总是"阿，阿爸"地叫老蔡。

跟"阿，阿爸"老蔡聊天的时间不是很多。一来屠庆民日常工作繁忙，二来屠庆民觉得老蔡不爱跟人交流，除了婚礼上那一番失态的啰唆之外，他再没听到过老蔡说那么大篇的话了。

两个男人，在寂静的深夜，趴在饭桌上，喝"好东西"的时光，很长时间以来，带给屠庆民一种特殊的幸福感。这些时光，老蔡会安静地聆听女婿应酬回来，乘着酒兴，对工作对这个社会大发牢骚，对某个领导或者某种做法义愤填膺，甚至还会沮丧地大而化之谈到人生的无奈和无意义。

老蔡从女婿的话里频繁地听到"累"这个关键词。与其说女婿在跟自己诉苦，还不如说女婿向自己"诉累"。老蔡心想，哎呀，还得了，年纪轻轻，就感到人生负累了！再一仔细看女婿那通红的脸膛，那随着喘气起伏不休的"啤酒肚"，以及躺靠在椅子上完全散架的整个身体。嗯，看起来，这孩子是累得不轻。心下自然是对女婿产生了一种爱惜——唉，怎么说都比自己上班那会儿累啊，要这要那，还真不是一般累啊！

当然，女婿的牢骚话，说过就过了，也不会再从老蔡的记忆里搬运出去。对面的老蔡是个空空的老矿井，将屠庆民一番番痛快淋漓的话全都收纳了进去。

老蔡也会跟女婿讲讲自己，讲遥远的过去，似乎从一潭黝黑的深水里，随手能摸出些闪亮的石头来，有趣极了。屠庆民在外头结交五湖四海的人，也听不到这样有意思的事情。尤其是老蔡从前辗转十万大山的地质队生活。这也是屠庆民最感兴趣的部分。

还没跟蔡文静结婚的时候，屠庆民就知道自己的未来岳父，是矿产局一个经验丰富的检测师傅，不仅经验丰富，而且还是一种"稀有金属"——又臭又硬，怎样都不受腐蚀。这是蔡文静说的原话，她说她老爸一辈子，除了懂看看矿石之外，屁都不懂，除了按部就班挣那点可怜的工资之外，多一分钱的进账都捞不着。蔡文静还说，她老妈说她老爸是在那次矿难事故里，脑袋给震坏啦，嘿嘿嘿！蔡文静笑得诡异，再也没对那次矿难多说什么，搞得屠庆民心里充满了好奇。直到结婚之后，蔡文静与屠庆民身心终于合二为一，屠庆民终于成为蔡文静在这个世界同穿一条裤子、比自己亲老爸还亲的人之后，有一次，床笫之事结束了，两口子躺在床上闲聊，屠庆民才知道，岳父在三十多年前经历的那次矿难，是由于他跟着一班地质队员私采金矿、操作不当引发的。按照今天的话来讲，就是——腐败不着蚀把米。

了解这个原因后，屠庆民再看这个木乎乎甚至小心谨慎的岳父，顿时感情丰富了许多。就好像对一个参加过一场失败革命的老兵一样，内心充满了同情。可是，对这个才相处不到两年的"阿，阿爸"表达这种同情，无疑跟这个结巴的称呼一样不容易。屠庆民只会在某个应酬回家的夜晚，仗着酒的豪情，从口袋里，掏出个刚在饭桌上人家偷塞过来打点他的红包，一千的八百的，装作很随意地塞到老蔡裤兜里，无所谓地说："阿，阿爸，这是我今天得的一笔劳务费，少少点，拿去当零花。"

刚开始，老蔡很是受这样的举动惊吓到。他不明白女婿为什么要给自己钱，从来，他都是上缴给蔡文静或者赵佳露的呀。为了这些红包，老蔡还跟女婿"打太极"，推来让去的。几次推让无效，想到这些钱是自己女婿给的，是一片孝心，也就不再挣扎了。

老蔡的这些额外收入，照女婿的话来说，是老蔡的"私房钱"，天知地知你知我知。这是两个男人之间的秘密。秘密守久了，彼此就会加深信任，即便是两个相处了不到两年且年龄相差了三十岁的男人，又即便这两个男人在平日里，只有不多的一些深夜独处和交流。

有天晚上，边喝着鸡骨草老火汤，老蔡边跟女婿谈起了那场该死的爆炸。

那是1978年的夏天，第八地质队三分队检出了广西河池地区一个含矿金石的山矿，三分队有二十二名队员在队长九叔的带领下，在一个深夜入井，试图将最近的一处矿井打通，采集金矿。没想到，由于专门填炮泥的老六并没参与这次行动，改由另外一人来操作，在填炮泥的过程中，因为用力过大，压爆了雷管，导致了一场意外的爆炸。

阿，阿爸，当时，爆炸之后，很恐怖吧？屠庆民在新闻上看到很多矿难报道，幸存者回忆起当时的情景，啃泥巴、喝自己的尿等等这些遭遇，虽不能亲身体会，但想想都觉得可怕。

你说恐怖不恐怖？年轻时候的我，大碗喝酒大口吃肉，身体强壮，胆子又大，在垄道里，可以干活几天几夜不睡觉。现在，你看，我这个样子，唉，人胆子一小，什么都小了！老蔡连连叹息，依旧唏嘘不止。

的确，老蔡所描述的那个年轻时的自己，跟眼前这个瘦弱、寡淡的老头儿，一点点都连接不上。屠庆民不忍再问下去，只好安慰老蔡，说，现在这个样子也不差啊，平平安安的。

唉，要不是当年的失败，哪会是今天这个样子？

老蔡的弦外之音，让屠庆民很迟疑，他想着，是否要跟老蔡聊聊过去那次私采金矿的行动策划什么的？但是，他有点怵。只好运用起了他办公室主任一贯稳重的行事方式，采取了迂回战术。

"我就弄不明白了，要说当年，你们也是一支专业队伍，怎么就会失手呢？"

老蔡眯着眼睛，朝阳台外边的黑暗深处望过去。似乎到了那黑暗里，就能抵达他的记忆，那里就是他风餐露宿的深山老林，钻过的垄道，扒过的矿井。

半晌，老蔡才把目光收回来，停留在女婿的脸上，语气里充满着迟疑，说："一切部署都没问题，你信不信？问题就出在那该死的炮眼上！"

屠庆民一脸疑惑，疑惑得很真诚。

"老六当时没听我们劝，所以没参加，填炮泥的人，换了我！"老蔡似乎费了好大劲，才从自己那口记忆的深矿里，捞出了一个连自己都不愿意面对的事实。

天！肇事者竟然是老蔡！这真是一个惊天的大秘密！不，这已经不再是一个秘密那么简单了，这是一个隐私。屠庆民可以肯定，整个蔡家，除了自己和老蔡，绝对没有第三人知道了。

显然，这个隐私比屠庆民从蔡文静嘴里得知的那个秘密，更令人感到不安。老蔡那至今仍然不肯放过自己的表情，被屠庆民一看之下，心里竟隐隐作痛。于是，他赶紧伏下头喝汤。

那晚，老蔡干脆讲起了他当时填炮泥的情况。听得出来，这是一种从未经整理的，等同于即兴的，完全脱离了腹稿的，想到哪说到哪的讲述。有很多地方，说到结果，又跳回去说前边的原因，仿佛老蔡捡起的，是当年被炮弹炸飞的记忆的碎片。

"往炮眼里填炮泥，用力猛了会压炸雷管，用力小了又会留有罅隙，唉，不熟练的人，哪里有那么好掌握的？"老蔡仿佛多年后面对一个审判官，诉苦，申冤。

讲了那么多，老蔡却始终没有提到这次采金矿的主要目的。似乎这才是老蔡一辈子永远死守的秘密。

屠庆民只好把这个公开的秘密依旧当成秘密，永远地埋在他和老蔡两人之间，谁也不敢再去开采。

在这个世界上，秘密其实是块宝，也像是埋藏在矿洞里的金子，一旦你知道了它的存在，就算做出再危险的举动，都不觉得那算什么了。屠庆民很多时候想，岳父老蔡年轻时候的那一次冒险，要是成功了，谁会称它为一次冒险呢？人们通常只会将它称为"安全着陆"。这个词目前在他们圈子里很流行。前些日子，他们电力局老局长终于熬过五十九岁"鬼门关"，六十岁一到就光荣退休了，老部下们捧着鲜花来欢送他，高高兴兴地祝贺老局长"安全着陆"。

谁说不是呢？人活着就是这个世界上最伟大的冒险。生命不息，冒险不止。

三

老蔡要过 69 岁生日了。按照这里的风俗，六十九岁要过大寿，要过得光荣而隆重，七十岁大寿生日倒要静悄悄地过了，仿佛这些岁数，是老天爷偷偷塞过来的一只大红包，得了就得了，识相着不敢声张的。

老蔡老两口和女儿小两口，四个人，打算举行一次豪华旅行。因为女婿说了，他今年计划的外出差旅费，还剩下一点钱花不完。老蔡的生日在十月份，正好是单位报账截止期之前，所以，女婿决定，一起找个地方旅游消费掉，双飞。机票嘛，他会在自己的长期订票点出自己名字的票报销。

这次母女俩选择去柬埔寨，看著名的吴哥窟。不在国内转悠了，跨国玩。这个计划也得到了老蔡的同意。

蔡文静从网上打印出来的吴哥窟风光照片，一页页翻给老蔡看，故意说，这种石窟里，说不定还能找到有价值的矿石。这说的可是老蔡的专业！他很是鄙夷地撇了撇嘴，耻笑女儿，幼稚，简直发大头梦，这种石窟的石头，只有艺术价值和历史价值，你说的价值，是金钱价值吧？

女儿看老爸来兴趣了，做出憨傻的样子继续说，诶，说不定能发现金石哩，找到一块，不得了啦，发大啦！

老蔡连连摇头，一副不可理喻的样子。矿金的石质跟这种砂岩质完全不同，你不懂不要出洋相啊！亏你还是矿产局职工家属，哼！

老蔡一句话，把赵佳露逗乐了，也参与了来斗嘴，嘿，矿产局职工家属又怎么样？像我这样的几十年老家属，连金糠都没沾到过呢！

母女俩又习惯性地站在同一阵营。

老蔡也习惯性地不恋战，到阳台浇花去了。

老蔡的生日还没到，这柬埔寨吴高窟就成了老蔡家才冒出来的一对双胞胎兄弟，每每在饭桌上、茶几上、厨房里，老蔡都能感觉到他们的热情召唤。

这热情也多少感染了老蔡，以至于在一个晚上，他竟然破天荒地跟着赵佳露母女俩出门，到华佳商场进行一次大抢购。

其实，这也是赵佳露怂恿老蔡去的。华佳商场举行一个"零点一折"活动。按照传单上的说明就是：本周五晚上十二点开始，全场货品一折，限时一个小时。

多一个人多一双手，拿东西啊！赵佳露母女俩早就计划好"血拼"，一折，还不抢到头破血流？

等老蔡一行三人，计算好时间，跑到华佳商场门口一看，嗬！老蔡被吓得往后退了好几步——这深更半夜，又是深秋，冷飕飕的，竟还有那么多购物狂啊！别说商场的小广场上，就连商场旁边的两条小马路，都站满了等待的人。

一向习惯晚睡的老蔡，总是待在家里，不是看电视就是看报纸，安安耽耽的，他哪里知道世界上还有这样的夜晚？他今天总算明白了，物欲横流，原来它是不分白天黑夜的，真像一条湍急的河水啊。

随着人流，老蔡他们好不容易冲进了商场。里边亦是一片流光溢彩。货架上的物品完全丧失了往日的矜持，被翻找得七零八落；散放在货场中央大摊上扎堆的商品，更是一副不要白不要的便宜相。

最可怕的还是人。老蔡觉得，他们买东西好像不用钱似的，拿在手里，看了看，就往篮子里扔。有的时候，相互之间还会发生抢夺。

因为怕走失，老蔡寸步不离地跟着赵佳露母女俩，不时地接过她们伸过来的一组牙膏牙刷一捆卫生巾什么的，放到篮子里。很快，老蔡的篮子就满了。母女俩只好将新找到的东西放在各自手上的篮子里。又很快，三人的篮子都满了。老蔡想，这下，该出去了吧？他已经被耳边的吵闹声和鼻子里稀薄的氧气，弄得精疲力尽了。他只想快快结束这场打仗似的疯狂购物。谁知道，母女俩又在一个床上用品区里，翻出了些不同花色的被套、枕套,她们在商量比较之后,将两大条长长被套和四只枕套挂在了老蔡的肩膀上,又继续往另一个区游去。

老蔡觉得自己像电影里的阿拉伯人,滑稽地披挂着长衫,在人群里,跟着母女俩,脚跟碰脚尖地把自己努力递出去。

最后,他们停在了一个户外用品区。蔡文静看到了一只深绿色的睡袋,她兴奋地跟她老妈嚷起来——这是我早就看上的睡袋耶,以后我们到郊外露营,可以用它,我看看,一折,才八十九块,天啊,太便宜了,买两只吧!

不一会儿,老蔡就感觉到自己的头顶上飘来了两朵绿色的云,直接笼罩住了自己的头,他什么也看不到了,只听到女儿遥远的声音从云上传来:"老爸,要顶住啊,我们再到食品区看看!"

老蔡只知道,两只睡袋躺在了自己的另一只肩膀上。睡袋虽然不重,但是老蔡却一步也迈不动了。好像这两只睡袋把自己密实地扎了起来,他只听到一片嗡嗡的声音,如身处另外一个非人的世界。他努力想让自己回到眼前这个充满物质的世界,却最终失败了,身体软塌塌地滑了下来。

老蔡患了小中风。还好,没什么大碍,就是舌头有些许歪,讲话有一点费劲。医生说,没什么大碍也要小心,要多静养。

无疑,老蔡要跟柬埔寨吴哥窟两兄弟彻底告别了。可说好了又不去,始终心有不甘,还白白浪费了女婿那笔公款。最后,母女俩还是照她们的计划前行,家里留下女婿和老蔡。女婿说,放心去吧,我找个靓女来伺候阿,阿爸。母女俩乐呵呵地放心出门了,只要能出去,就算找个白骨精来料理老头子,也没什么关系啦!

老蔡不要人伺候,他难得耳根清净。女婿不在家的时候,他独占一套大房子,东摸摸西看看,好像才搬进这里住不久似的。最令他高兴的是，他可以在外边吃小店。走出小区门口，滨海路边一长溜小饭店，想吃什么就吃什么。逢到女婿没有应酬，还会请他下馆子。

老蔡每天午睡起来，喜欢到滨海路散步，沿着长长的绿化带，来回一趟，一个多小时就消磨掉了。老蔡也不会多走，往往走到滨海路往河西大桥拐的一个楼梯处，便又踅回来了。一来桥上人多车多噪音多空气差，二来老蔡有点怕这桥。他一个清闲人，跟桥上那些匆忙赶路的人挤一起，倒显得自己落寞寡欢了。所以，一向以来，河西大桥就好像一道隔离带，将老蔡与对面川流不息、活色生香的生活隔离了开来。

这个深秋的下午，老蔡自由自在地甩着手，熟门熟路地走在滨海路上。

天气晴朗，阳光的成色很好。老蔡眯着眼，朝天空目测了一下那太阳，用光谱测金仪的系数，给太阳打了个高分。秋天的风，吹在老蔡午睡后潮红的脸上，凉凉的，老蔡感觉这风把阳光里的金砂都吹拂到了他的脸上，多么亲切美好啊。

老蔡清清爽爽地走着，很快就走到了河西大桥。走过了桥墩，就看到了那截上桥的楼梯。今天怎么那么快啊？老蔡还没走够呢！沿着那截楼梯朝上看，老蔡看到了桥头的大榕树下，有正在走路的人，也有一些不知道在做什么的人，聚集在一堆。

上！老蔡心一动，脚步就登上了那楼梯。

四十五级！老蔡气喘吁吁地数到最后。心跳有点激烈，他小心地扶着最后一截扶手，站定，喘气，眼睛却一直打量着不远处大榕树下那一堆人。

这个桥头，颇有点驿站的味道。婆娑的大树底下，砌了几张石凳子，供路人休憩。有些小摊贩，简易地摆卖些报纸、饮料之类的。老蔡看到的那些扎堆的人，都是些外地人，不讲本地话，讲些口音很重的普通话。他们多半是没什么事情做，或者是等着事情做的搬运工、装修工、清洁工之类的。报纸上说,现在在千江市游走的外来人,虽比不上大城市,但也越来越多。

老蔡走过去,听几个人在吹牛。听了一会儿,好像有点明白了,是在说什么东西,真不真,假不假的。

其中一个男人,看老蔡听得感兴趣,就走过来,专门跟老蔡说:"老人家,他们在说一块石头,说里边有金子的。扯,谁会相信啊,那么一大坨,也看不出什么金子来,喔,有金子还不拿到黄金公司卖啊?拿来这里卖?你相信不?"

老蔡还没表态。另外一个矮个子男人,看样子四十来岁左右,有一张阔阔的黑脸膛,他接过这男人的话说:"咦,可说不准啊,主要是没人懂。上次,我在这里,看一个阿婶,买走一根鹿角,八百块,那么贵她都买,她敢买,是因为她懂得那是真货。她说她以前是中药铺的拣药师,识货!要是识货,就知道捡到便宜了!"

矮个男人这话,遭到好几个人的攻击。那些人穿着旧旧的衣服,有的坐在石凳上,有的蹲在榕树脚下,分别就矮个子的话争来争去。

老蔡下意识地朝四周看。也没看到什么石头啊。

还是那第一个跟老蔡说话的男人,似乎明白老蔡在找什么,他对老蔡说,那块石头,刚才还在这里摆,现在不知道去哪里了。这几天都在这里摆,有谁要啊,一万块呢!

哦。老蔡随口应了一声。他心想,要是那块石头在这里,他能把它的庐山真面目给揭穿喽!

这帮农民工,虽然不懂石头,但是警惕性还蛮高。现在,那个遭到围攻的矮个子男人干脆就被他们认为是"托儿"了。好在,这些人看起来都很熟络,长期在这榕树下混的,所以,矮个子男人见斗不过他们,就嬉皮笑脸地跟他们动手动脚,玩耍起来,一场口舌之战也就嘻嘻哈哈地过去了。

这群快乐的男人，看起来每人都有四五十岁的样子了，还跟小孩子似地玩"打架"，你掐我的脖子，我踹你的屁股，穷开心。老蔡看得脸上也带了笑容。

待了一会儿，老蔡正决定要下桥回家。忽然，一个男人指着远处向榕树走来的一个高高壮壮的男人喊到，石头，石头又来了！

老蔡仔细看，那男人双手抱着一只包，吃力地走了过来。

看起来，这男人大约四十岁左右，着一身深蓝色西装。西装男人往榕树下一站，的确就跟那群农民工很不一样。老蔡一眼就看到他手上那只旧旧的、黄绿色的包，是那种帆布料的，外边涂了防水的浆，整只包硬硬的，所以，西装男一旦把包搁在地上，那包就跟有脚似的，稳稳地立在那里，纹丝不动。

这样的包，老蔡再熟悉不过了，当年他在地质队的时候，每天背在肩上的，就是这种包。在包的外侧，还印着某某地质队这样的红字。老蔡看不到西装男那包的内侧，不确定是不是地质队的包。

接着，西装男又将包里的一个黑包取了出来。

这只黑包一取出来，老蔡不由得心里一颤。呀，这种黑包，正是他们当年在地质队采集矿石标本专门用的！看上去很普通，可是一摸就能感觉到，它不是一般的布包，它用一种特殊材料制作的，防火、防潮，为了配合矿石的多棱角结构，它做成了特殊的不对称多角形。尽管后来采用了更科学的新标本套，这样的包早已经淘汰了，但是，在老蔡的记忆里，这包就是他的革命老搭档。

老蔡看得心惊肉跳。他目不转睛地看着西装男终于将那块矿石从黑包里扒了出来。那矿石似乎充满了磁性，它都要把老蔡几十年的经验全都吸取了出来，更吸引得老蔡忘记了前世今生般地忍不住蹲下来，想要用手去摸。

"阿叔，眼看手勿动啊！"西装男一脸严肃地制止住老蔡。

老蔡像是在梦里被惊醒般，醒悟过来，发现自己的脚尖已经快踢到那黑包了，连忙往后退了一步。

阿叔，识货啊！这石头可不是一般的石头，这石头里有金子。西装男诚恳地对老蔡说。

打这石头从黑包里露出脸，老蔡就确认它不是一般的石头了。根据他的经验，目测之下，应该是属于矿金石一类的，但究竟这块石头是否真能提炼金，或者说，含量有多高，老蔡还不能确定。

老蔡并没在琢磨这块金石的含金量，他不动声色地盯着那石头，仿佛看到了他的过去。石头变成了他在野外大碗喝酒大块吃肉的那张脸。

西装男当然不知道老蔡的心思。他专为老蔡开始了长长的"卖石演说"。

说实在的，西装男的口才，比老蔡在菜市场见到过那些卖菜刀、卖魔术切片机和卖打蛋器之类的小贩，差远了。看起来，他还不是个"惯贩"。

直到西装男从那只帆布包里，取出一叠破旧的材料，展示给老蔡看的时候，老蔡才明白，这西装男还真不是一般的小贩，他是一个老地质队员的后代。他的老爸，就站在他手上那张旧集体照片里，前排左数第六个，一个看起来比他现在年纪还小的男人。

"广西第二地质队第二分队，摄于1975年。"照片头顶上那行白色字是这样写的。

老蔡激动地将照片里的人，一个个地看过去。老蔡一个都不认得，又好像全都认得。

老蔡当然知道，虽然同属广西地质队，但地质队又按地区分，地区里又按分队分，这照片上的人，他们一辈子都没见过。可是，老蔡却在这旧照里认出了自己，就站在前排左侧第一个，身材不算高，却不瘦，满身力气，朝着前方看不到的未来，露出意气风发的笑容。这个人，当然看不到现在捧着照片看的老蔡，老蔡也不知道他到底是谁，现在是生是死，但是，此刻，老蔡借用了他的躯体他的相貌他的年代，把自己送了进去。一切都如在目前啊！

西装男读不懂老蔡的激动，只看老蔡默不作声，盯着照片看的样子，以为他在犹豫是否该相信自己呈出的这些证据。于是，他又从底下的材料里，抽出了一张破旧纸，递给老蔡看。那是老蔡他们当年在野外临时记录矿石资料的表格，上面记录着矿石的一些基本资料。

这上边的资料，就是这块石头的资料。我老爸当年从地质队回到地方，身上就背着这块石头和这张资料。西装男怕老蔡听不懂，又加了一句，阿叔，你懂吗？这张纸就是这石头的"出生纸"，这里，你看，这有签名！

老蔡随着西装男的手指看到，那签名很潦草，连认带猜，老蔡念了出来：钟——振——峰。

对，钟振峰，我老爸的名字，我叫钟洋。阿叔，你看，这个，这个是我的身份证，这个，这个是我老爸的身份证复印件。西装男手上的那沓材料，一层一层地翻给了老蔡看。

现在，老蔡已经知道，这个出生于1940年的钟振峰，从地质队分回到千江市下边的一个太平县，在县文史馆工作，一直干到退休，于前年病逝。

这块矿石，仿佛是老钟家的镇宅之宝，不到万不得已，不能外传。眼前这个小钟说，要不是自己儿子得了白血病，需要一大笔钱治疗，他打死都不敢冒犯老爸啊。"阿叔，你想想看，这么珍贵的宝贝，不是拿来救命，谁会拿出来卖？"

听到这里，我们的老蔡慈祥地笑了。在他眼中，这个钟洋，跟一个无知小儿般可爱。哼哼，竟敢在自己面前谈什么宝贝？就这么一块金石，能提炼出一克黄金，就不得了了。不过，很奇怪的，老蔡并没有生起那种熟悉的对奸商的痛恨，他宽容而耐心地看着小伙子的"表演"。在这块矿石和那堆资料的相互指证之下，在那段年轻岁月的召唤之下，更处于对往事恋恋不舍的情感簇拥中，他已经相信，这矿石，就是自己一个不曾认识的老队友，当年跟自己一样，风餐露宿，挖垄道，翻矿石，艰苦获取，并得以辗转留存在人世的一块宝贝。

那些围观的外地人，此刻还不知道，跟他们一起看热闹的老蔡，已经不是一般的旁观者了，他已经被那块宝贝降服。

"一万块？呃，能不能，少点儿？"老蔡决心逗这小子玩一下。

话一出口，围观的人都惊异地看向他。

西装男看起来也吃惊不小，停了大约有半分钟时间，嘴巴才启动："阿叔，阿叔，你看啊，是这样的，古代有句话说，宝剑赠英雄，好琴送知音，我看阿叔，肯定是这块宝贝的知音。所谓知音者几何，要不是等着用钱救命，我都可以一分钱不收，可是，这是救命钱啊，阿叔，就当积个德，续续寿吧，您的大恩大德，我和我儿子，还有我那天上的老爷子，都不会忘记的……"西装男按捺不住内心的喜悦，唠唠唆唆，有点词不达意了。

西装男那认为快要得手而抑制不住的快乐，以及在老蔡看来比较笨拙的表演，使老蔡产生了一种亲情。他越看，越觉得西装男像是流着他们地质队员血液的男儿，高高壮壮，脸黑亮黑亮，并且，说起话来中气十足。老蔡还进一步想，要是自己有这么一个儿子，绝不会叫他在大庭广众之下出那么大的洋相，这块金石，哪里能值一万块？真是笑掉人大牙了。不过，现在的人想钱都想疯了，说不定还真有人会相信一块金石就可以炼出一坨金子来呢。

眼看着有了希望，西装男一会儿蹲下扒拉那块金石，指指点点想要给老蔡增加购买的信心，一会儿又站起来，把手上那沓资料重新翻来翻去，想要继续说服老蔡。总之，围着老蔡卖力地忙个不停。

老蔡的心思，此刻已经不在这块石头上了，他更多地在让自己相信，眼前这个孩子，肯定是在生活上遇到了大麻烦。一万块，在这孩子眼里，就是比天大的救命钱，但是在赵佳露母女俩那里呢，还不够去看望柬埔寨吴高窟那毫不相干的两兄弟一趟。一想到赵佳露母女俩花钱时那种豪迈和洒脱，老蔡顿时就被自己说服了——她们花那么多钱买那么多东西，最终都变成了垃圾，自己买下这块金石，是永远不会变垃圾的，收藏到下一代、下下一代、再下下一代，只会不断升值。老蔡笃信，只要人类还有一口气在，黄金就绝对前景无价！

这时，西装男终于住了口，四下里，竟然一片安静。包括老蔡在内的所有旁观者，似乎心里都有各自的盘算。

在众人的目光之下，老蔡终于下了决心，买吧，当帮人也好，当给自己以后留个念想也好。反正，这样的东西，除了在这里，确实也没地方能买到，也算是个稀有的宝贝。但是，使老蔡发愁的是，要买下这块金石，自己那点"私房钱"显然不够。老婆赵佳露的钱，都存了银行定期，密码他不知道。女儿的钱更是一点缝都钻不进去的。剩下的，只有找女婿了……

站在老蔡身边的其他人更多却在想，莫非，这破石，真能砸出金子来？这老头，不会又是"托儿"吧？

总之，大家一下子都在静观其变。

老蔡这一辈子，从没有如此阔绰、迅速地花掉一万大元。当他领着抱着块宝贝矿金的小钟，沿着长长的滨海路走回家取钱的路上，他觉得自己豪情万丈，脚步轻盈，一下年轻了好几十岁。

老蔡先是把夹在书柜底层自己那八千元"私房钱"全都拿了出来，然后，他跑到女婿单位，几乎是命令一般地，向女婿借两千元。

"阿，阿爸，一下子用那么多钱，你没出什么事吧？"屠庆民从没见过岳父这么干脆利落，这么，呃，富有活力。

"放心吧,不会有事的。你也知道,我轻易不花钱的。我不像她们,我花钱,就要买有价值的东西!放心吧,我这么老了,什么事情没见过,还会受骗不成?"要不是在女婿办公室里,人多不方便说,老蔡都想把这好事情说出来跟女婿分享,先高兴一顿再说!

当着同事的面,屠庆民也不好再多问什么,从抽屉里摸出两千块交给了岳父。

一万块,全部给了那个在小区门口等着老蔡的小钟。

小钟打开那只帆布黄包,又打开里边套着的那只惹得老蔡心情激动的黑包,指指说,阿叔,宝贝归您了,好好收藏啊,拜托啦,谢谢啦,我们一家三代都不会忘记您的大恩大德……小钟又一连串感恩戴德的话,把老蔡捧得飘飘然。

一直到小钟把那宝贝帮他抱上楼,转身离去,老蔡还在飘飘然。他都能闻得到这黄绿色的帆布包,散发着久远的山峰的气息,树林的气息,溪水的气息,还有松鼠、白兔、山鸡的气息,当然,少不了老蔡年轻的气息,那气息里充满了久违的征服和欲望。

然而,正如这世界上有很多努力,都会是一只空屁一样,又如所有的冒险,有赢但绝对也有输一样,当老蔡从那特殊材料制作的黑包里,小心地将那宝贝取出来观赏的时候,他颓然地发现,这个世界上,所有的努力所有的冒险,都他妈的,是一只大臭屁!

老蔡失败啦!——那块石头,像被人施了法术,由刚才那块含金的矿石,变成了一块普通的山石。老蔡的心一阵绞痛。

老蔡对着这块山石,足足生气了半小时——奶奶个熊,好心帮了人,反而还被骗啦?什么世道!什么人啊!

派出所里的那个公安,对从单位赶来的屠庆民说,像你岳父这样被掉包的案例,一个月不下五单,尤其在街心公园、滨海路一带,还有河西桥头，作案对象都找这样的老头老太。

老蔡一见到女婿，像犯了罪似的，急忙将刚才报案时对公安说的话重新又交代了一遍。他是这么说的："我也不知道自己到底做了些什么，下午散步到西江桥头，被几个人围住，吹了几口烟，之后，做什么都不记得了，回到家，才醒过来。哇，完蛋啦，怎么会那么傻啊，一万块买了这么块烂石头！"

老蔡一脸无辜，无辜到卑琐的样子，屠庆民看得心酸。唉，这老头，这辈子，还真没干成过什么大事。屠庆民不禁在心里引用了岳母赵佳露曾经唠叨过的话。

屠庆民怕老蔡太激动，会犯病，快快办完了报案手续，就带老蔡走人。

走到门口，那公安拍拍屠庆民的肩膀，拉后几步，悄声说，那些受骗的老头老太，都这么说，都说自己被人吹了迷魂烟，哪能啊？没看报纸吗？专家已经公布了，根本没有什么能指使人回家取钱的迷魂药，都是他们贪小便宜，不好意思说。

说完，公安善良地朝屠庆民眨了眨眼，摇了摇头。

在前边蹒跚着朝家方向走的老蔡，哪里知道，这会儿，自己身体后边长出了一个秘密。

屠庆民和公安，心有默契地对视了一眼。

反正，一万块多半是追不回来了，屠庆民把那块破石头，连同那只旧帆布包一起，吃力地推进了床底下。就让这个秘密，睡在他们身下，老死，憋死吧。

吃晚饭的时候，两人也没多说什么。屠庆民在推碗离桌前，觉得似乎应该说点什么好，犹豫着，说了一句："阿，阿爸，其实，其实，赚钱的方式有很多种……"

没等他把话说完，老蔡就打断了他——懂，我懂！这短促的几个字，就像最后的一张封条，把这个秘密严严实实地封锁了起来。此后，再没有人提起过这块石头。

四

爬进七十岁这道槛，老蔡偷笑着领过老天爷赏赐的红包之后，渐渐领悟到，老天爷的赏赐并不是无偿的，老天爷正悄悄拿走老蔡的记忆作交换呢。老蔡不明白老天爷要自己的记忆来干什么用，那些过去事情，既不值钱又没作用，就连说出来都没人爱听的。然而，老蔡的记忆还是像黑夜里的点点繁星，逐渐被蔓延过来的乌云遮盖住了，人们轻易是看不到乌云在黑夜里作怪的。

老蔡变得丢三落四，跟前的事情就像一条条被鱼鹰叼住的小泥鳅，转眼之间，就滑进了喉咙下的皮囊里，若隐若现。接着，老蔡对一些惯常的事情也记不住了。比方说，洗漱的时候，他会对着两只杯子两根牙刷发问，到底这红杯子黄牙刷是我的呢？还是这蓝杯子绿牙刷是我的？杯子和牙刷不会回答呀，他就拎着杯子牙刷跑出去找赵佳露。赵佳露听到老蔡这种愚蠢的问题，语带讽刺地告诉老蔡：“那蓝杯子和绿牙刷，天天在你嘴巴里跑进跑出，我都听到它们在喊你了，你没听见吗？”这话一说出来，大家都笑了。女儿还逗老蔡，学着卡通里的配音喊：“老蔡老蔡，我是你的瘦子牙刷啊！老蔡老蔡，我是你的胖子杯子啊！"老蔡被嘲弄一番，很是不高兴，脾气一上来，狠狠地把杯子牙刷都砸到了地上，指着赵佳露斥骂：“你，你，真不是个东西！合着别人来整老子，奶奶个熊！”说完，翻箱倒柜地非要找出一套新的牙刷杯子才肯漱口。

老蔡曾几何时发过那么大的脾气？而现在，发脾气几乎成了老蔡的家常便饭。一个羔羊性格的人，老了老了，居然还能变成猛虎？一座山，不，是一座假山，忽然在某一天爆发了火山，喷岩浆了。这怎么可能呢？

一段时间以来，赵佳露和女儿女婿会在老蔡的某一次发脾气后，背着老蔡，开小会，作为家庭课题来研究。这样的小会开多了，老蔡就犯疑心，觉得这三个人背着自己，肯定是在讲自己的秘密。所以，只要看到这三个人一起说话，老蔡就特别紧张，变得神经兮兮的。有天，老蔡散步回来，开门看到小饭厅里，三个人坐得整整齐齐，每人跟前还放了一杯水，在热烈讨论着什么。老蔡听到言语间提到了自己，女儿蔡文静就拿着笔在做记录。三个人一见老蔡走近来，话语明显就稀少了下来。老蔡断定，他们又在说自己的秘密了，不仅说，还记录下来，像做调查录口供一样。老蔡那个气啊，气得心扑通扑通地在里边跳绳，他连声大骂："你们，你们这帮鸟人，竟然背着我搞阴谋，要诬陷我，啊？啊？"老蔡气得语无伦次，径直走向老婆赵佳露身后，对着赵佳露的脑袋一巴掌就抡了过去。老蔡认定，赵佳露是这个小集团的头目。

这一巴掌，把赵佳露打得天崩地裂，大哭大闹。她发誓要跟老蔡离婚。她哭着说，老蔡变态了，发神经了，她是不会跟一个老神经病过下去的。她还说，像老蔡这种窝囊废，一辈子屁事也做不成，她早就看穿了，那年老蔡偷金矿，没被炸死，其实早把神经给炸坏了，炸成神经病了，可怜自己忍受了一个神经病那么多年……老蔡一见赵佳露那撒泼的阵势，天不怕地不怕，居然口不遮齿不拦地说起了那次矿难，他立即像从梦里醒回了现实当中，对刚才自己那激动的一巴掌懊悔不已。

老蔡又羞又愧，没再多说一个字，也没再看这三个人一眼，颓丧地走回了自己的书房，并且，彻底地把这些哭哭骂骂的嘈杂声音反锁在门外边。老蔡久久地坐在椅子上，低头看着书桌的玻璃板下长年压着的那些照片。其中有一张，被好多张照片盖在最底下，仅仅露出了一小半。是老蔡当年跟地质队友爬上猫耳山的合影。露出来的那一小半黑白照，偏偏也有老蔡——他照相总是自觉地站在最边，中间正对镜头的位置，他永远都不敢站，一贯如此。老蔡张了张嘴，试图跟那个年轻的老蔡说话。他问他，你告诉我，这后边活下来的几十年，到底有什么意义？是啊，没意义啊！有个鸟意义！老蔡自问自答着，又摇头又晃脑，心里怪委屈的。

老蔡的那一巴掌，给赵佳露的晚年生活落下了后遗症。她不时地会在某一个瞬间，耳朵里发生一小阵嗡鸣，让她猛然感到世界这只大钟突然停跑了一下，听不到任何东西，也想不起任何事情，甚至连知觉都不在了，那种感觉，赵佳露说——就像忽然地"灵魂出窍了一下"。更令赵佳露感到可怕的是，这样地"灵魂出窍"，是没有任何预兆的，说出就出，说回就回了。蔡文静带着赵佳露找了不少医生，都得不到什么有效的诊疗，开回来的药，不外是什么谷维素、镇定药之类的。赵佳露跟人说起老蔡那一巴掌给她带来的这种神秘的感觉，无人能体会得到，在别人同情她安慰她之下，她顿时眼眶红红地，叹一口气，说，唉，我的命真苦啊，这死老头，这辈子没给过什么好东西我，就给了我这一巴掌……说着，眼中就有泪光了。

经过这一闹，老蔡再不理会这三个人，更不愿意参加什么家庭活动，甚至，连门都不想出了。不知道从什么时候开始，从老蔡那总是紧闭着的书房里，传来了叮叮乒乒的敲击声。除了吃饭休息之外，这些叮叮乒乒的声音总会准时响起，时而是集中的一阵，时而是零星的几声。蔡文静打开老蔡的书房门，一看，哇，整个书房，就像一个加工作坊，老蔡正全神贯注地用一些铁锤、钻刀之类的工具，折腾一块石头呢。后来，屠庆民才知道，老蔡居然从床底下找出了那块一万块钱买来的石头，敲敲凿凿，也不知道想干什么。蔡文静一再地追问这块石头的来历，屠庆民就将老蔡那次上当受骗的经历告诉了蔡文静。蔡文静听了之后，又好笑又好气，说："哈哈，没想到啊没想到，我老爸其实也爱贪小便宜的呀！"

老蔡的日常只剩下了凿石头。他从那块大石头上，每天凿下一小块，然后用刀在上边刻啊、雕啊、磨啊，做出各种形状的小东西来。在他的书架上，已经摆了一溜这些石头做成的小玩意，一只小白兔，一只小鸡，一只小南瓜……手工不是太好，但是，仔细辨认，还能辨认得出老蔡当时的意图。当然，老蔡偶尔也有神来之笔。有只小猴，不知道怎么弄的，居然弄出了一条弯曲生动的尾巴来。屠庆民趁老蔡午睡的时候，溜进他的书房里，逐个看，就对这只小猴赞赏有加。他对赵佳露说："阿妈，你看，这只猴子，要是再打磨打磨，怕也能成为一件卖钱的艺术品哩。"赵佳露虽然对此很不以为然，但是这段时间，老蔡完全沉迷在自己的石头世界里，不再乱发脾气不说，摆弄起小石头来，跟个小孩子一样认真。她自然也对这老头子气不起来了。

赵佳露以为老蔡玩石头，就跟别的老头一样，没事在家练书法画丹青，起到修身养性、消磨时光的作用，没想到，老蔡玩石头却玩痴了，走火入魔了。某一天，赵佳露发现老蔡已经不满足于在书房里玩那块大石头，他居然跑到阳台上，把赵佳露那些花盆，一只只翻得底朝天，从泥土里扒拉出一粒粒黄色的小石子，擦擦洗洗，乐颠颠地捧回书房里，存放起来。

又有一天，老蔡找到一根布条，把手电筒绑在自己的额头上，做成矿灯，然后把整个身子探进床底下、柜子底下，这里掏掏，那里摸摸，翻捡出一些脏兮兮、布满尘埃的旧东西。他用手电筒，照着这些被他拉出来的旧物，吃力地逐一辨认着。有次，他还摸出了赵佳露多年前的一条小花裤衩，他看来看去，终于认出来，马上立功似地送到了赵佳露的跟前。赵佳露看到这条灰突突的小花裤衩，百感交集。这条花裤衩，还是自己当年没绝经的时候穿的呢，那个时候，自己是中码，现在，都穿两个加了。这条花裤衩弄得赵佳露心里伤感得要命。老蔡在屋子里，总能翻捡出些有纪念意义的东西来，老蔡不一定能记得，但是，赵佳露却记得清清楚楚：一只蔡文静小时候玩的陶瓷公仔、老蔡戒烟前赵佳露买给他的一只小烟斗、一只生了锈的百雀灵雪花膏小铁盒、一瓶当年老蔡从地质队带回来的蛇酒……老蔡就像朝往事的海洋撒出一张渔网，拖出了赵佳露一连串的唏嘘感慨。

老蔡活得越来越像个小孩子啦，不时会做出些让人莫名惊诧的事情来。他会手拿一把螺丝刀，将厨柜上、化妆台上的一粒粒小铜钉，很有耐心地起下来，放进自己的口袋里，不时地取出来把玩；他还会趁人不注意，跑进赵佳露或者蔡文静的大衣橱里，用剪刀把衣服上的纽扣一颗颗地剪下来……这些反常的举动，总是会在蔡家引起一阵疯狂，让蔡文静和屠庆民不得不接受了赵佳露的观点——老蔡真的发神经了！

最后，老蔡就真的变成个小孩子啦。他既认不得过去的老领导老同事老邻居，也认不得整天出现在自己跟前的那三个人。那三个人，隔三岔五地跑过来，哄小孩子一样地问自己："你知道我是谁吗？"他觉得烦死了。

有一天，老蔡竟然不见了！赵佳露晨运回来，找遍了几个房间，都没发现老蔡。一直过了午饭时间、午睡时间，老蔡还没见影，她慌了，打电话把女儿女婿叫回家，一起出门找老蔡。三个人沿着小区外的滨海路找，一直找上河西大桥，过了河的对岸。河的对岸是千江市的开发新区，楼高人多，老蔡真要是跑到这个区来，那简直就是大海捞针般难找啊！

三个人找来找去找不见，终于意识到事情的严重性了，赶快报警。在三个人忧心忡忡着折返回家的路上，还是赵佳露眼尖，远远地发现有个人正坐在河西大桥的桥墩底下。那人可不就是老蔡吗！三个人兴冲冲地朝桥墩跑去，果然看到老蔡在一个下水沟边坐着，正用一只小镜子，朝黑漆漆的水沟里照来照去。阳光在镜子的反射之下，照得暗处金灿灿地发亮。老蔡一看见赵佳露他们走近，就兴奋咧开嘴嚷了一句——老婆，老婆，这里，这里有金石，快来挖！赵佳露听老蔡这么喊自己，觉得老蔡又认出了自己，顿时有一种失而复得的感觉，流下了两行热泪。

回到家，赵佳露赶紧拿出了针和线，在老蔡的每一件衣服上，绣下了两行字：

蔡冬生，千州市民主路 96 号滨海小区 3 栋 501

189223 ×××××

屠庆民看到这两行字后，沉思了一下，提了个意见："恐怕这后边，还要加上两个字：面谢。"女婿的意见，简直起到了画龙点睛的作用。赵佳露赶紧又逐一在每件衣服上补上了"面谢"二字。赵佳露的手工一贯做得不错，这几行字，被她工整地绣在衣服的左胸口上，也不觉得难看。

这样，老蔡每天都穿着自己的家庭地址、电话号码在身上，即使走到天脚下也不怕丢啦。赵佳露退休前在千江市汽车总站的行李寄存站工作，她再明白不过了，检查每一个寄存的包裹，只要把地址、电话两样都查清楚了，保证万无一失，就算长时间无人认领，她都有办法把包裹送走，并且索取到标准的费用。现在，老蔡对于赵佳露来说，可不就是一只寄存在人世间的大包裹么？

然而，没过多久，失而复得的老蔡又开始打老婆了。没有任何事由，也没有任何预兆的，老蔡有时看到赵佳露，会对她骂骂咧咧，骂的内容，因为口齿极其不清晰，也难以听辨，搞得赵佳露回嘴都没法回，莫名其妙地被臭骂一顿。要是老蔡骂得不过瘾，还会随手抄起一根棍子，朝赵佳露就要挥过去。老蔡不打别人，只打赵佳露，所以，赵佳露笃定老蔡是故意的，他压根就会认人。

"天啦，我不要活了，在这个家，有他没我！有我没他！"实在忍受不下去了，赵佳露哭哭啼啼地对女儿女婿下决心。

哭着哭着，赵佳露似乎恍然大悟，记起了很多往事，悲切地说，我早该知道，老蔡早就不想跟我过了，早就恨我了，三十多年前那次矿难之后，回家时他就说要搬出去住的！

赵佳露这一哭一闹，弄得大家也不知道怎么应付，只好劝慰她说："阿妈，你不要跟阿爸计较，他现在老年痴呆了，哪里认得你？他哪里知道你是他老婆？"

"他哪里会不认得我？一起生活了四十多年了，他会不认得我？说出去别人都会笑掉大牙啊！"赵佳露始终觉得老蔡是在装疯卖傻。她提醒女儿女婿，上次在河西大桥找到老蔡的时候，他还"老婆、老婆"地叫自己呢。

屠庆民为了说服赵佳露，给老蔡做了一次测试。晚上，他把老蔡拉到饭桌前坐下，像过去的某一个晚上一样，两人分喝了两碗汤。屠庆民跟老蔡东拉西扯一会儿后，故意压低了声音，问老蔡："阿，阿爸，那个老六说要来看你，你要不要见他？"老蔡正舀着汤的手马上停在了半空中，偏着头细想了一下，问："老六？哪个老六？"屠庆民忙回答说："老六啊，地质队的老六你不记得吗？就是那个负责填炮泥的呀，他那次没去，换了你，害了你，你忘了？"屠庆民不断地提示老蔡，还把老蔡过去跟自己讲的地质队的事情搬回来引导了一遍。这样，老蔡似乎有了一点记忆。屠庆民再次问起老六的时候，他显得不那么迷惘了，说："噢，那个老六啊，最没义气就是他啦，他还敢来见我？"

"是嘛，我都跟他说你不会见他啦，他硬是说要来，还说要来向你道个歉！"屠庆民信口开河了起来。

"哼，来嘛，老子天不怕地不怕，还会怕他老六？"老蔡脸红红的，有点兴奋。"叫他来，叫他来，老子就等着他，奶奶个熊！"

屠庆民离开了一会，把赵佳露带到了老蔡跟前，说："阿，阿爸，老六来看你啦！"

老蔡抬头看着赵佳露，眼神里净是疑惑，左看右看，忽然爆发出一阵笑声："哈哈哈，哈哈哈，她是老六？坑人的，坑人的！"然后，又马上收敛住笑,转过身去,严肃地跟屠庆民说,"她不是老六,你抓错人啦!"

一时间,屠庆民和赵佳露的心都像油灯的火焰,意外地跳了一下。

"她不是老六?那她是谁?你认识她吗?"屠庆民紧张地问老蔡。

老蔡端详着赵佳露,从上到下。那目光把赵佳露直看得全身发毛,好像无端端被一个陌生人盯住了。

"唔。"老蔡的神色很是凝重,像是在鉴定什么,又像是试图在记忆里努力捞救出些什么东西,艰难地说了一句,"我看,这个同志很面熟!"

话音刚落,屠庆民和赵佳露便同时呼出了一口长气。

不管认不认得人,打老婆的老蔡,实在把整个蔡家搞得鸡飞狗跳。最终,老年痴呆的他成为了这个家庭的弃儿——在过完农历新年后,老蔡就被送进了市中心的一家养老院。蔡家的生活才免去了一惊一乍。

有天晚上,屠庆民照例应酬到深夜回家。刚才饭局上那个要把儿子办进他们电力局的银行副行长老范,塞了只颇有厚度的信封来,还外拎了几罐龙井茶,吩咐说,这是顶级的新茶,回家,最好马上放进冰柜里,受潮就可惜了。

屠庆民的书房里,有个专门存名酒的酒柜,也有个专门存放好茶的冰柜。好东西,第一时间就请进去。当他心情愉快地把这几罐龙井茶请进冰柜的时候,忽然发现,冰柜的右侧角落里,有一个黑塑料袋,看上去不像茶叶,也看不出是什么东西。于是,好奇地拿了出来,解开,一看之下,忍不住一顿爆笑!

原来,袋子里整齐地摆放着三块光滑的鹅卵石,在每块石头上,分别整齐地贴着三张便条,每张便条上,都是老蔡的字迹,仔细一读,才知道,是每块石头的鉴定,记录有石头发现的时间、地点、重量、含金纯度等简单资料，最底部，还很规范地签上了老蔡的姓和名！这三块石头，屠庆明一看就知道，是老蔡从小区的喷泉池里摸回来的。

屠庆民笑得气都喘不过来了。

嘿，嘿，这老头，真的是想金想疯啦！

等屠庆民独自笑够了，才拎起那沉甸甸的黑塑料袋，扔到屋外的公共垃圾桶里。当屠庆民转身要离开的时候，望着躺在一堆秽物当中的那三块石头，不知怎的，竟有一股睹物思人的酸楚涌进了他还带着酒气的鼻腔内。

何似在人间

一

五月间这三天的暴雨，在松村人眼里，怎么看怎么都像老天爷在点名，滴滴咄咄，雨水就是天上伸下的一杆杆毛笔，在松村的土地上，勾来画去，势不可挡，一不小心能将谁的大名从松村的土地上一笔勾掉。

汤叔公打伞经过村委老人活动中心门口，在那张刚贴上没几天的红纸上，发现自己的名字被雨水勾掉了。他心中很不爽。这是为了修葺庙堂，村干部挨家挨户做工作点人头凑钱公布出来的光荣榜。如今，村里人对庙宇已经不怎么感兴趣了，他们只惦记着村外边打工的亲人。逢着初一十五，想起来，就跑到庙堂里烧烧香，呼唤故去的亲人回来，回来做什么？回来保佑在广东在义乌在江苏打工的亲人们，平安赚钱啊。光荣榜排在第一位的是村长，他为了起带头作用，捐了三百。接下来是村委的那几个，狠狠心也捐了二百五。再接下来就是一大群二百的，这些人都是家人出城挣了大钱盖上了气派大屋的，为了不显得寒酸，他们商量好价格，名字整整齐齐且很有尊严地码了下来。再然后就是像汤叔公这类的世代农民，八十、五十、二十的，散乱的一群人也在暗中较劲。汤叔公捐了八十，排在红纸的右顶角，没承想，那个位置现在只剩一块糊嗒嗒的墨迹，啥也看不清。汤叔公生气了，老天不识好人心，自己那八十块真的打水漂了。而最让汤叔公不忿的是，排在红纸最末的那个名字，居然一点都不受影响，红的纸鲜红，黑的字墨黑，精神着呢：廖远昆 咸菜十斤。捐个十斤咸菜的名字都那么声张，你说气不气人！

汤叔公横竖觉得廖远昆对任何人任何事，都只有10斤咸菜的分量，薄凉得很。松村这样的自然村本来户头就不多，屋连屋，肩碰肩，哪户都能攀个兄道个弟。平日里，摊上些好事便一起分薄福气，坏事嘛也一起分摊晦气，大家相处起来，总也能分得出个春夏秋冬的。可是，廖远昆却喜欢独来独往，既没娶妻生子，又没跟叔伯兄弟挨近一块住，几十年来一直窝在松村的一个坳角里。多嘴婆谢嫂早就给廖远昆取了个花名，她叫他"神仙昆"。"该喂喽，这个神仙昆，屋顶上从没冒过烟，灶头冷得像坟墓，真是成仙了。"松村的人爱把"该喂喽"当语气词，一出口，该喂喽，埋怨就开始了，当然，很多情况下，也不仅仅只是埋怨的，多少，还掺杂着些怜悯和同情。

松村的老一辈人，对廖远昆多少怀有些同情。

上世纪六十年代末，松村的武斗很猖獗。廖远昆的父亲廖庭山便是当时风头很劲的"422"成员。1968年，"联指"与"422"两派惨烈斗争，最终，廖庭山被拿下了。那天，"联指"们将廖庭山等一群人，像串蚂蚱一样，以廖庭山为首，串成一列，站在挖好的石灰坑前，命令他们自行跳下去。那场景真是恐怖啊，汤叔公现在想起来心脏还会打摆子。廖庭山死活不跳，扎在后边的一串"422"拼死作最后的挣扎。在众目睽睽之下，一串人抱成一团，任谁也推不下坑。本来对这场分派运动就不很理解的松村人，纷纷开始同情廖庭山这一群将死之人，对着"联指"指手画脚，"该喂"来"该喂"去地。就在"联指"觉得要引起民愤，事态严重，准备以枪射杀了结的时候，忽然听到旁边有人一声大叫："阿爸，快跳！"只看见一个瘦瘦小小的少年，手里举着一包油渍渍的东西，朝廖庭山晃了晃，松村人定睛一看，才看清是几只油汪汪的月饼。那少年举高那几只月饼，一抛，抛进了石灰坑。瞬间，扑扑扑几声，几只月饼落入坑里，浪花般溅起了白色的尘埃。

那少年，便是廖庭山的儿子廖远昆。他一直在人群里看着自己阿爸，寡不敌众，必死无疑，于是拔脚跑回家里，摸出前几天阿爸悄悄从县城里带回来准备给家人过中秋的油月饼。在那个困难时期，这几只月饼应该是一个家庭里最值钱也最宝贵的东西了。那几只油月饼落坑，顿时震住了在场的人。廖庭山也停下了挣扎，眼睛定定地望向儿子，谁也不清楚他那眼神里，存着的是怀疑还是爱，是不舍还是悲壮，总之，没过一会儿，他就放弃了这坑上面的一切，追随那几只月饼扑落下去了。他一扑落，跟他扎系成一串的那些人，也无一幸免地掉了下去……

事情过去了几十年，记得或者参加过这场斗争的人，一个一个在松村的地面上消失，都睡进了一张张山清水秀的安乐眠床——松村有的是这样的好地方。早在自己年富力强的时候，他们就开始物色好地方，选中了，心下就安乐了，同时对在这世间上所受的痛苦和辛劳也减轻了许多怨愤，因为，他们常常会跑到自己圈起来的那块好地方溜达。坐在背山面水的大树底下，低头想想，这个地方，这个脚底下，便是自己将来长久睡觉之处，蛮不错，还是有福的。如此，一切的含辛茹苦都有了安慰，再不管他什么武斗文斗瞎鸡巴斗了。汤叔公就是其中一个。他一直认为，那场荒唐的运动造就了荒唐的廖远昆。如今，松村里的小孩都会说：廖远昆晓得哭，小雀崽就晓得叫。松村人一贯称孩童的小鸡鸡为"小雀崽"。廖远昆这一辈子看过许许多多人哭，因为他是松村现存的唯一一个"抹澡人"。松村里的人，任谁，到末了，都得听由他摆布，无论情愿不情愿，他们都拜廖远昆那双手所赐，得到这个世界给予他们最后的待遇。然后，便干干净净地上路了。在每一场丧事里，人们都能见到廖远昆，在哭哭啼啼的人群当中，平静地为逝者抹澡、整理仪容、穿戴寿衣帽……直至入殓。

松村人确没看到过廖远昆流眼泪，以至于这几十年间，人们早就认为廖远昆晓得哭这样的事情就跟小鸡鸡晓得叫一样——荒唐。

暴雨在汤叔公往自己家走的路上，停顿了一下。这停顿，任谁都能感觉到很虚假。因为松村的西边，乌云还骑在那些已经变了颜色的群山上，喘着粗气，准备下一场的俯冲。汤叔公活了这么大把年纪，这种阵势的暴雨，掰着手指头就能数得过来。

正当汤叔公走过自家的晒谷坪，刚要进家门，就被人喊住了。那人披一袭蓑衣，双脚跨在一辆摩托车上，并没有走过去的意思。汤叔公只好迎出去。走近看，才看出是辉牯。辉牯没说话，只从蓑衣底下伸出只三角形的红纸角，递给了汤叔公。汤叔公心下一沉，知是报丧信的。

原来阎王爷这次点名点到了耀宗，辉牯他阿公。

辉牯的摩托车发动后往西边又出发了，从背后看，有点像镇上来的邮差。汤叔公站在原地没动，他手上那只红纸角，潮乎乎的，就像半个月前，他去探望病床上的耀宗，握过他那双潮湿的手。

"该喂喽！"半晌，汤叔公叹一口长气，慢吞吞地走到庭院东边那棵番石榴树下，用边上放着的那只小铁锹，将土敲开了一个小坑，把红三角埋好。

汤叔公这棵番石榴树下，像这样的红三角，埋下去少说也有二三十只了吧。这二三十只红三角，要真按旧时说法，就能变成二三十只马拐——松村人把那些一蹦一跳的青蛙叫马拐，是松村人祖祖辈辈崇拜的图腾。这二三十只马拐破土而出，成群结队，绕在汤叔公的膝盖下，欢歌载舞，陪汤叔公打发无聊的长夜，打断汤叔公那些习惯性的自言自语，甚至帮汤叔公暖暖被窝，最后，直到将汤叔公也送进土里，变成一只新的马拐。这些都是汤叔公应得的待遇，因为他们是汤叔公一次次至真至诚送过的人。

明天，汤叔公又要去送耀宗。

二

被老天爷点了名的耀宗老人，咽气的时候，离八十岁还差半步。他的孙子辉牯说，咽气前那几天，他话都讲不出来了，光是长长地叹气。他的叹气不分白天黑夜，不分睡着醒来，严重的时候，比屋外的雨还密。

屋里人都知道，耀宗老人担忧的事情终于到来了。他担忧些什么？不是死亡。死亡对于在松村活到八十岁的老人来说，再没有什么可担忧的了。地里的庄稼侍弄不动了，牛栏里的黄牛套不住了，锅里那一只小崽鸡也嚼不烂了，甚至，锁在斗柜里的那一沓钞票也保不牢被孙子偷偷摸了去花光了，他们还有什么可担忧的呢？在清醒的那些时刻，耀宗老人多次想念自己死去的儿子，并且羡慕起来。儿子那一年就那么干干脆脆地，死在城里的工地上，然后变成一罐子灰就回家了。耀宗老人不是不喜欢热热闹闹的丧事，上了年纪的人，最害怕的就是孤独冷清，想着自己睡到棺材里，还能招来那么多儿孙亲戚前来送别，甚至那些多年没串过门、八竿子打不到边的亲戚也会来，这条老命也算风光地结束掉啦。耀宗老人只是怕自己的身体落到抹澡人廖远昆的手上。

耀宗老人身上有什么秘密怕被人看穿吗？或者说有不能让外人看到的丑陋印记？辉牯说，那天傍晚，他到床边看阿公，觉得似乎精神了些，问他，要吃粥吗？阿公点点头。辉牯就去盛了半碗来，要喂给阿公喝，没想到，阿公伸出手，抖抖索索地将那半碗粥接了来，往地上一倒。粥倒光了，他就把那只碗抱在胸前，任谁也不许拿走。家里人以为他想带上那只碗归西，只好劝他说，先拿去洗洗干净再还回来。阿公还是不让，一直把那只脏碗放在自己的手边。打那以后，他就神志不清了，过几个小时，他就没了。耀宗老人的孙媳妇，是出了名心思重诡计多的女人，她对辉牯说，怕不是阿公不愿让人动他的身体，不愿让廖远昆抹澡？辉牯想了想，有道理，阿公是把自己身体当成那只碗哩，他不愿意自己的身体给廖远昆抹澡啊。

谁都知道，当日耀武扬威下命令让廖庭山们跳石灰坑的头目，就是耀宗老人。在廖庭山死后，耀宗老人又独活了四十多年。四十多年之间，吃了下多少头猪，赢下多少圈麻将，能开怀大笑多少次，能赶多少场热闹的墟？能做多少次风流事？松村的日子一天比一天富裕起来，耀宗老人多少也尝到了这富裕的甜头。计算一下，廖庭山真是亏大啦。在廖远昆阿妈还没去世的那些日子，她一直愤恨不平。每当过年过节杀鸡吃的时候，她总要把鸡先端到廖庭山的照片前，给廖庭山看一眼——唉，你阿爸最亏了，好日子都没得过上，就被那个短命鬼害死啦，邓耀宗这个短命鬼啊……

可就是这个长命的短命鬼，一直到廖远昆阿妈也去世了，他都还活着，你说荒唐不荒唐？

不过，对于廖远昆来说，这世间根本不存在什么荒唐不荒唐的，再荒唐也比不过老天爷这个魔术师，手指头一点，就把人的魂魄给勾了去，并且他只勾人的魂魄，人的身体他根本是不收的。廖远昆替很多死人抹过澡，他越来越清楚，那些身体都是老天爷不收的肉和骨头，抹澡只是为了使后人安心而已。所以，当辉牯硬着头皮站到廖远昆家门口的时候，廖远昆并不觉得稀奇。人总是会死的，该来的，总是会来的。他平静地接下了辉牯包来的那只白纸包，那是给抹澡人的酬劳。依照目前的价格，做一次五百。廖远昆数了数，多给了三百。廖远昆明白，他们是怕他不去。

辉牯当然怕啊，他先去找过邻村的抹澡人，谁知那人带着自己的老婆孩子出门旅游去了。现在，要是廖远昆不去的话，阿公怕真就变成了那只脏碗啦，指不定，隔三岔五地溜回来，要他帮挠挠后背痒痒，要他帮搓搓身上的垢积，烦都烦死啦。

廖远昆加入抹澡这一行的时候，刚好三十岁。小孩子们远远见了他人影就躲，那些媳妇们在他经过水井边的时候，不得不朝旁边的人求证——廖远昆打这井的水洗手了吗？与其说她们怕廖远昆这个人，不如说她们怕廖远昆那双手。她们亲眼看着廖远昆用手，帮死人脱衣服，又用一块白棉布，蘸湿了，为死人抹澡，上上下下，左左右右，如此几下。她们更亲眼看着那双手，用力为死者久久地托着下巴，防止死者的嘴巴张开像一直在讨吃似的。如果有需要的话，那双手还得为死者的伤口涂上脂粉，漂漂亮亮地投胎而去。当然，最起码的，这双手要为死者穿衣穿袜穿鞋子戴帽子，像伺候一个安静等着婚礼的新人……但廖远昆看起来却顶不像一个抹澡人的。为什么？汤叔公说，廖远昆送人，没诚意！不仅因为廖远昆在给死人抹澡的时候从不掉一滴眼泪，更因为他太过不严肃了。怎么个不严肃法？廖远昆每次抹澡的时候，衣着随便不说，还邋遢，很多时候会穿着隔天穿过的皱巴巴的衣服来。逢着下雨天，他还套着那双下鱼塘的高帮雨靴，笨笨拙拙地站在祠堂里，就像准备要落塘摸鱼一样。这些也就罢了，最让松村人不舒服的是，廖远昆在给人抹澡的时候，嘴上顶喜欢叼着根牙签。松村这里有个风俗，在做仪式前，要先请做事的人饱饱地撮一顿，包括主持的长者、乐队、抹澡人、念经的、抬棺的等等。算起来，少说也得要开上个两三围桌。这一顿饭，是很讲究的，几荤几素，都足以体现这家人的诚意。说是说为了让这帮人吃好吃饱，有力气将这持续一天一夜的后事给办妥帖了，实际上，也暗中体现了死者在这家人心中的地位，是一种意思。吃好了，自然事情都能办得锦上添花，吃得欠了，没准哪个环节会故意被整出些纰漏来。任何的纰漏和不周到，松村人就像猫嗅到鱼腥，闻闻都能判断出来，哪张桌子上少给了盘炸鱼，或者少放了瓶米酒。所以，这一顿饭往往显得很隆重，也是这一帮人的盛宴。廖远昆每次吃饱喝足,就叼着根牙签不肯放,抹澡时,总是让人不免担心他一松嘴,牙签掉落到死者身上,那可真真的是"该喂喽"。

就廖远昆叼牙签的这个习惯,人们不止一次地向他提过意见,甚至发过脾气。没用。廖远昆说,我又不是司仪,又不用念经,我抹澡又不用嘴巴,管我嘴巴做什么?拿他没办法。松村的人也想过找别人来替换,但整个松村再找不出第二个抹澡的了。再加上,比起过去,人们对礼仪的规矩逐渐松懈,对礼仪的严肃性也就没那么讲究了。听听看,那些奏哀乐的,过去一直演奏那几段又长又悲的曲子,如今,在条件允许下,也开始用喇叭唢呐,吹奏些抒情的流行曲来了。比如那些悲伤的《杜十娘》、《真的好想你》等松村人熟悉的歌曲,在仪式进行到深夜,人疲马乏的时候,吹上那么几首,别说,还真能振奋一下人的精神。这种新鲜的气象,先从县城开始流行,现在也发展到松村里来了。因此,人们更不再去计较廖远昆叼牙签的陋习了。有的年轻人还会开玩笑地问廖远昆,牙签好吃吗?给阿婆也嚼一口嘛。廖远昆正在给身下的阿婆穿一双白袜子,听了,抬起头来,眯眯眼睛笑笑,说,我嚼的是筒骨,阿婆没牙咬不动啊!旁人听了,忍不住也悄悄地笑了。这些时候,年轻人总是会被旁边的长者狠狠地敲去一记"栗子",敲到脑门上,生疼的。他们不敢对廖远昆发脾气的,因为他是松村唯一的抹澡人,更因为,他们清楚地知道,在松村,再也没有人愿意去干抹澡这样的活了。相比起挣死人的钱,他们更愿意到城里打工,他们一到城里打工,就越来越热爱生命,当然,他们也越来越怕死,怕死人了。

有人问过廖远昆为什么不怕死人,他轻笑一声说:"死人哪里有活人可怕?"问他这话的人,就是西山上那个瑶人,小青。

松村的西山上,住着一些瑶人。逢到墟日,他们就背着一篓子竹笋蘑菇之类的山货下山来,墟散后,又换了一竹篓的鱼干、盐巴之类的上山了。上下山的路必经廖远昆的屋子，在那里讨口水喝，歇歇脚也是常有的事。所以瑶人跟廖远昆都熟。瑶人有丧事，也会请廖远昆去抹澡。小青的丈夫就是廖远昆伺候入殓的。

那年，小青的丈夫上山采灵芝，一失脚跌落山底。尸体找的时候，脸上已经血肉模糊。入殓之前，廖远昆用清水一遍一遍地将小青丈夫的脸擦拭干净。就算这样，小青丈夫被摔裂的头颅和脸还是惨不忍睹。小孩们吓得窝到灶台底不敢出来跪拜他们的阿爸。小青看着丈夫就这个样子奔赴黄泉，待到他日，自己下到阴间去，还要跟这么难看的丈夫相认、相伴，想想，哭得越发凄惨。廖远昆二话不说，只专心将手上的工作程序，一丝不苟地进行完毕。等到要给死者盖棺的时候，廖远昆却走了出门，留下一屋子纳闷的守灵人。

大概一炷香工夫，廖远昆回来了，手上拿着个笑面壳，往死人的脸上一套。小青再看向自己的丈夫，已经变成个笑嘻嘻的男人了，心里不禁一乐。原来廖远昆跑到村舞狮队，花两元钱买了只塑料面壳。塑料面壳有好几种，都是舞狮队表演的时候，戴在脸上，用来增加喜庆效果的。廖远昆选了这只笑嘻嘻的笑面壳。他觉得小青会喜欢这样的男人。果然，笑面壳一套上去，小青就忍不住扑哧笑了一声。

让一个死人戴上一只笑面壳，绝对史无先例。亲戚当中马上有人出来阻挠。但是，小青越看越觉得喜欢，小孩子们也不怕了，都从灶台底下跑出来看这个新阿爸。小青坚决让丈夫就这个样子入殓。盖上棺的那一瞬间，小青最后一眼看着自己的丈夫，躺得舒舒服服不说，还乐呵呵的，她的心头顿时一阵温暖，新的眼泪又涌出来了。

托廖远昆的福，小青每次见到舞狮队表演，都能寻到自己丈夫的那张笑脸壳。他在人群里，笑嘻嘻，敲锣打鼓，无忧无虑的，比生前幸福多了。

小青感激廖远昆的手，像变魔术一样，把自己男人在记忆中变成了个笑脸壳。

有个夏天的傍晚,廖远昆爬上西山,敲开小青的门,手里拎着一只小水桶,掀开盖子给小青看。嚯!是一条大活鲤鱼,红色的鱼背白色的肚子,在小水桶那么点大的地方,还来来回回地游个不停。瑶人因长年生活在山上,虽说有山泉水,可泉水里游着的活物,不外些小虾小蟹之类的,要看这么大的活鲤鱼,除非墟日下到松村里去,买了,还得请人杀好再带上山。

廖远昆说要借小青窗台上那些露水还没晾干的鲜笋尖,好好煨一锅鱼笋鲜。

小青把廖远昆放进灶间。丈夫死去几年了,她那暗绰绰的灶台前,第一次猫进来一个男人。她看着廖远昆那双手,拿着菜刀,将一条红艳艳的活鲤鱼慢条斯理地杀清楚了。刮鳞、破肚、掏肠子、去鳃……一步一步,小青看得眼睛都不眨一下。

后来,廖远昆用他的手,为小青变了个魔术。那条鲤鱼被廖远昆切成了三大段后,只见他用手轻轻地开始抚摸那三段鱼。从鱼的嘴唇开始,一直摸到鱼的脊背、鱼的肚子、鱼的尾巴。摸了个遍,又倒过来,从鱼的尾巴开始,一路摸到鱼的嘴唇。如此几个回合。廖远昆朝小青招了招手,让她走近。

"摸摸看,这条鱼还活呢,高兴得打摆子。"廖远昆一脸神秘地笑了笑。

小青不相信,被开肠破肚还被砍成三大块了,还晓得打摆子?等到她用手往鱼背上一探,妈呀,她吓了一跳。那鲤鱼果然没死,在她的手指底下,一抽一抽地打摆子呢。小青两只手分别从鱼尾一路探了上去,果然,十只手指都能感到鱼在密密地抖动着。

"再摸摸嘴。"廖远昆看小青一副愚蠢无知的样子,心中很是得意。

小青用食指掏了掏鱼嘴巴,没想到,那鱼嘴一个闭合,差点把小青的食指给衔住了。

小青觉得廖远昆的手神奇了,能把一条死鱼给摸活。心里又新鲜又欢喜。

一大锅鱼笋鲜,就着小青自己酿的米酒,他们两个人从月亮刚出来的时候,一直喝到马拐们在石头上开完对歌会,一蹦一跳找安乐窝睡觉去了。小青的孩子们也各自睡觉去了。廖远昆还不愿回家,小青也不觉得困。就这样,二人相对,喝到月亮打哈欠。

那个晚上,廖远昆又用自己的一双手,再给小青变了一个魔术。这双手在小青的身上,从头到脸,从奶子到肚脐……一路摸到了小青的脚趾间。小青就像那条鲤鱼一样,在廖远昆的手底下,欢愉地打着摆子。这样的欢愉,就算她那死去的丈夫复活过来,也给不到她啊。

躺在竹床上,小青捧着廖远昆的手,宝贝似地在自己脸上蹭来蹭去。这是一双多么好的手啊。她相信,过去的那一个个逝者,在这双手的抚弄之下,也是晓得欢愉的,经过这双手伺候过后,他们一定能够入土为安了。

"阿昆,要是我死了,你一定要好好帮我抹澡,跟他们抹不一样的澡。"后来,小青朝廖远昆撒娇了。

廖远昆闷笑了几声,说,那我要死在你前头呢?话音未落,廖远昆的嘴巴就被小青的手盖住了。

小青掰手指头算了一下,自己比廖远昆岁数小好些,还真的会死在自己的前头。小青心酸了,叹口气说:"阿昆,松村走了的人都是你抹澡吗?松村人真有福气。"

廖远昆看看小青的脸,用手抹了抹她额头上那两根浅皱纹,半晌才说:"也不全都是,我阿爸就不是。"

廖远昆心下想,要是把当年活埋在石灰坑里的阿爸抬进棺材,不把那些抹澡人愁坏才怪呢,一定烧得不成人样了啊。一想到阿爸那个样子,廖远昆不好受了。闷头不响。

从那以后,廖远昆就经常用手给小青变魔术。一个寡妇,一个寡佬,因为这些魔术,将生活变成了万花筒。小青的竹楼外边,停留了越来越多的马拐,它们是被竹楼里的咿呀声吸引过来的。它们认定这些声音是欢歌。它们是来偷师学唱歌的。

小青后来才知道,当日被廖远昆摸活的那条鲤鱼,并不真是什么魔术,而是廖远昆的一个小把戏。他在手上抓了一把盐,往鱼的身上一路抹去,死鱼遇到盐巴,欢快得就像枯草获得了清水,向日葵等到了太阳。当然,小青觉得,也像自己碰到了廖远昆的手,日子被摸活过来了。

有一天,廖远昆偶然看见小青桌上那本台历,在某个日期下,用红笔画了几笔,看着像朵花。从那个日期开始,花接着开了一朵又一朵,连续开几天,开成一串,就没了。翻到另一个月份,同样也从某个日期开始,大红花又脚印一般地开过了几个日期,接着又没了。他奇怪地问小青,这是庄稼地里收割的标记么?小青脸上一红,不好意思地低下了头。廖远昆看看小青,又看看这些日期,偏头算了算,恍然大悟,原来这些大红花标记着小青身上来事的时间,目的是为了给他俩腾出做好事的日子呐。廖远昆顿时觉得它们是这个世界上最美丽最芳香的花了。

廖远昆活过了大半辈子,没想到自己还能栽出花来,他暗暗得意,想,怕是老天爷感谢他这双手,打赏他的呢。

三

耀宗老人入殓的时辰定在下午五点。

雨还是没有停,不过也并不一直都在下,就像一个新生儿窝在阿妈的怀里,醒了就哭着找奶吃,饱了就倒头沉沉地睡去,时间间隔得还蛮有规律的。廖远昆就是趁着雨睡过去的当儿,摸上西山找小青,雨醒来又睡去几个回合后，他才离开。

"去给那个短命鬼抹澡，不怕你阿爸阿妈恼火？"出门前，小青憋了很久，才问出来。

廖远昆捋着那已经半干的折叠伞，捋了一面又一面，一直把花瓣一样的伞面都捋了个遍。才想好，说，他们不做人了，不晓得恼火。

"那，你不恨那个短命鬼？"看着面无表情的廖远昆，小青简直有点觉得他太好欺负了。

"恨"这个字，就像此刻悬挂在屋檐下的那只葫芦瓜，已经不知不觉地被风干了。这些年来，他们廖家跟这个"短命鬼"再没起过任何冲突和纠葛。廖家的人，除了廖远昆之外，多数都往外跑了，嫁人的嫁人，做生意的做生意，读书的读书，都自顾奔好生活去了。好生活就像一阵阵飓风，把这个"短命鬼"吹到记忆的深渊里，活埋了。在松村，人的感情跟自然规律一直是很合拍的，新旧替换、来来往往、生老病死，都是老天爷给的，顺其自然。似乎只有这个样子，松村的人才得以跟农作物般茁壮成长。

"死人有什么好恨的？"廖远昆牛头不搭马嘴地反问小青，让小青心里奇怪地感到有些失落。她盯着廖远昆看，看穿了方才在竹床上霸道地让自己叫他"老爷"的那个男人。

廖远昆被她看得有点怕，只好又搪塞了几句——抹澡嘛，又不是什么大不了的事，就当成是擦桌子、洗碗、刷锅一样喽。说完，他就出门去了。

小青目送廖远昆穿过屋门的那片小竹林，搞不懂那个隐没在雨线里的男人，心里到底怎么想的。

廖远昆却没再想小青问的那些问题了，他边走，脸上边不由自主地挂出了微笑。小青刚才在床上那几声"老爷"，虽然音量不大，现在却还能听到回音，跟这淅淅沥沥的雨声一起，叫得他心里酥酥软软的。下山的一路上,他整副心思都在回味这些声音。

　　阿爸死了之后,廖远昆一步也未曾踏进过耀宗老人的家门,平日里就算经过门口,也尽量走得偏偏远远的。要知道,若非结下深仇大恨,这样的事情在农村是极少有的。松村人心里都明白着呢,耀宗老人入殓,有热闹好看了。所以,耀宗老人的家门口,在辉牯用塑料布搭起的一个大篷底下,早早地就站了许多来奔丧的人,这些人,扯起来都跟耀宗老人一家有着亲亲疏疏的关系,所以,也不好说仅仅是为了看热闹来的。

　　廖远昆跟丧葬队一起,被请到后屋先饱餐一顿。他乘机打量了一下耀宗老人的家,也没什么特别的,从家具和厨房的灶台上看,这家人的生活过得并不比别人好,也就是个富农的水平吧。不过,给廖远昆他们吃的那顿饭,倒是极丰盛的。其中有一道红烧果子狸,可以说是少能吃到的山珍。那个吹唢呐的阿森,坐在廖远昆的旁边,边吃边高兴地对说,这果子狸莫不是因为阿昆才被红烧的啊!这话很快就传到大堂门口那些人的耳朵里,他们纷纷说,辉牯烧果子狸孝敬廖远昆了。唉,一片孝心啊,耀宗老人要能知道,一定走得很安乐啦。这些话又很快传到辉牯和他老婆的耳朵里,他们顿时觉得体面起来了。

　　吃饱喝足后,廖远昆便跟平时一样叼着根牙签走出大堂来。这一次,在松村人的眼里,忽然感到他有了点派头,像个大人物了。他的嘴巴一直动个不停,将那根牙签放到左边牙齿嚼嚼,又转到右边牙齿嚼嚼。

　　耀宗老人的家属似乎对廖远昆都有点怕,不敢怠慢,恭敬地将他迎进大堂那张临时挂起的白幔里。那白幔里,是几张高脚凳和一块门板临时搭起的"床","床"上自然是躺着永远长眠的耀宗老人。

　　耀宗老人赤裸的身体被一张毯子蒙得严严实实,很快地,在廖远昆一个轻轻的动作之下,毫无武装地裸露出来了。

　　"短命鬼!"廖远昆在心里暗暗骂了一句。不过,这声骂,似乎已经不能叫"骂"了。

廖远昆上上下下看清楚了耀宗老人的身体，心里不由冷笑了一下：嘿，这个短命鬼，看着确还不像八十岁的老人哩。这身体，摆明生前享福过了。每次，给那些办喜葬的老人抹完澡回去，廖远昆就会想想自己阿妈，她何以不到五十岁就奔赴了黄泉？他认为阿妈太记仇了。阿妈记仇的主要方式，除了不停地诅咒短命鬼之外，就是永远记住阿爸没享到的福。既然阿爸没享福，阿妈自己也不让自己享福。所以阿妈比任何人都要节俭，往死里节俭。比方说，一只苹果，她非要切成好几瓣，放在碗柜里，每天吃一小瓣，直放到那苹果发黑干瘪了，都还没吃完；比方说，一身新衣裳，她平时舍不得穿，到过年穿上了，却还又在外边罩上一件旧衣裳，遇着贵重的客人来家，才跑到房里把外套摘了……阿妈生前总是说，吃得已经够好了，不能吃太好了，你阿爸在世的时候，好吃好穿好用的什么也没捞着呢……阿妈这么说的时候，廖远昆就记起那几只扔到石灰坑里的月饼，他一直都弄不明白当时为什么会这么做。阿妈坚持认为，那是因为廖远昆被吓得魂魄都散了，被坏人借了身体，才做出这么鬼怪的事情来。想想，那个十二岁的自己，怕真的被吓坏了吧。

拿起那块洁净的白布，廖远昆蘸了蘸脸盆里的清水，开始给耀宗老人抹澡。他的手所到之处，就像在解开一个个秘密。这里，是短命鬼的脑袋，就是这里出了毛病，站到了阿爸的对立一派；这里，是短命鬼的心脏，就是这里起了坏，老想着跟阿爸争权夺势；这里，是短命鬼的手，就是这里指手画脚，指挥了那场武斗；这里，是短命鬼的腿，踹疼过阿爸的腰……

廖远昆抹着抹着，手下慢了，心里酸酸的。他想，要是谁在黄泉路上能遇见自己的阿爸阿妈，他一定会让人捎句话给二老——斗来斗去，仇恨来仇恨去，有什么卵用？看看吧，人家活得又长又好。要是非得像当年那样，将这个短命鬼再次跟自己的阿爸分成两派的话，廖远昆不得不承认——还是这个短命鬼赢了。谁活到最后，谁就能笑到最后。老时的话都这么说的，阿爸阿妈难道没听懂？

想着想着，廖远昆的手上多加了几分暗力，可再怎么加力气，那身体一点反应也没有，那如同蜡制的面容，依旧安详无损。哎，这个死短命鬼啊……

廖远昆是否抹得比平时都仔细？一直站在廖远昆身边的辉牯事后对别人说，一般抹三道就够了，阿昆竟然抹了六道。为什么？因为他吃下了珍贵的果子狸啊。村里的人才不相信呢。不过，由于抹澡的时候，只允许亲人在旁观看，围在白幔外边的人是没法考证的，所以，大家也就将信将疑了。汤叔公是相信的。他在村里辈分仅次于耀宗老人，他的话有一定的权威。汤叔公说，看起来，廖远昆是原谅耀宗了，多抹了那几道，是帮耀宗洗掉那些错误呢。事实上，耀宗老人生前不止一次地跟汤叔公聊天，说起那些荒唐的过去，他都承认自己当年犯了错误，害了人命。正因为这样，汤叔公后来那些年，才又愿意跟耀宗老人频繁地串门聊天了。

抹澡的工序完毕之后，廖远昆开始为耀宗老人穿新衣裳。他碰到了一个难题。他没料到，耀宗老人的身体竟然那么硬。他给他穿那件宽松的棉布新外衣，好不容易扶起来的身子，手臂怎么摆弄也伸不进袖筒。左折腾，右折腾，竟将廖远昆弄得大汗淋漓。遇见这样的情况还真不多。这短命鬼，骨头还真的硬啊。廖远昆只好放下手中的活，稍微歇息一下。

老抹澡人伍义告诉过廖远昆，逢着死人身体不听话的时候，你就要跟那身体谈心，他们在世间活了那么长时间，总是听得进道理的。所以，现在，廖远昆不得不找了张长板凳坐下，不得不将口中叼的牙签取了下来。他开始跟耀宗老人谈起心来了——

耀宗叔啊，你还有什么放不下心的呢？你看，你的孙子都已经成家立业啦，你的曾孙子也晓得下田割禾啦，他们都吃得饱饱穿得好好的，你还有什么放心不下呢？耀宗叔啊，你的儿子早早落到下边，建好屋，杀好鸡，等着你下去享福喽……你要软下来啊，你的身子这么硬，我怎么给你穿新衣裳呢？你看，这身新衣裳多好啊，软软的，干干净净的……

这一番话，听得身边站着的那些亲人，伤心得一个个抹起了眼泪。

停一会儿，廖远昆又开始讲了——

耀宗叔啊，你莫紧张啊，你要软下来啊，我阿爸阿妈昨天托梦给我啦，他们要我原谅你啦，你莫害怕啊，他们在阴曹地府游山玩水，心情好得很，莫再记仇那些事情啦，你莫愁啊你莫慌啊，你就放松下来，软下来啊，软下来我好早点帮你穿上新衣裳，你也早点上路啊，干干净净去享下世的福喽……

这些话说出口，就像廖远昆唱起了一首长长的哀歌。白幔还没有拉开，外边已经哭声一片了。

廖远昆跟耀宗老人谈心，手上还不忘在耀宗老人的身子和骨头上摸来摸去。如此过了大约一刻钟后，廖远昆又重新帮耀宗老人穿衣裳了。没想到，那身体果然像被施了法术一样，比先前乖顺了许多。虽然费了廖远昆不少劲，但到底还是整整齐齐地穿好了。你说神奇不神奇？身边人都看呆了。廖远昆却一脸坦然，不动声色地进行着下一道程序。在他眼中，这类事情怎能算得上神奇呢？死就是新生，死人的身体就像一个不懂事的孩儿，哄哄就达到目的了。

当白幔拉开，廖远昆和辉牯抬着衣着素净的耀宗老人，走到大堂中央那副棺材前，将耀宗老人轻轻地入殓了。

汤叔公站在棺材边，已经老泪纵横。他看着棺材里的老朋友，安安详详地睡着的样子，一颗心终于落了地。

要论耀宗老人那场丧事有没有什么纰漏和不周，松村的人还真一点都看不出来。只有抹澡人廖远昆心知肚明。当日，盖棺之前，廖远昆接过辉牯准备好要放进耀宗老人嘴里的那粒银子，趁人不注意，换了个手势，迅速将先前已经取下并折断的半截牙签放进了耀宗老人嘴里。那么，耀宗老人用来买孟婆汤的银子就被廖远昆没收了。没钱买孟婆汤喝，耀宗老人就永远忘不了人间的那些悲欢离合，也就永远都惦记着自己犯下的错误和结下的仇怨啦。

做下这种破坏行规的事情，廖远昆生平只此一回。他想，这样阿爸阿妈就不会到梦里来烦自己了。他终究是为他们小小地报了一次仇。

每当想起这个恶作剧，廖远昆就忍不住笑。这不过就是一个玩笑而已。如果真有那碗孟婆汤的话，廖远昆相信，绝大多数死去的人，是不会花冤枉钱去买来喝的。人死了，一了百了，恩也好罪也罢，全都烟消云散了。死去的人是没有记性的，因为，他们把记忆全都留给了活着的人。

当然，活着的人也会有失去记性的时候。躺在小青怀里，小青的奶子圆溜溜滑腻腻的，像两只碗，里边装的就是孟婆汤，它们总能让廖远昆忘记很多事情，他会变得无忧无虑起来，甚至，他都觉得这样的无忧无虑，跟死去的人没什么两样。

四

小青一只脚还没踏进五十岁的门槛，她身上的那两只"碗"就装着害怕和难过了——廖远昆最先摸到了那几只葡萄般大的肿瘤，就在小青奶子两边，两腋下。它们就像日本鬼子已经悄悄地包围了山头，发现时，已经迟了。医生说，必须全部割掉。奶子和肿瘤一起，连根挖掉。一听这话，小青吓得簌簌发抖。连根挖掉还能长什么？即使韭菜连根拔掉都难得再长回，更何况人的奶子？这两只奶子，打小跟着小青一起长大，它们养大了阿妙阿艳和小辉，这几个孩子都纷纷出门打工去了，现在，这两只奶子又成了阿昆的宝贝。阿昆每次从西山脚下摸上自己家来，笃笃笃，敲响竹门，小青再清楚不过了，他敲的可不就是这两只碗？

嘴巴上不说，廖远昆在心里不时怀疑，莫不是坏在自己这双手上？自从跟小青好上之后，除了摸死人，这双手摸得最多的，便是那对奶子了。莫不是老天爷嫉妒自己这双手？

晚上，廖远昆把小青搂在怀里，对她说，要不，我给你再变个魔术？

小青摁着他的手，不让他动。又将那双手拉到月光下，认真地看了起来。说实在的，这双手比起廖远昆这个人，好看多了。廖远昆长得矮矮墩墩的，但手指却比谁的都长，小尾指差不多跟小青的食指一样长。

小青深深地叹了一口气，说，阿昆，你这双手要真会变魔术，把那些毒瘤子变光才好哇！说完，她埋在黑夜这张鬼脸壳下，扁着嘴巴，大哭了起来。

廖远昆将身子一挺，坐起，用手捋高了袖子，准备大干一番的样子，说，来来来，莫哭莫哭，看我变魔术！

于是，在月光下，廖远昆成了一个巫师。他双手放在小青的奶子上，轻轻地摸来摸去，最后，又移到小青的腋窝下，像摸着石头过河般小心地摸索着，口中还不断地喃喃有词。

小青看他一副认真的表情，便止住了哭，侧起耳朵听。不听还好，一听吓一跳！只听见廖远昆唱歌一样喃道：

"求菩萨天主马拐哥啊，保佑小青身上的恶瘤，一只两只三只四只啊，全都不见啦；求菩萨天主马拐哥啊，保佑葡萄挂回葡萄藤，鸡卵赖回母鸡窝啊，莫走错了地方睡错了床啦……"

小青当即严厉地对廖远昆说，莫荒唐啊，菩萨是菩萨，天主是天主，马拐哥是马拐哥，莫乱放在一起，要得罪神仙啦。

廖远昆却并没停下来，口中自顾喃喃。直到小青推推扯扯地制止了他。

后来，廖远昆指着桌上那包药说，你看，这些药，黄的白的红的，那么多种，神仙只拜一个，哪里够力气？

莫乱讲啊，神仙是药吗？

是！哪个说不是？说完，廖远昆又把两只手放到小青的奶子上，又开始从她的奶子一直摸到那些瘤子上，口里又开始喃喃。

这双手真的奇怪啊，摸着摸着，小青就又欢愉起来激动起来了，几乎忘记了那些藏在自己腋下的瘤子……

一直潜伏在竹楼底下的马拐们，又重新听到了那些它们怎么也学不来的欢歌。这欢歌听起来似乎比往日更欢了。

廖远昆把脸埋在小青的奶子上，又转过脸去亲那些葡萄般的瘤子。隔着厚厚的肉，他都能感觉到，那些瘤子似乎也跟着小青在快乐地打摆子呢。如果能跟这些瘤子和睦相处，廖远昆想，那也不错的，就当身上多养了些活物，就像碗里多养了鱼，鸡窝里多养了几只鸡。横竖农村里的人种养东西是本性。唉，求菩萨天主马拐哥保佑啊……他在心里默默地喃着。当然，为了公平起见，他也会给神仙换换秩序：求天主菩萨马拐哥啊、求马拐哥天主菩萨啊……

瘤子和奶子都割掉后不久，县医院的医生又在小青的脑袋里发现了新的瘤子。这一回，在廖远昆的祈祷里，菩萨走了，天主也走了，只有石头缝里那些跟松村人朝夕相处的马拐哥留了下来，它们的叫声，在廖远昆听来，跟小青疼痛的哼叫声一模一样。

廖远昆活那么长，见过那么多死人，却从没见过这么痛苦的人。他用手去摸小青的身体，试图减轻她的疼痛，可这双曾经在她眼中看来会变魔术的手，再也不能减轻她一丝一毫的痛苦，更不能分散她对死亡一丝一毫的恐惧。她多次烦躁地将廖远昆的手从自己的身上甩脱掉，多次歇斯底里地抓起廖远昆的手用力咬下去……

廖远昆怕极了这样的人。他每次从山脚慢腾腾地爬上半山腰，在途中故意花去不少时间，将蔓延出来挡路的野草一棵一棵地给扯掉，他还目送着一只山岩上蹦下来的马拐东张西望地回家……他拖延着上山的时间,直到看见小青的竹楼,他的双脚就像上了锁链,一步也迈不开。他深深叹一口长气,山林寂静,这口长气绕起了轻微的回音。

小青的病却并没因为廖远昆这些拖拉和犹豫而减慢速度。很快的,还没喝上孟婆汤,小青就把这人世间的记忆像倒垃圾那样统统倒掉了。她脑子里的那些瘤,像一只只橡皮擦,不仅擦光了她一生中所经历的艰辛和欢乐的事,而且也擦光了在她生命中出现过的任何一个人物,包括伴随她生命走到末日的那个抹澡人。

吃过药后的小青,总有那么一些时候是轻松的。下午,廖远昆便把她抱到靠窗的竹椅坐着,晒太阳。她薄薄的,就像一张纸,廖远昆只需一只手就能将她放到竹椅上。她的脑子也薄薄的,像一张白纸,谁也不认识,什么也不懂,那神情,痴痴傻傻,在廖远昆的眼里,竟如一个新生儿。看着看着,廖远昆先是觉得奇妙,一个人,怎么能做到将活过的几十年光景都忘得一干二净?再看着看着,廖远昆心里就生出些满足感来。如果能一直这样待着,该多好啊。原来,丧失记忆的活人,竟是那么幸福的——不记着仇也没惦着爱,整个人就像被施了法术一样,没有前世也没有今生。他蹲在小青的跟前,近乎羡慕地朝她笑笑,又用手捏了捏她的脸。这个女人是再也认不出他了,她用模糊的视力瞄了他两眼,却并不反感他对自己的动作。

如此地靠近之下,廖远昆想起了很多次跟这个女人做的那一场场魔术,这样的、那样的欢愉。念头,就是这个时候像月亮般悄然升起的,并且一如过去那样激动着廖远昆。趁着这女人的鼻息还没被痛苦黏上,廖远昆想再给她变一场魔术。

她,半躺在竹椅上,他,则半跪在她跟前。他开始试探性地用手开始碰她的身体,就像过去那样,只是,在他的动作里,少了些权力,多了些迟疑。他从她的脚开始，一路上升，他一边抚摸，一边用眼睛仔细看着她的反应。

应该说，她是感到舒适的。大腿、小腿、腹部、空荡荡的胸部、肩膀、颈脖……她一点抗拒也没有，甚至乖顺了起来，仿佛此刻在她身上游动着的，是透过竹叶缝隙伸进去的阳光。

挣扎是从廖远昆的手进入她下体开始的。她先是被惊动了，神经过敏地抖动了几下，继而不明就里地开始抗拒。她的近乎厌恶地扯掉了那双手。廖远昆拿不准她到底是否还懂得那意思，所以，那手依旧没死心，依旧在小青的身体上游移，仿佛在进行着无声的谈判。没多久，廖远昆就发现，除了那个地方外，小青是懂得享受这手的。于是，廖远昆的手，不带半点欲望地，宁静地，从上到下，从左到右，安抚着小青的身体。在这样的安抚之下，小青的呼吸均匀，面容安详，那样子，就像沉浸在一件幸福的往事中。

五

在小青生命最后剩下的那些日子里，廖远昆都会来给她摸摸身子。小青死了之后，那些来为小青奔丧的人，看过一眼她的遗容后，都不禁会在心里发出一声叹息，没见过面容这么自然的死人啊。简直跟睡着无异。要是胆子大的人，敢于长时间地盯着她的脸看，还能看出她嘴角那隐约挂着的一丝笑容来。廖远昆看见了那缕笑容，淡得像白天挂在太阳边的那半眉月。也正因为看见了这半眉月，抹澡人廖远昆才得以平静地站在小青身边，像从前那样给她抹澡。

入殓的时间，是夜晚九点一刻。下了一整天的雨突然停了。廖远昆看看夜空，暗自点了点头，吉人果然有天相，也算是生前积德了。

参加葬礼的人不少。小青那几个从外地赶回来的孩子，看着成熟了不少，口齿也伶俐多了，可对于农村的丧葬礼数显得不知所措，他们只乖乖地在一边听从大人的指挥，跪在灵前。比起才进家门时穿的那些时髦打扮样儿，这个时候，他们才有了些孩子的模样。

来了不少女人，她们都打着跟小青生前友好的名义，站到了灵堂前。实际上，她们是来看廖远昆的。她们嘴上不提，但是心里却羡慕着小青——她是个寡妇，但最终能死在自己爱的男人怀里，而那个男人，将一直温柔地将她伺候到最后，让她舒舒服服地长眠。这些女人，自己感情生活平淡无味，无数次透过一集集催人泪下的情感电视剧，幻想过一些不可能发生在自己身上的爱情，那些羞于张开嘴说出来的爱情啊，在这个初夏的薄雨里，愚钝地在一段段朽木上撑开了一把把蘑菇小伞——她们就是打着这些小伞来的。

整个晚上，她们都看着那个沉默的抹澡人。

与往日不同，廖远昆穿得整整齐齐，嘴上没叼着牙签了，头发不知道是不是淋过雨的缘故，光光亮亮、服服帖帖的。他比办任何一场丧事都周到，很多不该管不该做的杂事，他都参与，俨然半个主人。不过，人们也并不觉得突兀，这几年来，廖远昆可不是这个寡妇家的半个主人吗？只是，他们还是没能看到廖远昆脸上露出一丝悲伤的神情，更不要说能看到他掉下一滴眼泪了。他为她抹澡，为她穿上寿衣，为她整理头发，穿戴好鞋帽，甚至轻轻地将她抬进棺材……他做这些，动作轻柔熟稔，心情看起来也并不沉重，仿佛他手上的小青，已经脱了胎换了骨，变成一个纸人儿，真身早已不再。

说实话的，那些女人们心中多多少少有些失望，她们所期待看到的那种生离死别的场面并没有上演，那么她们何苦要冒着雨来送这个女人呢？她们听着一首首凄惨的哀乐，心里却想着别的乱七八糟的烦心的难缠的事情。

也就是在这个时候，大水蚁开始一拨一拨从四面八方飞了进灵堂。

在松村，大水蚁跟苍蝇一样，是常客。它们总会在雨后的夏夜，循着光，扇动着一双薄薄的大黄翅膀，围拢到灯下，取暖、聚会。它们没有一点儿攻击性，只是多得讨厌，叫人肉麻。逢着它们聚会，小孩子便一个笤帚挥过去，一些脆弱的黄翅膀从空中飘落，剩下光秃秃的身体，跌落地面仓皇逃窜。大人们不会去花力气驱赶它们，因为赶不尽杀不绝，徒生麻烦，他们往往一声不吭，一下子把灯拉灭。失去了光，陷入黑暗中的大水蚁只好讪讪离开，另觅光源去了。它们趋光亦驱光，因而总像生活在恶作剧中，在松村人看来，就是一种可怜虫。

这会儿，赶到灵堂来的大水蚁越来越多。它们纷纷在灯管下、烛火前、冥灶边这些发光的地方集合，过节赶墟般欢快地扑打着翅膀。这个比平日里都要舍得亮堂的地方，简直就是它们的天堂了。

廖远昆正在做盖棺前的最后一个步骤——用一根绳子测量小青身体跟棺材板两侧的距离以确认身体处于棺材的正中部位，然后在两侧空隙处填塞些小青的衣服、饰品等遗物，只有两边空隙塞满了，人体才得以固定。这么做，是为了抬棺人在凌晨趁太阳还没升起前赶到墓地，抬着棺材疾走的时候，里边的人体不至于晃动，保持死者的安详。

廖远昆像一个细心的木匠，用一根细绳，在小青的身体上测来量去。可是，大水蚁太讨厌了，它们扑腾扑腾地围着小青头顶上的灯，穿来绕去，有不少还企图跑到小青的身上、头上。廖远昆不得不停下工作，抬起两手，朝头顶上方拍打、挥舞了一阵，更让人恼火的是，那些逃跑的大水蚁，留下了片片黄翅膀，落叶般飘飘摇摇地最终停留在了小青那身洁净的寿衣上。廖远昆只好耐心地去一片片收拾起它们。没一会儿工夫，等他收拾得差不多，新的大水蚁又围拢了过来。

人们也耐不住了，开始骚乱，纷纷用手去扑赶在自己身上、脸上飞来飞去的大水蚁。一时间，吹奏哀乐的那几个人，也有点乱了。唢呐里爬进了几只，不得不停下来抖抖；敲锣的那人，光脑袋上也行走着几只，放下锣,拍了拍脑袋……

这时有人建议熄灭几盏灯,反正有烛火和灶火照明。于是,四周的几盏灯就灭了,只留下了棺材顶上的那盏,结果,大水蚁就几乎全跑到那盏灯下了。它们变本加厉地在小青的头顶上飞舞,多得叫人起鸡皮疙瘩。有好些大水蚁还爬到小青的脸上,仿佛那张脸上还有着生气和血肉的香味。

大概是小青无知无觉的安详感染了廖远昆,他此刻已不再为大水蚁的困扰而感到烦心,他认为它们是一片诚心来送小青,定是来代他去陪她的。廖远昆便不再去驱逐它们,随它们飞舞。

盖棺之后,和尚们开始念经,亲人们一轮一轮地绕棺。要按平时,廖远昆就无事可做了,可以去后间洗洗手,猫在厨房灶间咪一口老酒,靠在柴垛上伸伸腰,等候凌晨起棺。然而,廖远昆却没离开,他坐在一个用肥料袋包着禾秆做成的蒲团上,抽烟。

哀乐这个时候是不能奏的。低低的念经声虽然没有哀乐嘹亮,但听起来却更悲切。绕棺的亲人们在和尚的指挥下,走走停停,哭哭停停。

廖远昆矮着身子,一直坐在那蒲团上。绕棺人的脚在他眼前晃来晃去,他疲倦得有些迷离了,正要打瞌睡。忽然,不知道谁大嚷了一声,绕棺人的脚步随即就被打乱了。廖远昆循着声音望过去,只见不远处,人们脚边不晓得什么时候窜进来两只马拐,一只大,一只小,大的那只在前,小的那只尾随其后,似乎很懂路似的,一蹦一跳地朝着竹楼卧房的方向去了。它俩跳得很默契,很好看,浑然不理会有那么多观众。

少有这么不怕人的马拐啊。就连廖远昆都看傻了。

这个时候,旁边有个老人,指着这两只马拐说,怕不是阿山带着老婆回家喽。

众人听了,顿时觉得有道理,莫不是嘛,前边大的那只是阿山,小的那只是小青。

谁都没去赶它们，目送它们跳进房门。

廖远昆看着这一对前后脚的马拐，一下觉得眼睛模糊了，鼻子像被一口烈酒呛着了，随即流下了眼泪。他本来想趁没人注意的时候，用袖子擦干了事，可是，没想到，这眼泪却消停不住。很快，他发现很多人都看着他了。很快，他的哭带领起了一阵新的此起彼伏的哭声。那些女人，先是抽着鼻子，后来索性就放声大哭了。

廖远昆哭得真像鸟崽叫啊。

声音多响亮啊，和尚听得连经都忘念了。

马拐都被廖远昆的哭声吓得奔跑起来了！

……

若非亲耳听到过廖远昆的哭，那些没参加小青丧事的人是不会相信这些话的。一个男人，还能哭成什么样？然而，不相信归不相信，他们却接受了廖远昆为那个死去的女人哭一场的事实。他们说，阿昆真可怜，又要单过了。

事实上，廖远昆并没有单过很久。小青死后的第二年，一个秋天的夜里，他去村口老幺表叔家喝了一场满月酒，回家走过河坝，他被吓了一跳。脚底下哪里是一条河？这人间，哪会有这么一条亮堂的河？他尽量把身子朝河面探去。他的耳朵就听到了热闹的讲话声，有男的，有女的，分明是人群在灯光处聚会。他多么渴望加入到这场聚会去啊。没多久，他的两只手臂变成了两片薄薄的翅膀，朝着光亮的聚会，热情地飞去了。

第二天，松村的洗衣妇早起到河边，看到上游哪家人的衣服顺水漂了下来，漂到这里被河中心一块大石头截住了，这样的事情在河面上并不少见。走近细看，才发现是个人。

这个河坝，松村人闭着眼睛都能摸过去，廖远昆怎么会掉了下去呢？

再加上，昨天夜里，人人都看到天上挂着一只大大的月亮，这大月亮照得家家水缸都反光，廖远昆怎么会看不见路呢？汤叔公凭借自己在村里年长的地位，仔细地察看了廖远昆的身体之后，给下了个定论——阿昆是醉死的。辈分小的人，听了之后，撇撇嘴，心里不服，却懒得说了，横竖廖远昆跟自己都不怎么亲，他只是松村最后的一个抹澡人罢了。

可不是吗，廖远昆是松村最后的一个抹澡人，如今他没了，松村的死人该怎么办？廖远昆自己是无所谓了，他在河里泡了一整夜，松村的河水为他抹了一夜的澡，他比谁都干净地上路。

旧账

一

我又喝多了。像一只圆滚滚的热气球,沿着楼梯级,慢慢升回了九楼的家。

我女儿打开房门看到我,好像又找到了一只玩具,兴奋地叫了起来——妈妈,妈妈,不倒翁回来啦,不倒翁回来啦!

我女儿经常说,爸爸喝醉的时候,就是个不倒翁,左边倒,右边倒,就是不会往下倒。为什么呢?

为什么呢?为什么呢?我老婆被我女儿问得烦了,只好潦草地回答她——因为你爸爸的肚皮大啊,肚皮大的人是不容易倒下的。你看,你那只不倒翁,是不是肚子又圆又大?

看起来,我女儿对她妈妈的这个解释还比较满意。她现在已经一溜烟蹿到我的大肚皮上,把我窝在沙发里,朝我东推西拽,还凑到我扑哧扑哧喘着酒气的大嘴巴前,嗅来嗅去,说,爸爸的酒好香哦!嘿,这小虱子,还得了了?我把肚皮故意一抖,像只怪兽般发出一声咆哮。我女儿一尖叫,小身体紧紧伏在我身上,将我的手臂当栏杆,将我的胸膛当房间。仿佛我的身体以外是海洋或者是悬崖谷底。

就算醉醺醺了,我还是相当享受这样的闹腾。如果我女儿喜欢,还会把我拉起来，在小小的客厅里，让我像一个不倒翁，将我推过来，推过去，玩。其实她哪里知道，那样子我的身体就像一只大酒壶，酒从我身体的左边晃到我身体的右边，又从右边晃到左边，难受得想吐。可是，我不吭声，任她晃。我的脾气够好了。

干我们这一行的，要是连一副好脾气都没有，笃定"短命"。我说的"短命"，不是说人真的就翘辫子没了，而是指工作没了。

入行之前，培训课老师总是"销士、销士"地叫我们，刚开始我真弄不明白，难道做销售的，还分个什么"销士"、"销将"、"销帅"的吗？培训后我才知道，广州人爱学香港人，在中文里杂英文，将我们这些销售员叫"sales"，读起来就是"销士"。比方说，我们现在也一样把"贝仙"挂在嘴边。"贝仙"是一个性感妞，她主宰着我们的命运。真要哪一天，在公司的业绩表上，谁的"贝仙"跟人跑了，就意味着谁已经"阵亡"啦。"贝仙"就是英文"百分比"的读音。

做销士快十年了，我感觉销士其实就是"战士"，每天都在琢磨怎么攻打客户，谋划着怎么将公司的产品销出去，怎么挣到"贝仙"的宝贝提成。我们寻找目标，锁定目标，跟踪目标，然后攻垒，第一次得手后，再继续跟踪目标，继续上量。全过程一环扣一环，稍微有点风吹草动，哪个环节做弱了做岔了，很容易就"阵亡"。每隔上一阵子，我都要清理手机通讯录，将一些"阵亡"的兄弟删除掉，好像在搞"遗体告别"。

事实上，我现在已经醉得很难受了，老想冒，可我的脑子却比兔子耳朵还敏捷。作为一个老销士，我对刚才酒桌上发生的那场事故感到非常不安，我怎么可以在酒桌上得罪人呢？阿年在厕所里，用自己的尿一连扫射了好几个空便池，好像那几个空便池上，分别坐着张副总、王秘书以及那个傻X孙主任，轮番扫射，我都佩服他哪来那么多的尿。他一边扫射，一边大着舌头警告我："丫二百五啊，真他妈二百五，跟那傻X较个什么劲啊！这，这是你较劲的地方吗？丫放明白点！"阿年是南方人,但他在北京上过学,北京没让他留下,只留给他满嘴"丫、丫、丫"。

酒楼大概快打烊了,厕所里只有我和阿年。弄砸了合同,我心虚,理亏,我没接阿年的茬,把自己搞成一副烂醉的样子,站都站不稳,靠在烘手机上,从来没有那么大声地吼阿年:"你他妈的,你,你干吗老是把我灌醉?你,你凭什么把老子灌醉?"不仅骂,还用手指着他的鼻尖,大有对方一回击,就会大打出手的气势……我斗着酒醉的胆,对我的上级大发脾气。我心里清楚得很呢,搞搞大,一定要搞搞大,不然事情就很难收拾啦。大不了,明天醒来就说,我什么都不知道啊,我醉得一塌糊涂,失去了理智。我既不记得骂过我的上级阿年,更记不得摔碎了那个傻X孙主任的酒杯。这解释,再合理不过了,谁不知道我的脾气是出了名的好,哪里会轻易骂人?好脾气使我成为公司资历最老的一线销士,好脾气让我在广州讨了老婆生了女儿。没有好脾气,难道这些好东西会从天上掉下来?

我怎么会不记得姓孙那家伙呢?要不是他老追着我,要我向我老爸磕头、罚酒,我怎么会摔他的酒杯呢?我跟我老爸的那些陈年恩怨,跟陈年老醋一样,几乎每个饭局都拿来做调味剂。只要饭局陷入冷场,没话题了,我和阿年就像说相声般,把那段往事当谈资。没想到,丫竟那么多事,指着我的鼻子骂我,骂我大逆不道,骂我狼心狗肺,还骂我断子绝孙,骂也就罢了,还非罚我端着酒杯下跪,要我对着天空向我老爸道歉!丫以为自己是谁啊!我不知不觉地受阿年影响,也喜欢说"丫"了。我至今不明白"丫"怎么会是粗口,但是每当我骂人"丫"的时候,我的眼前就好像飞过去一只黑乌鸦,飞到丫头顶上站着。在我们南方的村子里,咒人乌鸦盖顶,那就好比咒人遭大殃,蛮有杀伤力的。

饭桌上的人都看着那姓孙的跟我,不知道怎么收场。他们公司的王秘书觉得有点过了,在自己的位置上,稍稍站起了一下,她劝姓孙的:

"孙主任，算了，这是人家的家事，轮不到我们来插手的，来，坐下我们慢慢喝！"谁知道那姓孙的，听了这话更来劲，红着一张肥脸，把酒杯拼命往我嘴边送，另一只手还用力按我的肩头，他命令我："喝，今天你要不喝，这合同就不签了，王八蛋，今天，我非替你老子管教管教你不可！管教管教你这个不孝之子！"一听这话，阿年坐不住了。他敏捷地从张副总的位置边上蹿了过来，满脸堆笑，试图夺去姓孙的酒杯。阿年是怕这单生意给搞砸了。他谄媚地攀着姓孙的肩膀说："孙主任，孙大哥，哈，你看啊，这喝酒，总是要有点气氛不是？我俩刚才也就随便造那么件小破事，给大家听听，助助酒兴，没想到，孙大哥还当真啊，该死该死！我罚酒，我罚酒，好不好？"说完端起手里一杯酒仰头喝下。

我的上级阿年，都做到这分上了，没想到，这家伙竟然一点情面也不给，反而勃然大怒。他把酒杯重重地搁在桌子上，撂开肩膀上阿年谄媚的手，指着阿年的鼻子说："操，搞半天，你把我们这一桌人当猴耍啊，真真假假的，耍猴子呢！"

我实在不能忍下去了。看起来，这家伙今晚是非咬住我们不放。这期间，我不断看张副总，这一桌上最大的官。没想到他面不改色，任那姓孙的闹，还不时地用遥控器调他正对面墙上的电视机。连他都不表态，我只好站了起来，一把抓起桌上的那杯满酒，用力朝地上砸了下去……

要按平常，喝多了，回到家，我这个不倒翁，只要倒向心爱的床，心里一踏实，便能呼呼睡着，直到天亮。可是，今天晚上，我躺在床上，非但没有睡着，脑子还出奇地清晰，好多陈芝麻烂谷子的事情，就像公司挂在每个人头顶上那一张张绩效表，左一个"贝仙"，右一个"贝仙"地游来游去。

我那体贴的老婆翻过身来，看看我，用手抚了抚我的脸，问我怎么啦？我哼哼了两下，用手回摸了摸她的脸，没再说什么。我老婆大概会错我的意了，用手习惯地在我身上摸来摸去。说实在的，我现在一点那个的想法都没有，我觉得我胖胖的身体里空荡荡的，像是被塞进了好多棉花。我希望有人用力挤挤我，把身体里的真空都挤出来，让我能感觉到自己的骨头、关节这些硬家伙还在着。我老婆不明白我的意思。当我使出了吃奶的力气，让她使劲地压着我、挤着我的时候，她觉得我是在激动着，于是，她熟门熟路地扒下了我的裤子。我的裤子一被扒下，我就放弃了挤压。

我脾气一向很好，从了她呗。

二

第二天，阿年回公司跟分管我们销售部的老总汇报，因为姓孙的办公室主任跟姓张的副总一贯合不来，本来跟张副总说好了，回扣两人各半的，谁知道张副总擅自将回扣拿了大头，只分了点口水给那姓孙的。那姓孙的早就不满了，又不敢明说，趁着这次继续上量签合同的饭局，找茬。

因为阿年这番解释，公司才不对我追究。只是，这合同是没法再签了，而我，这一单的"贝仙"宝贝硬被那姓孙的强奸了。

我一点都不知道姓孙的和姓张的之间有这些名堂，我也不知道阿年是怎么得到这个线索的，真真假假，至今也闹不清。好在这些事情，说出来，总是合理得不需多解释的。

事后，在只有我跟阿年两个人参加的"业务总结会"上，阿年对我说："大郭，你看这样成不？以后，咱俩改个故事来说说？"我愣住了，反应不过来。故事？什么故事？

阿年坐直了腰板，跟我口头说起了他的策划。

阿年所说的故事，原来是指我跟我老爸在农村的那些事。孙主任这事，阿年专业地称之"客户情绪互动"失败。他琢磨着，应该改改故事。

这几年来，我跟阿年搭档过大大小小的饭局，推销我们公司代理的打印机硒鼓。主要针对的客户人群是公司、单位的办公室。只要出文件的地方，就必然需要硒鼓。请客巴结人、拼酒量争取上量、送赠品分提成互惠、洗桑拿KTV万事OK……这些规定动作，我们做得八九不离十。阿年虽然比我年轻，但他是大学生，有知识有文化，又能侃，甚至还懂看面相。他是我做销士那么多年最服气的搭档，他提出要改故事，一定有他的道理。可是，时间不可能倒流，我跟我老爸的那些恩怨，要是可能改的话，我就不会有家不能回了。

十六岁那年，我开始想入非非，满脑子靓女和钞票。可是，这些，既不可能在庄稼地里长出来，更不可能在乡村中学的课堂上拾得到。外出打工回来的人，在空空的晒谷坪上围成一圈，装模作样地说，城里什么都有，有靓女也有钞票，就是没有这些新鲜空气。我不要新鲜空气，我要靓女和钞票！我现在还记得，那年夏天，我光着膀子，用瘦瘦的几根肋骨，顶着我老爸的藤条，也不知道哪里来的劲，咬牙切齿地对我老爸说："打死我都不读书了，我要到外边打工！"以我老爸那出了名的坏脾气，当时他真的有可能会把我打死。要不是我老妈一直在拖开我老爸，有几棍子打到了空处，我才幸免一劫。

不知道我老爸哪根神经发作，执拗地相信"考试改变命运"这样的事。他家世代农民，并没有一个因为考试而改变过命运。至于我的读书情况嘛，过去这么多年了，我还可以自豪地说，只要我当时加把劲，努努力，考个二三流大学应该没问题。可是，那时候我只想出去，离开村庄，只想要靓女和钞票。我暗中托老乡在广州帮我找了份工，但是对方听说我只有十六岁，怕惹事，非要我拿出一千五百元做押金才肯收。我家的开支一贯由老爸掌握，向老爸开口自然是不可能的，只好找我那周身无一文的老妈。我老妈拗不过我，瞒着我老爸，到下村一个爆竹作坊里帮忙加工鞭炮。整个夏天，除了家里的庄稼活外，我老妈就在编鞭炮。将一盘一盘的鞭炮半成品编织好，打包装盒。做不完，就带回家，藏在院子一侧的偏房里，晚上偷偷做。有的时候，我也帮忙做，但是，天气实在太热了，我老妈心疼我，就把我赶回房睡觉。就这样，在夏天快要结束的一个晚上，我老妈说，快了快了。那意思是说，快储够一千五百元了。我仿佛看到了黎明。黎明就在我老妈那张未老先衰的瘦脸上。可这张脸最终将我在这个村庄的黎明全都带去了，以至于我到广州的十多年间，每当想起我老妈，想起我那个久不能踏足的村庄，往往一片黑暗。就在这个夜晚，一声剧烈的爆炸响，把我家院子的那间偏房给炸得稀巴烂。我庆幸自己没在那里边编鞭炮。可是，当我们四处找老妈的时候，我才知道，那里藏着的三十多盘鞭炮半成品，并不是因为天气炎热而自燃自爆的，而是我老妈为了赶工，用已经开始发热了的铁剪刀剪切鞭炮引线，产生了火花，引起堆放在旁边的三十多盘鞭炮半成品爆炸。

我老妈被鞭炮炸死了。

我永远不会忘记那个夜晚的恐惧。恐惧比悲伤大一百贝仙，或者一万贝仙。比头顶上的夜空还大、还深。我甚至都来不及难过。在我们那个南方村庄的夜路上，一个长着满身排骨的十六岁少年，身无分文，甚至连衣服都没多带两件，一边发着抖，一边奔跑而逃。我跑了一夜，一整夜都感到我老爸在背后，咆哮着、怒吼着、撵着我……阿年在多个场合，跟不同人说起这个爆炸事件的时候，为了起到调节气氛的作用，他总是会说，这老哥啊，别看他现在胖得像只球，当时他可瘦得像非洲难民，跑得飞快，一夜不停，你们猜，他一个晚上跑了多少路？接近二十里路啊！二十里路有多少？你回头出门，留意一下出租车打表。从我们吃饭的这个地方到广州塔，我算过了，打出租，也就十八块，等于五里路吧，你算算，二十里路有多少？阿年说完了，基本上，那些打着饱嗝挨在椅背上的听众都会向我投来同情的目光，有一些个中年妇女，还会动情得眼眶红红。这些同情的目光，我受得起。一来，习惯了，二来，为了上量讨生活，也顾不得那么多了。讨生活嘛，怎么讨不是讨？

我弟弟后来跟我说，老爸就是从那个晚上开始，再也不喊我"吉祥"这个小名，他叫我"杀人犯"。

算起来，我老妈死的那年，我老爸才四十岁出头。等到我终于自己有了老婆，我才能理解，一个男人一夜之间突然没了老婆的滋味，那滋味绝对比儿子死了亲娘还难过一百倍。我老爸后来没再结婚。那间被炸得只剩下几截断墙的偏房，我老爸也一直没去修理，就连杂草也不去清。就当那里是我老妈的坟墓。近几年来，我弟弟妹妹每次回家都劝我老爸，重新盖好那偏房吧？我老爸摇摇头，不吭声。又劝他，家里人都出去打工了，用不了那么多间房子，将那偏房移平，种点果树，或者盖间小娱乐室，在里边看看电视、喝喝茶什么的。我老爸倔强地偏着脖子，走到那早已芳草萋萋的偏房边，看看，长叹一口气，出门望鱼塘去了。

我一直都是通过弟弟妹妹获得老家的消息。老爸跟他们说，要是那个杀人犯敢回家，我一定活活打死他！刚开始，弟弟妹妹都认为老爸气没消，说狠话。直到有一年，我实在太想家了，大年初一，一个人跑到省汽车站，买了张票，在车站超市买了几条红双喜和几瓶泸州老窖，心里七上八下地回了家。那是我二十岁的时候吧，离那件事已经过去快四年了，我侥幸地认为，我老爸那么久没看到我，应该消消恨了吧。谁知道，还没等我接近堂屋，我老爸就冲到院子里，操起一根藤条，激动地朝我打过来。东西全摔了，我被打得抱头鼠窜。没有了我老妈的劝阻，我老爸下手真的很重，有一鞭子打到我的肩膀上，我的耳朵顿时嗡嗡作响。弟弟妹妹都过来拉我老爸，没用，仿佛那根藤条攒了几年的仇恨，终于得以落实。我一边躲闪一边大哭。我已经二十岁了。在广州的几年间，我独自完成了我的变声期，完全哭得像个大男人了。我的哭声，很快使院子里围满了人。看起来，他们对我当年一逃了之的做法也难以原谅，虽然嘴巴上叫我老爸不要打了，但是，没有一个走上前来劝阻。

群众的力量真大啊！我现在想想，要不是院子里的那些人，说不定我老爸打着骂着就心软了，原谅我了。可是人一多，我老爸下手更重了。最后一鞭，我实在忍受不住，本能地爬起来，跟我老爸争夺起那根藤条。谁知道，我这一争夺，被人们看成了反抗，有几个人迅速地跑过来制服我。当我被几个人牢牢地抱住的时候，我老爸在我对面站定了，喘着粗气，瞪着我，半晌挤出一句——杀人犯！滚出去，就当我从没生下过你，你这个杀人犯，死远一点！

这是正月啊，冬天的山风，吹得我老爸头顶上的那几撮白头发一拨儿一拨儿地抖动。我才有机会看清，我老爸真的老了许多。妹妹一直跟我这样讲，我都想象不出来。而且，我还发现，老爸讲话的时候，下排的门牙竟然已经缺了两只。那年，老爸才四十四岁。

我逐渐平静下来的抽泣眼看着又频繁起来。我老爸看我没有动身的意思，重新操起藤条，眼睛红红的，作势又要朝我挥来。大概又是本能吧，我一恐惧，一挣扎，就冲向大门口，像当年一样，狂奔而逃。

那次，我跑到我家屋背后的山上，坐了很久。院子里那间偏房，杂草几乎掩盖了断墙根，从我这个角度看过去，真的就像一个坟墓。哭够了，我就朝着那个坟墓跪下，叩了三个头。

从那以后，我再也没有回过家。

即便我对那个傻×孙主任有千万个不爽，但是他要我给我老爸下跪、赔罪，这些，私底下我都认的。多年来，我不知道在心里给我老爸老妈跪了多少遍。据我老婆说，有的时候，我做梦会抽自己的耳光。醒过来之后，我对自己抽耳光的事情一无所知，可是，我相信，我肯定是在梦里，冲着我老爸老妈抽自己的耳光。因为，在这个世界上，我再没跟谁有过什么恩怨纠葛。

阿年说，你跟你老爸的这些故事，现在已经不太能引起人兴趣了。

为什么？

你看，现在街边那些乞丐，什么博同情的招都使出来了，故事要多曲折有多曲折，要多悲惨有多悲惨，有收获吗？

按照阿年的说法就是，现在的人，不玩同情了。

那玩什么？

玩愤怒，玩骂人。

骂谁？

骂官僚骂政府骂富人骂天下所有不公……

我一个小"销士"，可不懂玩这个呀，怎么骂？

咱不玩，咱可以逗他们玩啊……

于是，阿年把我的故事全都改了。在阿年的故事里，我老妈最终还是死了，不过，跟我一点关系都没有。因为村长看上了我外公家一块田地的风水，强行给占了去当墓地。我老妈家里人几次拿着地契去告村长，一点结果都没有。有一天，我老妈远远看见村长的小轿车，就冲出路中央去拦，想当面跟村长讨个说法，不知道有意还是无意，村长的车并没理会我老妈，碾了过来，当场将我妈碾死了。可是，事情虽然过去了那么多年，村长已经做到了县长，据说还将会到市里的人大等退休呢。

这个故事是阿年从网上搜来的，套在了我的身上。是真事。

为什么选这个故事呢？

阿年说，这个故事一说出去，听众必定会开骂，从村选骂到当官的，从当官的骂到体制，从体制骂到政府……一顿酒喝光光了，还没骂完呢！

培训老师的确说过，情绪互动成功与否，是我们这些销士得以上量的一个重要前提。光有厚脸皮，好脾气，是不够的，关键要懂得调动客户的情绪，氛围好了，才有签合同的可能！

阿年一贯很能出点子，他说得错不了，再加上，他大小是我上司，我哪里敢违抗他？改就改吧。我跟我老爸的那些事，横竖讲了那么多遍，再讲下去，我也害怕，害怕讲着讲着，东添一点，西减一些，真就成了编造的故事了，成假的了。

三

如阿年所料，改故事后，过去那些以叹息、同情甚至难过为主的情绪，一下改变了，变成了牢骚、抱怨甚至愤怒发火，有的人还壮着酒胆大骂自己单位的头儿，骂完头儿还不够，又骂这个世界不公平。跟我们约见的客户，一般官也不大，有那么一点小权力，平时尾巴夹得紧紧的，一旦让他坐上饭桌的主位，感觉特别放松，说话也没那么多顾忌，喝得高兴了，耍耍酒疯，少有地猖狂一把，这样的情形我看多了。有个赵科长，一直攀着我的肩膀，晃着涨红的大脸，说，兄弟啊兄弟，我也是从农村出来的，混了快二十年了，还他妈是个副科，回老家，人家问，都不好意思说，怕别人听成妇科病！哈，哈哈哈！赵科长的手掌肥肥厚厚的，隔着衬衫，我的肩膀都能感觉到它热乎乎的。在我们老家，这样的手掌，是福掌，今生必然有福。要不然，他现在还在农村里像我老爸那样种地，再不然就像我，为五斗米折伤了腰，受气受得虚胖虚胖的。他坐办公室坐二十年，只要伺候上级就丰衣足食，他还不满足。真贪心。跟我单独干下几杯之后，赵科长满嘴酒气地和我咬耳朵。兄弟，我跟你说啊，兄弟，要是我家能资助我个几十万，我他妈现在起码是个正处了。你看，兄弟我，能力，大大的有，钱，大大的没有！哎，什么鸟世道啊，这什么鸟世道啊……他把胸脯拍得怨怨悔悔的。我忍受住他那满嘴酒气，头点得像鸡啄米，每次想开口夸他几句，都被他阻止住了。我只好由他喷酒气。这次喝好了，我这个月将多得十贝仙，十贝仙正好可以给我老婆买副金耳环，吵了快半年了都。

有一天，我们"钓"上了个新客户，某区宣传部的办公室主任。去饭局之前，阿年犹豫了一下，跟我商量。两个故事，用哪个合适？我一时转不过弯来，有什么问题吗？阿年真是个人精，翻一下搜集得来的基本资料，就嗅出了这个刘主任的前程就跟茅台酒一样香喷喷。这个刘主任从清华大学毕业之后，直接就分到了区委宣传部，不到四年，就当上了办公室主任，坐直升机也没那么快。这样的人，还不铆足了劲往上走？再说，刘主任是公务员，还在宣传的口子上，这样的人，会跟我们一起骂官骂政府吗？搞不好，一桩生意鸡飞蛋打是瞬间发生的事。阿年分析得很有道理。

那，就用旧版故事吧？不知不觉中，我和阿年，已经采用了新版和旧版来指称这两个故事了，好比我们是两个名副其实的演员，今天演这一出，明天上那一幕，事先导演好了的。

最后，我们说好了，看情况，谨慎，见机行事。

说起来，刘主任比我小两岁，可看着就像个中年人，发际很高，再往上走不难判断会出现秃顶现象。不过，我还是昧着良心说了句："没想到，刘主任是那么年轻的小伙子啊，年轻有为啊！"可人家刘主任略微一笑，像个老干部般，谦虚地说："不年轻啦，看我都快秃顶了。"阿年急忙顺着刘主任的话说："发际高，级别才高，我看那些大官，十个有九个都是这样的头发，我们想有都想不到哪，刘主任仕途一定步步高，步步高，来，我们喝一个。"我听了，在心里偷笑，不知道的，还以为阿年在给步步高手机卖广告呢。不过，看起来，这些话都说到了这位年轻的刘主任的心坎上了，他的脸上露出了一丝喜色。这喜色，多少让我觉得他跟我们是同代人，也稍稍把酒席热乎了一下。

跟刘主任一同来的，还有一个靓女，大约也就二十来岁的样子，长得挺风骚的，话虽不多，但似乎挺有威信，刘主任对她一直恭敬有加。这顿业务酒，就我们四人。四个人的酒桌，本来气氛就难调动，再加上刘主任说话做事都很谨慎，不温不火，酒也难下去。我和阿年找各种理由敬完主任，又敬靓女，桌上的菜都快凉了，一瓶茅台也还只下了一半。在我们这一行，有人总结出个规律：酒深关系浅，酒浅关系深。看酒瓶子就能看出客户关系有没有到位。桌上喝剩一半的茅台酒，摆明我们和刘主任的关系还在半吊子，悬着呢。

这顿闷酒喝到后面，刘主任开始频频跑到门外去打电话了，留下我们和那靓女干坐着。

等刘主任再回来的时候，阿年开始讲故事。

阿年讲了那个旧版的故事。谁知道，只讲到一半，还没讲到我离乡背井十几年不得回家，回家就被老爸一顿毒打的那部分，刘主任的手机响了，他一看，嘘了一声，让我们别吭声，神圣地说了句——部长来电。于是，满脸堆笑地接起了电话，边接边往包房的厕所走去了。

那靓女看刘主任接这个电话，神情一下骄傲起来，眼珠子斜斜地朝我们轮了一圈，那野蛮的样子，顿时感觉自己是个女王。

那老故事当然草草收场，讲完就讲完了，只换得了刘主任的一声叹息，以及靓女托着腮送我的一眼同情。

客户情绪互动失败。失败的结果是，我和阿年分别又端着酒杯打圈，四个人，打来打去，其实等于我和阿年两人互相喝。算了一下，大半瓶茅台，我和阿年每人搞下去有二两半，但正事还没开口谈，气氛不好，没敢谈，谈了怕搞砸,这样的事情在我们的销售生涯当中,是个低级错误。

还有小半瓶酒，实在喝不下去了，阿年只好说起了另外的那个故事。刚起头我就纳闷，在刚讲完的那个旧版故事里，我老妈已经死掉了，阿年难道让我老妈活过来又再死一遍？

没想到，阿年自作主张地把死者安在了我老爸身上。那个因为拦小轿车而被村长碾死的人，不是我老妈，而是我老爸。

我一边听，一边都快坐不住了，很不是滋味。可是，阿年越讲越凄惨，我看都不敢看他，只低着头，闷声不响。我越这个样子，他们觉得我这人越可怜。阿年说，可怜这老哥啊，人还没赶回到家，他老爸的尸体就被火化了，看都没能看上一眼。

听到这里，我的心凉了大半截。恨不得立即变成一只德国小蠊，急急脚钻到地板缝里。我怕自己坐不住了，只好在心里不断地向我老爸下跪，哀求我老爸原谅我，好像又挨上了当年老爸那顿毒打。

那个靓女倒是听得很投入，中间接了阿年一句："哎呀，这么说，他现在就是个孤儿咯？好可怜噢。"说完，动感情地看了看我。

我的目光躲躲闪闪，谁都不敢正视，急切盼望着这个话题早点结束。

在阿年的发挥之下，终于成功地把刘主任的情绪调动起来了。尤其阿年说到农村村选的时候，我注意到，刘主任的手指不停地磕台面，像我女儿弹电子琴的手指，鬼灵鬼精的。阿年表现出一脸天真无邪地问刘主任："我就不明白了，丫怹操蛋一个村长，上访告状信据说都接到一麻袋了，丫屁股还能坐得住，丫屁股还能坐到县人大去，难道当官真那么容易当？"

任刘主任再怎么谨慎地压抑住自己，我们也不难从他接下来那些滔滔不绝的谈话中，看出了这年轻人好为人师的一面。他几乎是以讲课的方式，给我们上了一堂关于政府干部人事任用的课程。要不是觉得太夸张，我都想掏出公文包里的笔记本和笔，做起培训笔记来了。阿年则配合着刘主任的话，一惊一乍的，演得像个乳臭未干的小伙子。我和阿年的反应大大地满足了刘主任的虚荣心，他还给我们讲起了他一个江西的师兄，前年在市里干部选举的时候，就是因为组织部太大意，没有做好前期工作，结果一投票，连组织部都傻了，早就内定的他竟然被选掉了。到现在，两年都快过去了，他还留在原位上，等他腾位置的人一直排着队翘望，而他自己翘望的那个位置，至今空缺。

"一个萝卜一个坑。吃过日本回转寿司吗？"刘主任问我们。

我赶紧回答他，那玩意儿我带女儿吃过，日本崽的东西有什么好吃的？

刘主任重点不在问寿司的味道，他暧昧地笑了笑说："依我看，官场就像回转寿司，你坐在那里，你早就看准了，你想要的那碟鱼子酱，还差那么一截子距离就要转到你跟前来了，可是啊，总是有人比你下手早。有的时候，你根本不清楚人家什么时候下手拿走的，总之，转到你跟前，那位置已经空了。还想要吗？也不是不可以的，等呗。"

嘿嘿，精辟！等刘主任讲完这一段"回转寿司"，阿年由衷地赞叹，他朝刘主任高举酒杯，一饮为敬。看得出来，阿年喝下这杯是诚心诚意的，一点不带表演成分的。

那刘主任说得兴起，也被阿年拍得舒服，回饮了一满杯。就算隔着那靓女，我都能清楚地看见，他喝酒的手在激动地战栗着。喝光之后，刘主任将酒杯重重一搁，长长地叹了一口气，愤慨地说了一句："操，天下乌鸦一般黑！"不知道他的愤慨是因为那位落选的江西师兄呢，还是别的什么。总之，这一句响亮的粗话，一下子把我们的距离拉得近近的，跟以往那些喝多了跟我们勾肩搭背的客户没什么两样。

对于刘主任这种类型的客户来说，喝酒喝到这分上，已经算到门了。

我端着酒瓶里那剩下的一丁点酒，走过去，给每个空杯倒酒。心想，这可是最后一轮酒了。

"说得没错，天下乌鸦一般黑！不过刘主任，我们就先别管这些乌鸦了，这些乌鸦再黑，也黑不过硒鼓打印出来的文件墨黑啊……"阿年边说边从公文包里取出一沓资料，干起正事了。通常，这种时候，我会在一边辅助阿年翻资料、解说合同条约什么的，可万万没想到，这刘主任竟然一挥手，说，不看了，不看了，先前不是传真来看过了吗？没问题！

就这样，带去的合同说签就签了。

我喜出望外地看了看阿年。看得出来，阿年也被这突然的成功迷惑住了。

回去的路上,我很严肃地警告阿年,下回再不许拿我老爸来说事了,要不然,一定翻脸。阿年嬉皮笑脸地朝我道歉,连声说,下不为例。其实,饭桌上签完合同我就对这事不生气了。

坐上公交车之后,我不解地和阿年讨论起那个刘主任。刚开始以为他是个难搞的人,谁知道那么爽快,看着,也不像个爽快的人啊。

阿年神秘兮兮地说:"这家伙,城府够深,是块当官的料啊。"

我开玩笑地说:"嘿,这回见识了吧?真有人比你这人精还精的!"

"喊,要不是我后边那个故事,情绪还调不起来呢!"阿年不忘显摆自己的功劳。

也是。想起那刘主任生气的样子,我觉得有点好笑。那哪像个男人生气的样子?我估摸着,刘主任的脾气一定也很好,像我一样好,指不定比我还好。过去有一个前辈,现在派到上海总部去了,他跟我说过,想要在这个世界上混得好,一定得要训练出一副好脾气。他说,好脾气能使人长肉。就算摔上一跤,皮包骨的人和肉包骨的人,哪个会更疼?这么简单的问题,为什么总是有很多人想不明白,生哪门子气?有什么好愤怒的?

我坐在公交车最后一排靠窗户的位置,胡思乱想着。茅台酒喝得人身上暖呼呼、软绵绵的,望着窗外一溜溜刚刚抽新芽的木棉花树,此刻,觉得心情美得很,这地方美得很呢。

没想到,隔天,阿年义愤填膺地跑来跟我说,他妈的,里头有猫腻!

一问,才知道,那个刘主任要求我们先把硒鼓批发到一个办公用品店,然后他再到那个办公用品店买。倒了一手,但我们的批发价格跟合同上的一样不变。

那，为什么要倒这么一手呢？

还记得吃饭那个靓女吧？就是那个办公用品店的老板，刘主任让我们直接跟她联系。还说，部长交代的。

操，难怪那么爽快！真是天下乌鸦一般黑！

看着阿年愤愤不平的样子，我反而平静下来了。有什么好气的？只要不影响我们的贝仙，套用海报上那句时髦话——让乌鸦再飞一会儿吧。照我说啊，能飞多会儿就飞多会儿，最好。只要我们的贝仙一个不飞，管他什么鸟在飞。

四

或许是出于弥补心理吧，我把弟弟妹妹一个接一个地从农村弄到广州来打工。自从我老妈去世之后，我老爸对读书的事情也懒得管了，再加上，我那两个弟弟妹妹，怎么看也不是读书的料。由于我人缘好，跟有些客户关系就像朋友，所以，靠他们介绍，我的弟弟妹妹一到广州，就进了比较像样的大厂工作。比起我当年，他们总算是少走了很多弯路少吃了很多苦。现在他们两个收入稳定，生活也还过得去。他们过节上我家来聚餐，向我这个大哥敬酒，说些感谢的话之余，总会很小心地安慰我说："哥，这么多年了，老爸没事了，他已经不怪你了。"我弟弟甚至还拍着胸脯说："真的，老爸亲口跟我说的，他原谅你了！"要说这话真出自我老爸的口，我有八十"贝仙"的不相信。八十"贝仙"是因为，直到我女儿四岁了，我老爸还不答应让我们一家回去拜见他，更不让我们回去扫墓。

当然，我也有二十"贝仙"的相信。这些年来，虽然我没回去过，但是，每逢年节，我都给老爸汇款，我在汇款附言的地方，总会恭敬地写上："祝爸爸节日快乐！"去年，我女儿从幼儿园回来，给我画了张贺卡祝我父亲节快乐，还给我大大地鞠了个躬，感动得我快要掉眼泪。第二天，我赶紧到邮局给老爸寄去五百元。我写上："爸爸，父亲节快乐！"即使父亲节已经过了，但我想，农村的老人哪能知道这些节日？他肯定以为，收到汇款的那天就是父亲节。今年春节，老爸给回家过年的弟弟带熏肉，除了妹妹以外，我也破天荒地分到了一条。我乐死了。看着那条黑糊糊的熏肉，我竟半天说不出一个字来。我弟弟以为我不认识这种土特产啦，捶了我一拳，说："熏肉啊，不记得啦？小时候，我们偷割了一截，跑到树林里生火，烤着吃，差点引发山火，不记得啦，哥？"我哪里会不记得？我掩饰着自己的情绪，对弟弟说："啊，这是熏肉吗？以前没那么黑的嘛！像一块木炭，都认不出来了！"弟弟一阵大笑。他告诉我，出门之前，老爸还拎着这条肉，跑到家门口那条小河边，用小刀刮刮洗洗，花了不少时间。老爸说，黑得那么难看，别吓着了别人！我听了之后，心里暖暖的。老头子说的"别人"，是我吧？我有一百个"贝仙"肯定，说的就是我。

有一天，我女儿从幼儿园回来问我："爸爸，爷爷是个大官吗？"我愣了，不明白什么意思。女儿接着又问："我们班霍欢说，我们见不到胡爷爷和温爷爷，是因为他们官最大，是全中国最忙的爷爷。我也没见过爷爷，那，爷爷也是大官吧？"我笑得泪水都出来了，就像在酒桌上听到一个好笑的段子。我把这段子说给老婆听，说给我的弟弟妹妹听。他们都笑死了。

要是我女儿见过我老爸，她一定不会问这么幼稚的问题。我老爸典型的世代农民，要说手上有点权力，顶多也就是在每个节气对土地发号施令。"雨水时节抢晴播，惊蛰春雷万物长，芒种忙下二季秧……"这些顺口的指令，几乎不用回忆，就能从我的嘴里跑出来。我已经有十多年没关注这些节气啦。在我办公桌的台历上，每一页，都密密麻麻地写满了我的客户约见指令，十多年来，每年每月每周每日，我全由这些指令安排。偶尔有哪天,日历上空出了些位置,看看,哦,再过两天就是大暑了。"大暑不割禾,一天少一箩",不假思索地顺出了这句,就像我女儿背那句"床前明月光,疑是地上霜"。

据说我们家的田现在还坚持在种,忙的时候,老爸一个人搞不过来,就雇些江西工来做,每人一天六十块。我经常心疼地对弟弟说,叫老爸别那么累啦,耕个一亩三分的,够自己吃就行了,别累坏了身体。实际上,我们几个给他寄回去的钱,足够他在农村吃用了。老爸对我弟弟说,田地越不耕就越瘦,久了不耕,就连根毛也长不出来了,以后,你们回家了,都吃西北风啊?我老爸始终觉得,将来有一天,我们都会回家,像他一样,每天依仗着老祖宗留下的田地,数着一个个节气干活,过日子。有时候,我走在广州的路上,人满为患,也会想念农村,想想,我那农村里的老爸,一个人,对着那么一大块空阔的土地,发号施令,种的稻子、菜心、番薯、花生等等,全都是他的兵,像他那样过日子,其实也不赖。

弟弟说,现在除了村干部,还真的就数老爸权力大了。为什么?因为现在像我老爸这种五十多岁留在村子里干活的男人并不多啦。我老爸成了老人和小孩的"头儿"。村里有些什么事情,村干部不愿意管的,就去找我老爸。去年,村里那条唯一的河被上游新盖的一间电池厂污染得很严重,影响了村里人的饮水。反映到村长那里去,几个月都不给解决,于是,他们就找到我老爸,让我老爸去找村长谈。我老爸领着一群人到村长家闹。据说,他们一群人在村长家的院子里,坐了三天三夜不肯走。最后,村长没办法,只好找到市里的电视台,电视台派记者来村里了解,还采访了我老爸。电视台一报道,就连县太爷也保不住那电池厂了。这大概是老爸这辈子干成的最伟大的事。村里人都说,那厂是我老爸给吓跑的,他在电视机里凶巴巴地骂那些人没良心,不讲道德,那几句话,还真的起作用哩。我老爸的脾气一直很坏,不知道是因为他的脸又瘦又尖，显得特别凶，还是因为他的心里总是窝着莫名其妙的怒火，给点火星就会爆炸，总之，他最好不要说话，一说话，就像愤怒的火山爆发。

唉，一年四季春夏秋冬，每一年都在换季，我老爸活在这个世界上，换了五十多年季了都，可坏脾气依旧没有换掉。现在，虽然我已经三十岁了，一旦想起老爸打我的那些情景，心里还颤颤地怕。有时喝酒喝多了，壮着酒胆，我就会有冲动，很想跑回家去，抱一抱我老爸，或者轻松地在他的肩膀上捶一拳，然后轻松地对他说："嗨，老爸，我回家了！"仿佛什么事情都没有发生过。我想跟我老爸谈谈，那么多年过去了，我真的很想跟我老爸谈谈。我们做销士的有一句口头禅："不谈没量商，一谈量就上！"你说啊，这年头，到底有什么不是谈成的？

五

那天，我猫在空调房里，不肯出门，整天抱着手机，跟老客户联络感情，用嘴巴卖乖，顺便还给客户叫叫外卖，送点清凉饮料什么的。这个季节是我的生意淡季，也是我的生理淡季。我女儿说，蟒蛇要冬眠，胖子要夏眠。对于我这种胖子来说，烈日就像一只捕鼠器，铺在地上，让人没法下脚。

下午三点多的时候，突然接到弟弟从工厂里打来一个电话，他要我赶快到省政府门口，说是老爸正跟着一群人在那里闹事，搞静坐、示威什么的！具体什么事情，弟弟也知道得不详细，他也是刚接到一个老乡电话才知道的，他要迟点才能赶过去。

接完这个电话，我的手都软了，没两分钟，我的汗水就从我的额头淌到了下巴，像刚跑完一个长跑。

我拎起包就往省政府赶，迅速打了辆出租车。坐在车上，脑子里边乱糟糟什么都没有。偏偏那司机是个话痨，我屁股还没坐稳，他就嘟嘟囔囔地朝我埋怨这破热天，空调都不管用，制冷开到最大挡了还不行什么什么的。要是换了平时，我会跟他一起聊天，抱怨抱怨这路况，对市政工程发发牢骚。可是，现在我的脑子里特别乱，即使一根针掉到地上的声音都能干扰我。我不耐烦地朝那司机发脾气，师傅，您别吵了，别吵了行吗？那司机在镜子里朝我看了看，便没吭气了。我想，他肯定在心里抱怨让我这个人上了车，进而更多地抱怨起这份工作。我经常这样在心里嘀咕，与人为善，这年头混饭吃不容易，但是，现在，我真的需要一个清凉和清静的空间。我没再理他，看向窗外，感觉屁股底下的车轮胎似乎也害怕这酷暑，"滚水渌脚"般，不沾地，骨碌骨碌朝前滚去，同时，我也觉得自己的心脏，一骨碌一骨碌地囫囵跳动着，仿佛心脏落下的地方，就是那滚烫得发软的柏油地。

　　一路上，我发现我只想着一个问题：要是我老爸跟警察干起来了，我该怎么办？要是我老爸被警察带走了，我又该找谁帮忙？这么多年来，在这个城市，我巴结人都来不及，哪里会跟人结怨，更不会与人发生冲突。我一点经验都没有。我启动了我脑子里的客户通讯录，这个人那个人，发现一个都用不上。

　　正当我忐忑不安的时候，司机开口了，他问我，是要到前边掉头直接开到省政府门口呢？还是在这个天桥脚下车，自己走过天桥？天桥的斜对面，就是省政府了。我说，就在这里下吧。于是，我顶着四十多度的大太阳，一步一颠，气喘吁吁地爬上了天桥。在天桥顶上，我迫不及待朝政府大门望去，远远的，果然看到有一堆人在那里，不过跟我想象的不一样，他们整齐地坐在大门口，既没有争吵，更没有斗殴的迹象。我稍微安了点心。等我走下天桥，走近大门，我看清楚了，那大门口，坐了有十多个人，脸朝着政府大门内，背朝着大马路。每个人的背上，都挂着一只纸板，纸板上用红笔都写了字，串起来就是：

强烈抗议征地建高尔夫球场还我土地!

每个人身上背着一个字,一个字都不少。最后的那个人,背的是个感叹号。

这一排人的旁边,各站了一个穿深色制服的哨兵。站得很对称,就像两只括号,恰好将这句话括了起来。

越走近那大门,我就越胆怯。我分不清自己是怕那些哨兵呢,还是害怕在那人群里,见到我那好久没见过面的老爸。

很快,我在那排人里找见了我老爸。那个背着一个"还"字,顶着一头白发,黑黑瘦瘦的老头子。

这么些年来,我曾经担心过自己是否还能在人群里认出他来,没想到,十年了,我却还是能那么轻易地认出他,尽管他那满头的白发我是从来都没见过的。

我老爸正坐在一个硬纸壳上,沉默地,坚定地,一直朝那大门里边看着,没发现我。

我从侧边朝他走去,经过了那个感叹号,又经过了几个字,一直停在那个"还"字的跟前,俯下身来。

我老爸大概精神太集中了,被一个笼罩过来的庞然大物稍微吓了一下。他眯着眼睛,抬头看着我,没一会儿,竟然叫了一声:"吉祥,你是吉祥吧?"我一听这话,实在屏不住了,眼泪就扑扑地掉下来,跟个受了委屈的小孩子一样,边抽泣边应着我老爸。我后来才知道,我妹妹每次回家,总是会把我们全家的照片带给我老爸看,所以,当我这个胖子出现在他面前的时候,他毫不费劲就认出我来了。我只不过是从照片里走了下来而已。

我从来没发现我的委屈有那么深。不知道是因为我肥胖的身体过于沉重,承受不了俯身下去的重力,还是我实在控制不住自己的情绪,我跪到了地上。我这一跪,弄得老爸很不知所措。我已经三十岁了,长成了一个大块头,从体积上看去,完全是我老爸的两倍。老爸用手拍着我的肩膀,都不知道该说些什么。看我哭成那样,他也没敢多看我,一味地朝隔壁前方的人说,吉祥啊,认不得啦?是我大儿子哇……

一时间,整齐的队伍乱了阵脚。那些村里的老乡们,从地上站起来,围过我老爸这边。那些人围过来后,我才不好意思再哭下去。我老爸开始逐个逐个地对我介绍,这是曹三叔,这是堂伯、廖表叔……算起来,这些人,我还是少年时代见过了。那个背着个"征"字的稍微年轻一点的男人,用拳头捶了我一把,问我:"丝瓜,你还记得我是谁吗?""丝瓜"是我中学时的花名。我看半天,依稀记得他是我的一个同学,但名字却叫不上来了。老爸跟着帮我介绍说,是正明啊,你初中同学正明,不记得啦?噢,是的,是正明。听说他是我们村里少有的没出去打工的男人,早早就结婚生了小孩,现在看起来,已经像一个中年农民,黑壮黑壮的,一说话,满嘴的烟屎牙。

由于我的到来,刚才还紧张严肃的静坐行动,仿佛变成了一次广场聚会。此刻,那些脊背上的字乱了秩序,都散落在我周围,原先的直线变成了个圆。那两个一直绷着脸守卫着的"括号",也放松了警惕,走到岗亭里喝口水、换口气去了。

老爸他们一共十七人,从县城坐了一个晚上的夜车到广州,从上午十点钟开始在这里坐,一直坐到了现在。接着,他们朝我展开了一连串的控诉,好像广州是我的地盘,我则是从那个大门口里走出来的一个救星。我老爸说他们坐了那么久,除了那些哨兵来过问,让他们到另外一个地方反映情况之外,并没有一个长得像官的人来理会过他们。

什么时候才能等到大官出来?要找谁才能解决我们的问题?省长?书记?……他们一连串的问题一下子把我问哑了。要知道,像这样的所谓示威、静坐行为,我遇到过不少。我家住的那条路上,有一个社保中心,几乎每次路过那里,都会看到有人在闹,头上绑着白布,布条上写字的、手上举着纸板，板上写着告状信的，或是哭着闹着拉着路人，一把鼻涕一把泪地控诉着……这些我都见过不少。有一次，我遇到一个更极端的，一个中年男人，不知道怎么给他攀上了三楼的露台，两脚悬空，扬言不解决问题就往下跳。我那天仰头看了一会儿，没想到他竟然撒了泡尿下来，差点溅到我身上。他在上边很不好意思地朝我说了句："大佬，不好意思啊，忍不住了。"听人说，他在那栏杆上足足坐了六个小时了，再有两个小时，就赶上公务员坐班了。这些做法有什么用？我不知道这些行为最终都是怎样结束的，因为，我只是一个路人，顶多看会儿热闹，就埋头赶路了。

看起来，我老爸他们这次的行动一点章法都没有。据说是自发的，约着就一起来了。当我问他们："要是今天见不着官，或者说见了官解决不了问题，怎么办？难不成还坐一个晚上？"他们一点对策都没有。我听阿年说过，那些上访的人，到了晚上，多半被当做流浪人群拉到收容所，一直等到地方找人来领回去为止。

等到我的心情逐渐平复下来后，我才感觉到，我已经被炽热的太阳烤得眼冒金星。难为我老爸他们在这里坐那么久居然没中暑。

老爸似乎是这群人的核心人物之一。他的话具有领头作用。我看着老爸那张骨头凹凸很不平整的脸，这张脸因为控诉政府而重现了那种我熟悉的愤怒，或者说凶狠。我一下子想起了很多往事，心里酸酸的。我跟他说："老爸，这么坐根本不是办法，会晒出病的。"哪知，老爸轻蔑地从鼻子里出了口气，说："这点晒算什么，我们这些人，在田里干一天活，太阳都怕我们几分。"

这个时候，我这个大胖子已经汗流浃背，口干舌燥。面对这群固执的人，我都不知道下一步该怎么办。老爸大概也看出了我的难受，他对我说，吉祥，去给我们买点水喝吧？

我像领了圣旨般，积极地买水去了。我扛回了一箱矿泉水。

后来，队伍又排成了一句话。我就一直坐在老爸的跟前，看上去，我这个多出来的人，就像在这句话的跟前，多了一个硕大的顿号。

一直坐到快下班的时间，我弟弟妹妹赶来了，其他在这里打工的老乡也过来了几个。队伍一壮大，那两个哨兵就紧张起来了，他们多叫了几个哨兵出来，虽然没说什么，但是很有些警备的意思。见这个架势，我只好半吓唬半商量地对我老爸他们说："先散吧，要是再坐下去，被拉到收容所，关起来就不容易放出来了，要等乡长来领人才能放呢。"老乡们一听说要等乡长来，顿时觉得很失望。我弟弟妹妹以及后边来的那些老乡，也帮着我劝。

最终，老爸他们同意撤了。

从这里到我家，要坐十来站公交车，我害怕他们走丢了，只好让他们继续背着身上那些红字。他们吸引了很多人的目光。有几个刚放学的学生，调皮地在我们身后，点来点去，终于理顺了，高兴得要命，在马路上大声吼道："强烈抗议征地建高尔夫球场还我土地，感叹号。"有个小不点学生还说，少一个逗号呢，还我土地之前还少一个逗号呢。另外那几个学生捣蛋地跑上去，搂着、掐着那小不点的脑袋说，你去当逗号，你当逗号最像了，哈哈哈……学生们一阵打玩，相互追逐着跑到我们前头去了。

我老爸他们也笑起来。离开那个大门口，他们的心情也逐渐放松了，还愉悦地欣赏起了路边的高楼大厦。

六

我就这样跟我老爸和解了？他现在混在一群老乡当中，抽烟、聊天，好像一点也不记得当年发生的事情了。是因为现在人人都在讨论政府征地这件大事而没有工夫去算那笔陈年老账？还是因为我老爸真的已经原谅我了?

　　我不时用眼睛偷瞄那个舒服地靠在沙发上的老爸,心里甜滋滋的,仿佛多年的心愿终于实现了。

　　当我女儿从幼儿园回来,看着一屋子的陌生人,怯怯地问:"哪个是我爷爷?我爷爷是哪个?"看起来,她被这一屋农民吓住了。等到我老爸从人群里走过去,走到她跟前,蹲下身来,笑着用手掌摸了摸她的脸说:"小卉吧,你是小卉吧?爷爷看过你的照片……"我老爸话还没说完,我女儿就哇的一声哭了出来,拼命躲到她妈妈的屁股后边。我女儿肯定也没想到,她想象中的那个大官爷爷,竟然是一个瘦鬼,黑黑的脸上顶着白白的头发,而且,伸到她脸上的那些手指都是黑黄黑黄的。我女儿一哭,屋子里的老乡们便爆发了笑声,他们嘲笑我老爸丑八怪形象,把城里的小孩都吓哭了。老乡们这么一笑,反把我老爸的尴尬笑掉了,当然,也消灭了我的担心。

　　那天晚上,我在家附近的大排档定了两张大桌子,像过年一样,吃了一顿热热闹闹的饭。我老爸和我堂伯、表叔等同辈人坐主位,我则在一边,跟弟弟妹妹一起,招呼大家。鸡鸭鱼肉酒。

　　我女儿适应了这群人之后,有点人来疯,好表现,跑到这个人跟前玩玩,又跑到那个人杯子里闻闻。她最喜欢的,还是钻到桌子底下数空酒瓶,不时跑过来,攀上我的大腿,向我报告:"爸爸,十只啤酒瓶,五只米酒瓶……"我一听,嘴巴在她的小脸上响亮地亲了一口,她就像领了奖一样跑开了。再过不久,数字又上量了,她又乐颠颠地跑来报告。

　　我从当销士开始,喝过不知道多少酒,好的赖的都有,可从来没有今天这顿酒喝得那么轻松自在,用我们行内的话来说就是:情绪互动那是相当的成功。我坐在一个上菜的位置,整顿饭下来忙前忙后,让菜、开酒、倒酒、递手纸,不亦乐乎。看着那些开怀畅饮、叙旧的老乡,又看着我那已经喝得满脸通红还在频频接受老乡敬酒的老爸,我心花怒放,那感觉,别说,还真有点衣锦还乡的味道哩。

席间,老同学正明跑过来几次给我敬酒。跑没几趟,他就喝高了。他一手拿烟,一手端酒杯,眯着眼睛,说,丝瓜,还是你能干哇,当年死活都要跑出来打工,现在,混那么好,真是跑对了,你看你啊……正明把烟往地上一扔,空出来一只手来,拍了拍我的大肚子,说,丝瓜,不是我说,你当年,那样跑出来,我们班上的同学都觉得你太没人性啦,连他妈……正明打了个酒嗝,还想继续说下去,我慌忙将他制止了,可正明真的是喝高了,他不仅没理我,还攀着我的脑袋,力图让我转过脸去,让我老爸看看。"郭叔,你看,丝瓜现在肥得流油,要是,他还在农村里,像我一样,肯定就成干丝瓜了,是吧?郭叔……"正明跟跄着还要跑到我老爸那边,跟我老爸喝。我身上像忽然被人浇了盆冷水,冰冰凉的。我害怕呀,害怕这个鸟正明再说下去,就说出那段可怕的事情来。我把正明死死摁住,没让他走过去。我掩饰着自己的害怕,脸上堆满了笑容,一遍一遍地给正明说好话,求他跟自己喝,喝了一杯,再来一杯。我心虚地用眼角瞄了我老爸一眼。这一眼,把我给吓坏了——那张脸阴沉下来了。酒桌上情绪互动依然相当成功,可我老爸的情绪却闪得老远了,闪开了这些热闹的人群,闪开了这种类似过年的气氛。

我想,完蛋啦,这回老爸要跟我算旧账啦。我不知道老爸要怎样跟我算旧账,像当年那样暴打我一顿?还是摔杯子一抹黑脸跑开去?还是……我来不及多想了,这个时候,多年来跑销售的经验告诉我,要像抓住时机让客户上量那样,我必须抓住老爸还没发作的时机,把话题转移到一个安全的地方。我猛地站起来,大声对我堂伯说:"堂伯,我忽然想起一个人来,他认识政府里的官,我想,他会帮我们。"我清了清嗓,继续大声说:"我这个朋友,人鬼精鬼精的,认识的人又多,办事能力又强,找他没错。我看这事情啊,光靠我们自己上访没什么用,还得走走关系。等明天我就去找他,包能搞掂!"我说这番话的时候,脑子里的确出现了这么个人,那就是阿年。我不清楚阿年是否认识大官,但是,我想,阿年总比我有办法。我承认我说得夸张了些,但我顾不得那么多了。

老乡们仿佛把担子一下撂到了我的肩膀上,好歹觉得自己没白跑这一趟。他们笑逐颜开,频频举杯,夸我有出息了,向我敬酒,有的呢,则跑去感谢我老爸。我老爸脸色明显好看多了,还带着那么一点自豪。我心下一松,也跟着老爸自豪了起来。

酒席散了之后,有几个人跟着到那几个在广州打工的老乡家住,其余的大部队,就又都跟着我回家了。

在这个夏天的夜晚,屋外吹不来一丝风,我那套两室一厅的小房子,很不可思议地躺下了十多个人。我老婆和我女儿睡小房间,剩下主人房里的那张大床,我的意思是让我老爸跟我堂伯睡,可是我老爸一再地说:"不能,不能,堂伯和廖表叔年龄最大,我们是主人,能让他们睡地上?"我老爸坚持要跟其他人一起,睡客厅。就这样,老爸当起了主人,将这些人一一安排好了睡觉的位置。除开主人房的床上和地板上,一共躺了五个人,其余的,在客厅的沙发、地板、走廊上,横七竖八躺下了。人多,我把空调开到了最低温度。那些本来就喝得东倒西歪的老乡们,一躺下,很快就起鼾声了。

我老爸被我坚持安排在沙发上睡,我呢,兴奋,凑热闹地跑到沙发脚边,挨着我老爸躺下了。我不知道我老爸有没有睡着。满屋子的鼾声里,更不知道哪一声是他的,不过,躺在老爸的脚底下,想着今天发生的这些事情,我心里很不平静,我觉得很幸福。我朝沙发上边望去,看着老爸那瘦瘦的身体,侧躺着,稍微有点起伏,让我想起乡下屋门前那块小山包,黑黢黢的,夜深人静的时候,还能听到有松鼠啃果壳的声音。

正看着，沙发上的小山包窸窸窣窣蠕动了两下。我稍微抬起了头，在黑暗里仔细辨认，不确定老爸是醒着还是睡着。我故意轻轻咳嗽了两声，身体也动了两下。没想到老爸低声喃了句："吉祥，睡觉，睡觉咯。"我一听，立即一动不动地待在那里，连大气也不敢喘，怕老爸看见我，还闭起了眼睛假睡。

闭上眼睛不久，我就真的睡着了，在那满屋子的乡音里，我睡了个踏踏实实的好觉。一觉到天明。

大部队第二天都坐车回乡下了，剩下我老爸。临走的时候，我老爸拍拍胸脯对他们说，我留在这里，负责把地要回来。

老爸在广州一住就住了一个多月。这段日子里，老爸成了我的一个超级大客户，我花心思研究游玩路线，殷勤地带着他几乎玩遍了广州。跟所有农村来的老人一样，我老爸既喜欢广州又抱怨广州，好看好吃好玩，就是人多，东西贵，在外边买瓶矿泉水都觉得心疼，更别说下馆子吃大餐。我却有意多带我老爸下馆子。我吹牛地对我老爸说，我每周起码有十顿饭是在这些地方请人吃饭。谁知我老爸不满地拍拍我的肚子："吃得那么胖，对身体不好，以后少去！"我讪笑几声。

双休日，我们一家，加上弟弟妹妹，集体坐地铁到南沙去吃海鲜。我女儿已经不怕她爷爷了，还经常吵着要坐到爷爷的肩膀上，"骑马"。我老爸对我女儿有求必应，公园里、河堤边、人群中，我老爸都把我女儿举到肩膀上，两只手像投降一样，高高举起，扶住我女儿的身体。我跟老婆走在这爷孙俩后边。"哎呀，隔代亲，真是没说错的。"我对我老婆说。我老婆温柔地挽起我的胳膊，说了一句："要是爸爸不回去就好啦。"我朝老婆望了一眼，动情地将她的手指紧紧地插进我的五个手指里。

七

阿年对我老爸他们的事情，不抱多大希望，他说，大郭，你到网上看看，别说你们农村，城里的钉子户也越来越多了。谁摆得平呀？

还是帮忙找人反映一下吧，不然，都没法跟老爸交代了。

反映就有用吗？除非把事情搞大。

怎么搞大法？

阿年想了想，没回答我，只说，我去问问人。

我计算了一下，老爸被征去的土地，占去了我们家土地的七十贝仙，也就是说，占去了我老爸的大半副身家，而政府承诺的补贴，保守估计，只能把我老爸养到七十岁。我老爸身体那么好，七十岁轻轻松松迈过，一点问题都没有。阿年建议我给老爸买农村社保，"你给他交一笔钱，以后让老爷子跟上班一样，月月领工资。到那时候，有没有地，都不用慌啦。"我觉得这主意不错，回去跟我老爸商量，可我老爸不乐意，他就是要那些土地。这些天在我家，即使好吃好住好玩，但我看得出来，老爸还是想念乡下，想念乡下他那些"兵"。茶余饭后，闲聊，他总爱跟我们说他种在地里的那些东西。没人聊，他就坐在沙发上，盯着中央七频道的农广天地，有滋有味地看。我们家阳台，本来寸草不生，现在，被他用花盆和旧脸盆种满了东西，姜、葱、芫荽等简易种植物。有一棵刚长出不久的小苗，已经看出了它要沿着花盆爬上墙壁的雄心了。我老爸告诉我女儿，那是丝瓜，是要爬藤的，只有爬出花盆后，开了花，才能结丝瓜。我女儿最喜欢观察这棵丝瓜，她找了根小竹棍，插在瓜苗的旁边，说是给小苗朋友当拐杖。认真看看，那小苗，还真有几分像个梳了两只羊角辫的小朋友呢。我女儿不时问我："爸爸，那小苗朋友，什么时候才能爬出去啊？"问她，让它爬出去做什么？她说，爬出去，爬得高高的,才能开花结果哇。"嗯,真不错,"她妈妈在一边表扬她,"长知识啦。"

　　有天晚上,为了土地的事情,我老爸终于爆发了,跟我大吵一顿。
　　老爸一生气,我记忆中的那个老爸又回来了。桌子还没拍响,我女儿就一溜烟跑到房间里"避难"去了。
　　老爸认为我对老家的事不上心,这么久了,都不愿意找人解决这事情。
　　哎,我真是有苦吐不出。我一个小小的销士,除了卖卖硒鼓,卖卖嘴皮子,还有什么能耐?连阿年都找不到办法的事情,我能怎么办?我去找过那个给我们上"干部课"的宣传部刘主任,那家伙跟我们一来二往熟悉了,已经没那么难打交道,可当我将这事情跟他一说,希望他能帮帮忙,他一点也不客气地扔给我一句话——老弟啊,这种鸡蛋碰石头的事情,谁能帮?谁又敢帮?唉,这些话我都没敢跟我老爸说。
　　我试图跟老爸解释这事情的难度,可我老爸还是执拗地认为,我一点都没帮忙,不帮忙,怎么知道帮不上忙呢?稍微一激动,我老爸的脾气就会冲到天花板上,他甚至忘记了自己身处何方,抓起茶几上的牙签盒,就往地上砸。完全不顾及我老婆和女儿在房间里听到。我怕他再骂下去,只好不吭声。最后,他居然说要是我再不帮忙,他就一个人再跑到省政府门口静坐。没办法,我只好拿出手机,拨了阿年的电话,假装镇定,像个领导般,对阿年说:"那个事情,明天我们出来再谈谈吧,找个人,办了这事。"我没等阿年说话,就挂掉了手机。
　　一场风波总算是平息了。
　　第二天,我找阿年道歉。没办法,再吵下去,火都快烧到眉毛了。阿年没跟我计较,倒是想出了一个妙招。他说,根据我的研究,这种事情,真的要搞大,登报、挂网,让政府重视,一重视,就有商量余地了。

你没听现在有这么一句话啊——围观改变世界。我理解呢，就是要让更多的人来围观这事，才有改变的可能。

可是，怎样才让更多人来围观呢？我们在省政府门口坐一天了，那些人多半停下来看几眼，就路过了，也没什么用啊？

那些是走路的人，没用。

那，什么人有用？

记者啊、名人啊，总之，得是些有影响力的人。

去哪里找这些人哇？我傻了。

说到记者，阿年想起了他过去的一个同学，就在报社当记者。他翻出他的手机，找出那个很久没联系的同学。

在阿年身上，我又一次相信了读书的力量。阿年比我年轻，但是读了个大学，就硬是比我年长了，看的想的都比我远。唉，要是当年我听老爸的话，也考个大学读读，哪会让阿年爬到我头上？

晚上，我做东，我们约那个记者好好地喝了一顿酒。那记者听我们把事情一说，表现出一副很不屑的样子说，嚓，这事，根本没法弄，你去全中国看看，哪个村里没发生过这种事情？有什么办法？整个饭局，我和阿年都像对待客户一样，好话说了一大箩，可那记者也没贡献出什么办法，有用的一句就是——回去，我把你老爸这事放到微博上，转转看？

趁那记者出去撒尿，我也跟了出去。在卫生间里，我将事先准备好的一个红包，塞到了他半脱着的裤袋里。

最后，那记者终于答应写写我老爸的故事，不过，需要我们配合。

怎么个配合法？

要摆拍一些照片。

怎么摆拍？

你们明天再举着横幅到街上去，到人多的地方去抗议，我到时候过去拍几张照片，配文字发。

噢，我明白了，摆拍，原来就是把人当成道具，摆好了，拍。

好办法！阿年感激老同学，夸老同学有才。我呢，心里像放下了一块大石头，酒也喝得欢起来。

那晚，我又喝大了。回家上楼梯，跌跌撞撞地爬回家，不知道在哪层楼的拐角，被个垃圾桶绊了一脚，结实地摔了一跤，下巴磕破了。我老婆第二天告诉我，我的下巴流了好多血，衣服都染上了，我却一点不知道疼，还笑嘻嘻地进门，笑嘻嘻地拍着我老爸的肩膀，话都说不清楚了。

这样的情形，在我的喝酒生涯中，实在罕见。我已经不记得昨天晚上的情形了，酒醒之后，被我老爸用土方法止好血包扎好的地方，隐隐作痛。

我女儿摸了摸那地方，问我，还疼不疼？我对女儿笑笑说，不怕，爸爸肉多，不会疼。

摆拍那天，我让老婆在家看好女儿，没让她们跟出去，这是我们老家的事，我不想扯到她们身上。我和老爸、弟弟妹妹，还有几个在广州的老乡，一共八个人。由于人数不够，上次静坐时用的纸板这次没法用，阿年在办公室帮我们重新写了一条横幅，白纸黑字写着：

抗议政府征地建高尔夫球场，还我土地！

八个人，把一条横幅拉得很直。地点是阿年选的，就在我家附近的菜市场，一来方便，二来那里人多，围观的人也会多。

横幅一拉直，果然引来不少人。起初我和弟弟妹妹还有些不好意思，可是我老爸却很坦然。在菜市场的入口处，那里刚好有棵大树，我们就站在大树底下，一人扯着一角横幅。

渐渐的，人越来越多。有一个看着不像本地人的中年人，先是问我们哪里农村的，来这里多少天啦，后来就问征地给多少补贴啊这样的问题。回答的都是我老爸。我老爸好不容易逮着一个机会，开始向那人诉苦。我仔细打量一下这个中年人，估摸着也是跟我们一样的打工仔，在这个城市，无权无势，路过这里，无聊，想找人说话而已。我对那男人就没怎么上心。谁知到最后，那男人居然向我老爸说："老叔，我介绍你去找一个人吧？"只见他从口袋里掏出一沓小纸片，取出一张，递给我老爸。我老爸看了看，转手就拿给我。我一看，差点没笑出来。原来那是一张小广告纸片，就是那种专门贴在电线杆和地面上的"牛皮癣"。那纸片上写着：

包打官司 庞大律师兵团 庞大权势背景
联系人 张先生 158xxxxxxxx

现在想想，这应该也是一门好生意吧。

见我把纸片还给那男人，我老爸顿时失去了说话的兴趣。那男人看我们不理他，就离开了，离开之前，将那小纸片，动作娴熟地一拍，贴在了大树身上。没走几步远，见他又往地上扔下一张，用脚轻轻一踩，神不知鬼不觉地，又在地面贴了一张。俨然是一个绝活。

大概站有半个多小时吧，我感到人群里，咔嚓闪光灯闪了一下。我找了找，果然看到那天晚上喝酒的记者，他正用相机，照着我们拍。他一口气拍下了好几张，远的，近的。我没敢看他，怕不自然，脸上还有意摆出副无奈和忧伤的样子。

记者不知道什么时候离开的。

摆拍完成了。我呼了一口长气，总算对老爸有个交代了。

过几天，那记者果然通知我到街上买报纸。买回来，找半天，才在一个叫"路游器"的版面上，在整版的图片新闻里，找到了我们举着横幅摆拍的照片。照片不大，但横幅上的字却一个没漏下。我不得不说，这个记者的摄像工夫还是了得，那么几下子，就捕捉到了我老爸那种悲愤的神态。照片底下还配了一小段文字，那是之前我提供给记者的简单情况说明。

老爸拿着报纸看了很久，后来，发现新大陆似的一拍大腿，说，哎呀，应该把手机号码也登上去的，要不然，人家怎么能找到我们？

对啊，怎么忘记这么重要的事了？我们这些做销售的，谁不知道电话号码的重要性？没有电话，人海茫茫，什么事情都免谈。

我马上给记者打电话过去，谁知那记者很不耐烦地说，你当我们这里是搞慈善工作的啊？实话跟你说，你这事情，又没死人，又没塌房的，能发就不错了。

没办法，我只好宽慰我老爸，那报纸的顶上，不是登着电话号码吗？这是报社的值班号码，打这个号码就能找到那个记者，找到那个记者就能找到我们啦。

老爸这才安了心。

那天，我跑了几个报亭，给老爸买回五十多份报纸，打算让他带回乡下去，带给村民看看，看看我们在广州做的事。

好几天过去了，报社一点都没传来关于我们抗议征地的消息。阿年把我们的照片和事情都发到了微博上，据说转倒是蛮多人转的，但网民也就像在饭桌上，转转骂骂，却也没起什么实际作用。

我老爸逐渐失去了信心。他不止一次地跟我抱怨说，这样等下去行不通，还是要回去，蛮干。蛮干？我吓了一跳，怎么个蛮干法？他说，去年，隔壁村为了抗议征用农地建水利枢纽，全村三百多人一起，到施工场地闹，硬是掀翻了几辆警车，用石头砸伤了一些工作人员。现在，那个施工场地静悄悄，连个人影也没有，做了一半的事情都没敢再做了。谁敢来？来了还砸！

我老爸说起那场群殴，好像很得意，仿佛是他的战果。

唉，我都怀疑我老爸前世是个李闯王，摆不平的事情不是想到骂就是想到打。要是我遗传了他这个毛病，在这个城市，我恐怕连西北风都没得喝。

有一天，我去见客户回来，在楼下小区，看到我女儿将老爸他们当初上访时用的那十七张硬纸板，搬了出来，来玩跳格子游戏。她将这些纸板上的红字，故意打乱了顺序，东一张西一张铺到地上。她左脚一蹦右脚一跨地，从这个字跳到那个字，用脚将那句话给串联起来，边跳，嘴巴上还念念有词："还——我——土——地——感叹号——强——烈——抗——议……有的字距离太远，我女儿腿短，蹦不过去，叫一声爷爷，她爷爷就自觉地将那张纸板挪移一下位置。

后来，我亲耳听到我老爸给我堂伯打电话。天啊，听起来，他是真要部署蛮干了。我吓死了。他刚放下电话，我立即对他进行了一番劝说。我跟他举了很多失败的例子，这些例子不是听阿年说的就是从饭桌上客户那里听来的，我告诉老爸：蛮干就等于鸡蛋碰石头。

石头？哪个是石头？我看，那些都是不带壳的卵蛋！我老爸那根电光炮引眼看着又要被我点着了。他的声音都有吼的意思了。为了克制住自己不去砸东西，他将手指关节用力地敲打着我那张红木饭桌，发出一连串清脆的撞击声。他居然都不觉得痛的。我看着老爸那些干瘦的手指，每一节突起的骨头，硬硬的，还真有点像一粒粒石子。

还能再说什么呢？面对这样一个石头一样硬的老爸。

按照他的吩咐，我到汽车站给他买了张回家的票。明天上午九点的车。

晚上，我老婆在家做了满满一桌菜，我则去买了两瓶五粮液。我把弟弟妹妹也叫了过来，为老爸饯行。

大概是因为想着要回去了，我老爸的心情有点奇怪。估摸着他喝下有四两的时候，话开始多起来。他讲了很多过去的事情，主要是我们小时候和我老妈的事情。我才知道，在我老爸的记忆里，那个早就去世了的老妈,一直都是我们这个家庭的核心人物,而我们的生活,只不过都是围绕着我老妈荡漾开去的一圈圈波纹。

在我老爸停止说话的一个间隙,我仗着酒胆,端酒杯敬我老爸。可是,这次,我没让老爸将酒杯很快地递到嘴边,而是将我的酒杯,紧紧地抵住他酒杯的底部,让他的酒杯高高在上。我激动地说:"老爸,我错了,当年,不该不听你的话,还害了老妈……"这句话,在我心里练习了很多年,可说出来却依旧那么艰难。主要是,我的喉咙哽咽住了。

我老爸长叹一声,嘴唇抖抖索索,独自喝下了这杯满酒。想了一会儿,他才红着眼睛说:"唉,现在看起来,你也没全错,要是你没出来,弟弟妹妹没出来,土地都被征去了,我们一家,连谷种都没得吃……"

老爸的话,不知道为什么,增添了我的伤心和难过。我不断地眨着眼睛,想要把那些不请自来的泪水给扫回眼里。

这个时候,在一边的弟弟很是用劲地拍了一下我的肩膀,并且大呼小叫地喊着"喝酒,喝酒"。他那个样子,让我猛地觉得,那个从小当我"跟屁虫"的弟弟,长大了成熟了许多。

酒喝到很晚。我老婆带着女儿到房间睡觉了,剩下我们几个在客厅,坐的坐,靠的靠,东倒西歪,喝得呀呜呀呜的,但却安安静静。我老爸靠在沙发上睡着了,满面红光,脸皮耷拉下来,身体一动不动,似乎连呼吸都没有了。

我靠在沙发的另一端,看着我老爸,心里又满足又宁静。满足得可怕,恨不得老爸就永远这个样子,喝醉了,睡着了,既没有呼吸,更不发脾气,既不会醒来,也不会消失。

八段锦

一个上午了，宝芝堂门口闹哄哄的，好事者、无事者，走了一拨又来一拨，他们抱着手臂看那四个工人，如何骑在一架梯子上合力把大门上方的大铜葫芦摘下来。

"一二三，嗨嘀嗨。"小孩子们还以为是过年舞狮子，人骑着人地去抢那悬在门头处的红包。

那大家伙稳稳落到地面的时候，响起了掌声。

"少说也有八百斤！"几个人去摸，却弄了满手灰。

"铁实疙瘩的，空心的？"有人用手去敲敲。那东西纹丝不动。

傅医生从宝芝堂里跨出门槛，围观者自觉闪出了一条道，穿堂风便像找到熟人，直接扑向傅医生，那一身丝绸唐服飘动了起来。

"辛苦各位了，大热天的，请到里边喝碗凉茶。"傅医生朝各位抱拳。好像一上午的苦力，少不了这些围观者。那些看够了的人，三三两两跨进医馆里，熟门熟路的。

剩下四个工人，围着那只大家伙，满脸通红，裸着上身，肩膀、手臂、肚皮、脑门，都留下与那家伙"搏斗"的黑印。他们像四个猎人，正等着雇主的赏银。

傅医生两掌交叠，朝那四人揖了揖，说，辛苦了，辛苦了，请到里边喝碗凉茶，收银处会给你们结算，请，请。

四人听明白了，边揩汗边跨进了宝芝堂。

傅医生背着手，盯着葫芦轻轻走两圈。这大家伙自从医馆开张挂上去就没动过，悬壶济世，二十五年了。住在葫芦中的那个神医"壶公"，想必闷得慌了吧。

傅医生伸出手去，拧那与他齐胸高的葫芦嘴，好像那地方一打开，他就能看到"壶公"。他多次梦到过他，相貌各不同，时胖时瘦，但都满脸红光，一说话，还吐着芳香的酒气。傅医生想钻到葫芦里，跟那老翁一醉方休。他不奢望像神话中那个费长房，钻到葫芦里十余天学得神仙方术，出来后为民治百病，流芳百世。他只是想，在这只密密实实的大肚子里，过几天没有尘世纷争的日子，喝喝酒，下下棋，壶中一日，梧城千年，对于傅医生来说，这就是神仙过的日子了。

世道艰难，古风泯灭。唉。傅医生最近郁闷着呢。

昨天，就在傅医生站的这个位置，小金毛举着根长铁锹，凶巴巴地朝宝芝堂乱吼乱叫。店员跑进去告诉傅医生，小金毛果真来闹了！傅医生淡定，不做声，开完处方上最后一味药，搁下笔才出去。小金毛站在葫芦底下，一见傅医生，随即大声威胁："你再不答应，我老大说了，就把你这大葫芦拆了，把你的宝芝堂烧了！"说完，跳着脚，用长铁锹朝那葫芦狠狠敲了几记，那大家伙闷闷地响了几声，像久没开声的一口老钟。小金毛还想张口说什么，不料一阵剧烈的咳嗽，眼睛里也像钻进了什么东西，他边咳边揉着眼睛，铁锹也掉到地上了。傅医生仔细一看，那葫芦被一阵烟尘笼罩，阳光将那些烟尘照得颗粒毕现，正往小金毛身上倾泻。

傅医生回想昨天那情景，又好气又好笑。哼，闷葫芦不发威，你把它当病猫？

要不是小金毛敲那几下，傅医生也不会想着把这大家伙卸下来做清洁。造这只大铜葫芦的老铁匠现在已经退休,儿子继承父业,把店面扩充了,不过,已经不打铁了,做宝石加工,将一些人造宝石做成各种饰物,远销到台湾地区以及新加坡等东南亚地区。不知道从什么时候开始,梧城一窝蜂开始做这样的生意,据说也能赚到宝马。老铁匠退休后时常到宝芝堂,找傅医生看风湿关节炎,以及打铁时落下的职业病——"肌腱炎"。老铁匠每次走到大门口,都骄傲地指着门头上的葫芦说:"瞧瞧我的手艺,这家伙多威风,五百六十三斤八两,几十年了,还这个样子,长生不老,里边住着神仙呢!"这是老铁匠这辈子的代表作。傅医生总会表扬他:"是啊,几十年了,也要看看出自谁的手,你看看,你这手脚,也跟它差不多硬朗,没问题,还可以再用几十年。"如此,刚到医馆前还满腹牢骚哼哼唧唧的老铁匠便舒坦了,仿佛服了一剂妙药。这是傅医生赢得广泛口碑的一门绝活。他是病人眼里的一个好郎中,也是好人,医五脏内腑,也医精神气象,既能对症下药,也喂食心灵参汤。

　　四个工人取了工钱,又返回到门外,合力将那只大家伙抬到边上一辆三轮车上,运往马王街的金碧宝石加工店。老铁匠答应清洁、翻新这只大家伙,他跟他儿子说,这是售后服务,免费,要翻新得像宝石一样亮。恰好,当日店里有个台湾商人来谈合同,见到这个大家伙,眼睛一亮,他跟小铁匠说,赠送这只葫芦,就在订货单数后再加个"0"。小铁匠没想到父亲的手艺过了几十年还能升值,心动了,盘算自己是否应该进军古董市场。

　　墙上少了那只庞大的家伙,却没显得空荡。那葫芦印子雪白,占去了旧墙的一半,很是霸道,就连好不容易爬上去的一条百足虫,也不敢越进那印子一步,只是不甘心地,在那道深黑的边界探头张望。

　　清晨七点整,宝芝堂对面的小广场上,录音机小喇叭播放出轻柔舒缓的古琴音乐。傅医生站在队伍的最前端,带领不断加入进来的人们,缓缓地做一套《八段锦》。

  双手托天理三焦

  左右开弓似射雕

  调理脾胃须单举

  五劳七伤向后瞧

  摇头摆尾去心火

  两手盘足固肾腰

  攒拳怒目增气力

  背后七颠百病消

  一招一式，录音机里的男中音念着口诀，气息平缓，予人安详。

  坚持好些年了，傅医生每天都做得认真。他个头不高，但身材保持得很好，不胖又不瘦，体态正直，加上他总爱穿一身丝绸做的唐装，在人群中闪闪发光的，就像一面挂在墙上的锦旗，特别引人注目。赵阿姨最喜欢站在傅医生的后边，跟着一招一式地练习，她说，傅医生的两只袖子口，一动起来，会送风哩。

  来小广场跟傅医生练《八段锦》这些人，几乎都是宝芝堂的常客。与其说他们相信傅医生的医术，不如说他们信奉傅医生的医德。医馆里有一面墙，挂满了黄的、红的锦旗，"德医双馨、妙手回春"、"良医有情解病，神术无声除疾"、"妙灸神针医百病 德艺双馨传四方"……这些并非自制，全是患者送的，无一张无来历，老黄历般记录着宝芝堂的历史。很多年前，傅医生的师傅说，中医是一种信仰，祖传不祖传的，倒在其次，信则灵，对信者，交付一片丹心，对不信者，也万勿勉强恶视。傅医生牢记师傅这番话，一片诚意对待病人，用自己的心跳去倾听病人的脉率。那些到宝芝堂给傅医生号脉的病人，愁眉苦脸的、絮絮叨叨的、萎靡不振的，只要傅医生的三指一搭上他们的手腕，他们就不由自主地安静、沉默下来，仿佛那三指一下驯服了他们体内疾病这只妖怪。

傅医生的手跟他这个人一样，无论哪个季节都是温的。谁也没有看到过他大悲大喜大怒大乐。人们不懂得怎么形容傅医生的个性，只会笼统地说，傅医生这个人呀，修养好，没有脾气的。跟着傅医生做《八段锦》多年的那个老孙头，老顽童似的，练习到第七节，喜欢去捣乱，领着几个老头老太跑到前边去，看傅医生练那招"攥拳怒目增气力"。只见傅医生睁圆了眼睛，直愣愣盯着前方某处，看定，握紧的拳头缓缓往前一冲，把空气打了个内伤。看着傅医生那"发怒"的样子，那些老人都笑了，怎么看那眼睛也不是"怒目"呀，倒像吃糯米粑粑一下被噎住了。任他们怎么取笑，傅医生当然也不会生气的，他抿着嘴巴，也微微笑着，一如往日的态度。

通常，做完《八段锦》，他们还要做一套简易的二十四式太极拳。不过，近来宝芝堂对面开了一家洗车店，每天早上八点，员工们准时集合到小广场，在一阵狂轰滥炸的音乐声中，跳骑马舞。那音乐一响起，就冲散了《八段锦》的队形，太极拳也打不成了，老人们只好提前散去。

八点的时候，傅医生已经把录音机、小喇叭等家当收拾好了，腾出了位置。他坐在宝芝堂的花窗前，给自己沏了一壶清茶，慢慢呷着。不时，透过窗格子看向小广场。那群统一穿着黑衬衫、蓝色牛仔裤的年轻人，两腿纷纷呈外八形张开，上身一扭一颠，真如每人胯下都骑着一匹马，在广场上奔来奔去，或者权当自己开着各种豪车，从东边飙到西边。他们那么年轻，可能连马都没摸过。

傅医生低下头，捻起一块苡仁糕，捏了一小块放到嘴里，喝一口清茶，不用嚼，那糕就化在茶水里了。再抬头看出去，他就找到了小卉。她那么快就学会了骑马舞，才不过半个月的工夫，她完全像变了一个人。烫了一大把卷卷的头发，腰上低低地系着一根皮带，稍微一舞动，就露出雪白的肚皮。

半个月前，小卉还穿着宝芝堂的旗袍工装，娉娉婷婷地站在药柜前，将煎好的汤药灌进一次性杯子里，打好包，写上病人的名字，等候病人来取。她低着头做这些的时候，额角的两缕头发垂下两颊，真像一个古代的淑女啊。当初，傅医生招到这个文静的女孩，就想，要是自己有这么一个女儿该多好。后来，他甚至想把自己的医术传授给她，像从前教儿子那样背诵："阴虚火旺宜知柏。目病滋阴杞菊堪。七味力专分附桂。耳聋磁石一两参。济生肾气六味需。车牛桂附四般俱。若除牛膝车前子。八味名传治症殊……"当然，他最想的是，让儿子娶了她，不过，这个想法是华佗再世也不可能创造的奇迹——他的儿子在德国已经娶了个德国妞，弃医从白领。最终，小卉还是离开了宝芝堂。当然，她不是第一个辞职的，在她之前，已经走了两个伙计。走的时候，小卉很轻地坐在桌子前，久久说不出一句话。傅医生让小卉伸出手来，给她号脉。小卉垂下头，眼睛看着地面，似乎害怕这手的接触。傅医生的三指准确地摸到了滚珠一般的脉动。他长出一口气，看看小卉，"脉象很好，已经调理清楚了，没再发作吧？"小卉点点头，头又埋下了几寸。这是小卉感到难为情的地方。曾经有半年时间，傅医生免费给她号脉、用药，治好了她常年的痛经。如今她却要"跳槽"了。去给车子洗澡，一辆车子提成百分之三十。在这里，帮病人煎一剂药才两块半。

傅医生明白小卉的心思。生意不好做，傅医生也不强留小卉。她还年轻，她应该"跳槽"，跳去练骑马舞。

小卉鼓起勇气站起来，跟傅医生告别。转身前，她犹豫了一下，从包包里掏出一沓单子，小心翼翼地放在桌子角上。

"傅医生，这些，您收好吧……傅医生，我走了……"

傅医生瞄一眼那沓单子，慢慢站了起来，很有风度。他本来想要跨出的那只脚，又收了回去，只站定在凳子前，客气地对这女孩说："好的，不送，慢行。"就像对待他那些来看病的人。

不记得从什么时候开始了，陆续有人拿着这些红的、绿的处方单来找傅医生，他们提出交二十元或者三十元的挂诊费，让傅医生诊断之后，将处方写在这些单子上。"别签名盖印。"他们的要求都一样。这样，他们只要拿着这张处方单，到医院里挂个号，找一个相熟的医生在单子上签个字，然后掏出崭新的医保卡，一刷，药就配出来了。自从医疗改革之后，病人都被赶到医保指定医院看病，这些人，既信赖傅医生的医术，又依赖医院的福利，他们到医院走关系，"偷"出医院的空白处方单，只要将傅医生开的处方写到这些处方单上，然后再返回医院找相熟的医生签个字，就得以刷卡消费了。那些医院的医生倒也不担心会出问题，一来他们信任傅医生，二来中药横竖是吃不死人的，属于零风险操作，医生们轻松赚得人头费，至于医院嘛，也乐得个客似云来，互惠互利，暗自默契。

那些默默伸到傅医生跟前的处方单子，傅医生一概装看不见，他依旧只收八块诊金，在宝芝堂那张淡褐色的处方单上开处方，签下自己的大名，盖上自己的印章，管他们是在自己药房开药还是到哪个医院走后门。他堂堂正正开医馆，每一味药，分量多少、如何搭配，先下什么后下什么，都是宝芝堂傅少杰的手法，是姓傅的。

脸皮比较厚的病人，做出比病痛更可怜的表情，"您就行行好，做做善事吧，下次我还来。"

傅医生捋一捋胡子，面色不改。"我行医治病，就是做善事，您慢行。"一副没有人情可讲的客气。

不过，也有些懂得钻营的，想出了个好点子，他们将二十元或三十元偷偷塞到药房伙计的手上，请他们将傅医生开的药方誊写到医院的处方单上，因为他们实在看不懂傅医生那些奇奇怪怪的字。这些小把戏，傅医生看在眼里，不动声色，对那几个伙计既不揭发，更不给予惩罚，相反，对他们还特殊的好，嘘寒问暖，令他们实在觉得难为情，也就不忍心再收了。

小卉留下的那沓单子，被傅医生锁在桌子右下角最后一格抽屉里。市中医院、市红会医院、市人民医院、市工会医院……像集邮一样，全齐了。

傅医生喝淡了那道清茶，陆续地，就有人上门看病了。

几乎每一个跨进宝芝堂的人，都会感到似乎哪里不对，就像他们身体出现的不适一样。顿一顿，才想起来，门外头那只大宝葫芦没了。他们进来头一句话，总是会问："咦，宝葫芦哪去了？"

那个陆经理今天又来了，他一进门，就心急火燎冲向傅医生桌前。

"傅医生，您把那宝葫芦卖人啦？"

傅医生刚给一个苦瓜干似的老人号完脉，三指一离开老人的脉搏，老人又开始皱起眉，"哎哟，我已经整整四天没睡着觉了，眼睛一闭上，就有人来拉我的脚，一拉，眼睛又睁开了。哎哟，是不是小鬼奉命来拉我，要我去陪阎王爷那死鬼了，哎哟……"老人不知道哪里疼痛，说话里夹着习惯性的呻吟。之前的一番望闻问切后，傅医生心中已经有了方，他摸摸老人阔阔的短袖下那把伶仃瘦骨，说："你那么瘦，阎王爷不要你去陪，好歹养养胖，把肠胃调理调理好，能帮他挡挡酒，喝几大盅才行。"好像他是阎王爷的心腹，他说了算。

那老人平时爱喝酒，大概前段时间去喝孙子满月酒，一高兴喝多了，加上吃的肥腻过多，消化不良，肠胃积滞，引发精神衰弱，失眠多梦。老人一提起喝酒就来劲儿，小孩一样，向傅医生吹嘘起自己年轻时如何如何了得，一吹起来便舌苔生津，滔滔不绝，跟之前那张苦瓜脸判若两人。

傅医生静静地听着，也不打断他，偶尔抬眼瞥一下旁边那个精神饱满、年轻的陆经理。

陆经理今天倒没带包，空着手。出梅以后，他隔几天就会跑到宝芝堂来，即使每次傅医生总是像晾那些中药一样把他晾在一边，也不会晒干他的主意。只要想起几个星期前小广场上那壮观的场面，他的激情就不会减弱。大约有近百只小斗柜，整齐地排着队伍，就像在举行一次沉重的集会。斗柜上嵌着的一只只铜把手，在阳光的照射下，像老年人浑浊黯淡的眼睛，半眯着。那些不知道存放了多久的中药，吸收过梅雨季节的潮气，纷纷被勾起了童年的回忆，散发出一股深山老林里的生涩气息。渐渐的，耐受不住高温的虫虱，从斗柜里钻了出来，迈着蹒跚的脚步，俘虏般，告别这久居多日的温床，往广场四周阴凉处散去。陆经理当时就想，是时候了，只要乘胜追击，这固执的老头儿，迟早会被俘虏。他还记得当日这老头儿背着手，闪闪发光地站在太阳下，睥睨着他，说："我这些药，是要吸收阳光的，植物嘛，总是要定期做做光合反应的。"他心里暗自发笑，嘿，这些看起来比他还老的草药，还要做保养呢，像车子一样。老头儿，看你还能犟多久！不过，他在表面上还不能笑，这老头儿拥有满墙的锦旗，比起现在群众药房里那些自称包治疑难杂症的医师，他是最值得付出耐心的。

像傅医生这种规模的医馆，在梧城不下二十家，自从医疗改革之后，这些医馆有关闭的，有改行做保健按摩或养生饭馆的，更多被药店收购了下来。百货商场旁边那家超市般大的群众药店里，这些中医师就像新进的一味味药，被收纳到侧厅的一个个"小抽屉"里。每个"小抽屉"大概有四五平方吧，里边只容一桌一椅，一凳一小床，一张门帘权当一扇门，帘子上贴着名牌：某某某，专治疑难杂症，或者，某某某，专治糖尿病、痛风。门帘一掀开，只见一个穿着群众药店白色工装的老头儿，凝神静息，在给人号脉。乍一看，这医师跟隔壁那间坐着的蛮像，仔细看，才看清楚，这位胡须是花白的，而隔壁那位呢，是全白的。

年轻的陆经理作为群众药店的拓展部经理，铁了心要"拓展"宝芝堂。他的目的就像"决明"，他的耐心就像"续断"，他的野心就像"远志"，这些中药名，是他这么多天以来，长时间坐在宝芝堂里，一遍一遍读着小斗柜上的标签学到的，他尚不清楚这些中药的功效，但它们就像一本本励志书，足以勾起他的兴趣。

　　苦瓜干老头终于结束了他的絮叨。他抓起傅医生早就开好的那张处方，屁股终于离开凳子，到里边的药房抓药去了。没有病人再坐到傅医生的桌子前。大厅里稀拉地坐着几个人，他们看好了病，并没有离开的念头，就坐在排椅上闲聊。都是些熟客，他们知道，十二点一到，药还没煎好，就会有一个店员给他们端来免费的热稀饭和淡馒头，当然还可以向店员讨几截咸萝卜干的。

　　陆经理坐进那张凳子之前，将坐垫换了一面。他没像前几次那样，打开包，取出那些合同，硬要傅医生看。也没像最后来的那次那样，在傅医生数次插话之后，还坚持将他亲自拟订的那些他认为很有吸引力的合同条例背诵、解释给傅医生听。他今天想出了一个良方，他要跟这老头谈谈摘下来的咱们那只宝葫芦，谈谈咱们医馆的历史，那些辉煌的，当然，也是一去不复返的历史。是的，他已经开始用"咱们"了。

　　傅医生倒没有前几次那么讨厌这个年轻人。他看起来跟自己的儿子一般大。傅医生快两年没见过儿子了。儿子结婚后只回来过两次，每次都带着那个蓝眼珠的太太，每次，他都劝傅医生，关掉医馆随他到德国，实在闷得慌可以在屋前的草坪上种草药。傅医生去看过那修葺得整齐的草坪，充其量只能种点车前草、金银花、艾草之类的，事实上，很多药材需要生长在深林、石缝、甚至悬崖边，儿子已经忘记了这一点。跟这个年轻人一样，他们都劝他关掉医馆，就好像医馆是一个肿瘤，这些年轻人就像一个手术医生，诊断后下结论：割掉，割掉才没有后患。他们根本不知道，阴阳不平衡、五行不调和、气血不畅通，割掉肿瘤也只是一时之快。他们还年轻，生命这部机器还运行得顺畅，还不懂得珍惜身体的每一个零件，等他们老了才会明白，即使一颗牙齿的脱落，也是在演习一次永别。永别，不是一次次在车站或者飞机场，像他每次送别儿子出门那样，永别，仅仅是指他那次站在火葬场，目送老伴被推进去，转眼成灰，身体、发肤、脉象、声音、气息……这些可以望闻问切的一切存在都荡然无存。永别仅仅是指这个。他们还不理解。

傅医生一阵一阵地恍惚。也不知道自己今天怎么了，竟然跟这个年轻人谈起了心。他像一个患者，如同那个苦瓜干老人，向陆经理诉说起医馆的很多麻烦事情。

"咱们药房可以保证，将您的医术发扬光大。"

傅医生有点困惑，定定地看着他，沉默。

"哦，我说的是，呃，群众药房，是一间医保定点药房，可以拯救咱们的宝芝堂。"陆经理着急了，又补了一句，"我可以发誓。"

"小伙子，你知道，我活到今天，听到过的誓言有多少？"傅医生自问自答，"就像天上的星星那么多。"

陆经理顿时脸红了，尴尬得手脚都不知道该放哪里。

"来，小伙子，手放上来。"傅医生用手点了点桌上的小垫子。

陆经理的手刚一放上去，就被傅医生的三指制住了，仿佛被点了穴般，大气都不敢出，也不敢拿眼睛去看傅医生。

傅医生侧着耳朵，好像在倾听什么，眼睛望向某个遥远的或者不存在的地方。

足足三分钟。陆经理觉得比默哀还难受。他被傅医生那坚定的三指以及那庄重的神态吓住了，仿佛做了亏心事的人，害怕诡计从自己的手腕处迫不及待地跳出去。

"嗯，数脉，像一个团的急行军路过。小伙子，你心火旺盛，大概经常感到口干？容易口腔溃疡？尿是不是特别黄？特别短？偶尔梦遗？"

陆经理手搓着大腿，脑袋转了一圈，确认那些正在药房和收银处穿着旗袍的女孩子们没有听到。

傅医生笑了。觉得他那心浮气躁的样子，很像儿子在看股票的时候。

这一次，破天荒地，傅医生答应跟陆经理到群众药房去"考察"一下。中午时分，医馆里安静得只能听到药在瓦罐里咕嘟咕嘟地梦呓。傅医生没想到，群众药房排队收银的队伍那么长，人们欢声笑语不断，期间夹杂着刷卡的"嘀嘀"声不断。在这里，没有苦瓜干似的老人，也没有哼哼唧唧病恹恹的患者，那些买好药兴冲冲走出门的人，就像买到年货一样，有的，手上还拎着一袋米，或者一壶油。

穿着白色西装、化着浓妆的导购小姐，正在一排排货架边推销哪个牌子的药比较显效，这几天做促销买一送一的到底是哪一种……傅医生正看得眼傻，突然，对面一个六七十岁的老太婆，举起手上满满的一篮子，中气十足地问："这种牌子的卫生巾是不是买三送一？"

要不是陆经理把傅医生带到侧厅去看那些"小抽屉"，傅医生还以为这里是超市。

傅医生双手交叉在胸前，将门帘上的医生介绍一张张看过去，不时发出蚊子般轻笑。忽然，从一张帘子里传来了响亮的讲话声。傅医生站到帘外，仔细听听，屏不住笑出来了。这声音对于深夜还待在车子里的驾驶者、出租车司机，或者被隐疾折磨得彻夜难眠的人来说，再熟悉不过了。梧城著名的"零点医生"柳大夫，每天晚上十二点准时出现在广播里，操着浓重的乡音，为观众解答着尖锐湿疣、皮肤性病、不孕不育和各种不举的问题。傅医生本着与同行交流的专业精神，曾经认真地听过一次，便知这位的医术实在是短斤缺两。后来，那帘子一掀，出来个脸色黄黑的妇女，傅医生随即看到了那个著名的"零点医生"，几乎跟车站、旅馆门口广告牌上那人无异，仿佛他刚从画上走下来。

侧厅里隔有六只"小抽屉"，里边有的有人，有的没人。陆经理解释说，有的医生喜欢上"全钟"，有的喜欢上"隔日钟"，当然，也有例外的，如果临时有病人来挂号，可以电召应诊。

"傅医生，您喜欢哪种坐诊方式？"

"岂有此理，这像什么话，这跟小姐坐台有什么区别？"

傅医生话音未落，便一甩手，疾步往门口走去。陆经理还没回过神来，他已经通过了那道电子感应门。他的步伐那么轻盈，任谁也看不出岁数。

打烊之后，傅医生并没像过去那样，锁好木门后跨上电瓶车回家去。他仰着头，在看墙上的锦旗。很奇怪的，那些病人他居然还能叫得出名字，甚至记得他们的病症。他找了根棍子，将那些荣誉一个个取了下来，用一块半干的毛巾，擦去上面的灰尘，然后，小心地将它们卷起来，用一个布袋装好。做完这些，他又想了良久，再走进药房的一个柜子前，蹲着马步，将抽屉逐个打开，翻来翻去，翻出一些同样是布满了灰尘的小册子。其中有一本比较新的，他吹了吹，打开，只看到"许珍"这两个字，傅医生顿时像个沙子堆的人一样，被人从哪个地方一戳，塌到了地面上。

这是夫人许珍四年前留下的遗产。一场车祸使这个小学都没念过的小市民，肉身的价值达到了五十五万多。保险公司那个人让傅医生保管好这个小册子，那上面记录着夫人许珍与这个世界两清了的账目。夫人许珍永远都不知道自己死了还能挣到那么多钱，她生前是个勤俭节约的人，两块半一斤的番茄她嫌质量不好，会去买一块半一斤的"优质"番茄。发生车祸前，她还在琢磨着怎么才能筹到一大笔保证金供儿子留学。后来，儿子拿着五十五万去了德国，用光了许珍的生命价值。

傅医生坐在地上，松懈、佝偻，就像一个六十七岁老人的正常坐姿。

傅医生并不痛恨医疗保险制度。说起来，他还因为夫人许珍享受过保险的福利，但是，有什么办法吗？当第二天，他从布袋子里抱出那捆红的黄的锦旗，想要展示给那个社保局局长看的时候，他的动作很快便被阻止了。后来，他又掏出昨天晚上翻很久才找到的那沓处方单，将直了，指着上边那个名字说："廖成杰，男，五十三岁。您看，我给市长看过病，市长还请我到他家吃过一顿饭的。"局长感兴趣地拿起一张即将要脱落成两半的处方看。"廖，成，杰。"然后侧过身去问旁边的秘书，"是雷市长的前两任吗？"那秘书摇摇头，手指掐算一下，"呃，大概前六任吧。"

"局长，我不是一个喜欢炫耀的人，可是您看看，这些锦旗，足以保证我的医疗水平。这是我的执业许可证，1988年的。"

"傅老医生啊，我当然知道您，那只大葫芦都快成梧城的风景胜地了，游客观光总要跑到那里跟葫芦合影。"

傅医生点点头。"那些人都喜欢对着镜头喊，田七。其实田七真正的名字叫三七。"

"哈，您果然是认真的老中医。"

他们又闲扯了好几句，关于中药和如何养生。

"局长，请您给我颁发那种绿色牌匾吧。"傅医生终于憋不住说出了这话，"就是群众药房门口那种。"

局长一听，一乐，笑了。其实他早就明白，这老先生跟那些来找他的人一样，都是来申请"医保定点医疗机构"的。据说他来过好几趟了，这是他第一次接见他。见他之前，他翻了翻放在过期文件柜里的那份申请资料：近半年来，每天的生意平均不到二十人，医疗队伍除了这个六十七岁的老人外，便无第二人，光靠那些药柜，几十只药煲，如何成"机构"？

"老先生啊，你当那牌匾是裁缝店缝出来的锦旗？是要严格按照国家规章制度审批的啊。打个比方，有人做了一套警察制服穿在身上，即使做得连扣子都一模一样，被抓到都要坐大牢。同样道理，制度跟制服一样，是不能乱做的。"

傅医生想再仔细问问那些制度，突然门外闪进一个影子，那人急匆匆地走到局长耳朵边,说了几句,局长松弛的肚皮不自觉地挺了挺,神情严肃,朝傅医生点了点头,便迈开短腿,跟着那人快步出去了。傅医生一动不动地站在原地,听着短腿的脚步声渐渐消失,才低下身去收拾那些被他摊开在会议桌的东西。

傅医生并没有直接回宝芝堂。昨天晚上他就决定今天休息一天。他在宝芝堂的木门上贴了张"东主有喜,歇业一天"的纸条,这是老传统了,过去的商店,无故歇业都会贴上这么一句。他让店员在宝芝堂"盘点"那些干净得一目了然的账,自己到骑楼城转了转。

骑楼城十分热闹,大大小小的商铺都在搞活动,人们顶着大太阳,不甘心漏掉捡便宜的机会。拐角处一个服装店响着嘹亮的喇叭声,几乎抢去了所有商铺的风头,一个男人站在桌子上兴高采烈地扯开嗓子:"老板娘跑了,老板娘跑了,清仓大甩卖,清仓大甩卖……"

傅医生觉得耳朵快聋了。

"这时候应该听点什么音乐。"傅医生自言自语,又好像那些药柜子里住着许多听众。已经连续四个晚上,打烊后他都一个人逗留在宝芝堂里。药材的香味浸泡着他,他像一瓶已存放多年的老酒。事实上,他刚才自斟自饮了三两米酒,已经微醺。

傅医生打开那只录音机,《八段锦》熟悉的古琴音犹如轻烟,在厅堂里缭绕。傅医生舒展着身体,他没有跟着那男中音一招一式地做。他放开了自己的手和脚。他跳起了舞,胡乱地转圈、蹬腿、扭摆,觉得像个腾云驾雾的仙人。转晕了,力气快花光了,他才坐到椅子上喘气。《八段锦》不知道什么时候停的。傅医生听到自己脉搏的声音,像一支刚上足发条的秒针在突突突地演奏。

又过了一会儿,傅医生真的听到了一阵阵急促的声音,不是脉搏的,而是那木门被拍响了。

那个小金毛又出现了。跟他身后拖着的那个笨重的家伙相比起来，他显得更加干瘦了，塌着肩膀。傅医生一眼看过去，觉得有几分像西天取经的孙猴子。

小金毛将那只造型奇特的箱子往身前一放，傅医生才看清楚，那硬壳箱子被改造过了，箱身上绑着两道尼龙绳，用来固定着一根铁杆，顺着铁杆往箱子底部看，就找到了跟铁杆相连的两只滚轮。这只自制的拉杆箱，被小金毛拖拉了一路，尼龙绳已经有点松了。

经过两个晚上踩点，小金毛发现傅医生打烊后喜欢独自留在医馆里。他想，只要单挑，就没什么可怕的了。他摆出一副没得讨价还价的霸道嚷着："老头，这箱药酒今天我就摆在这里了，我老大说了，你答应也得买，不答应也得买。"

"哼，我说过多少遍了，几颗枸杞泡的酒，也配称药酒？坑谁也坑不了我！我这里打烊了，走开。"傅医生刚才的好心情被小金毛破坏了，很是不爽。

"不买我就不走，告诉你，老头，我老大的耐心可是有限的，知道不？"

"你老大是谁，叫你老大来说。"傅医生好像听到自己在河对岸喊话的声音。

"不该问的别问，我早就警告过你了，要是不买，我老大带人来拆了你的破医馆！"

"谁敢拆！"傅医生怒了，一拍桌子，睁大双眼，右手自然地攥成了拳头，看起来就要朝小金毛伸过去的架势。

小金毛条件反射地双脚一跳，跳出一两米外，稍微定了定神，发现傅医生的拳头并没有伸出来，仅仅是个虚假动作而已，他随即狠狠朝前冲去，直冲到桌子边，几乎要撞上傅医生了。

傅医生微微闪了一下身。

小金毛并没有对傅医生展开人身攻击，他改变策略了。他开始用手去翻桌上的东西，翻得乱七八糟，在他将一只重重的镇纸扔到地上的时候，傅医生终于忍无可忍，一把抓住了小金毛的手腕。傅医生顿时觉得自己像捏住了一根冷冷清清的竹笛，就像夫人许珍生前喜欢摆弄的那根短笛一样。夫人许珍去世之后，傅医生偶尔会将笛子从盒子里取出来，摸摸，弄弄，睹物思人。那根"竹笛"在傅医生的手心里反抗着，傅医生用尽力气扣牢，即使那么使劲，傅医生还是摸不到小金毛的脉搏，仿佛它们细弱得根本不存在，又仿佛它们被冻住了。

正在傅医生想下一步该怎么办的时候，小金毛另外一只拳头朝傅医生的胸口捶了过去。一阵疼痛，傅医生跌坐到桌子后边那张椅子上。那根"竹笛"从傅医生手里滑了出来。

"老头，你他妈找死啊！"小金毛甩甩手腕，做了个准备运动，然后从屁股后的裤袋里，掏出那把一直插着的锤子。他四顾看看，很快选定了收银台。"老子今晚就拆了你这破医馆！"

小金毛开始砸收银台。这是他来之前计划好的第二方案——要是那硬老头还是不肯出钱买药酒，他就抢钱！夜深人静，对付一个老头，他跟自己说："抢不成就别出来混了。"

那阵疼痛过后，傅医生站起来，一步一步朝小金毛走去。在一丛金发下，傅医生用眼睛找到了小金毛额头上的那个头维穴，他知道，只要自己的拳头往那个地方擂过去，小金毛必倒地晕厥。他熟知人体各个穴位，可这事情他从没干过。这一次，傅医生攒足了力气，攥起拳头，可还没等伸出去，那铁锤就朝他挥了过来，他本能地一闪，又本能地用手去抓那只铁锤。如同神仙附身一般，他竟成功地握到了那只铁锤。他像拉住了一根救命稻草，拼尽全力，夺到了那只铁锤，顺势就挥了过去。

他不知道有没有找准那个穴位，因为很快，血就掩盖住了那个地方。

小金毛并没有倒地晕厥，他跟傅医生一样，被吓呆了，直到疼痛叫醒了他，他才开始号叫。他用手慌张地捂着头，"杀人啦，医生杀人啦……"

小金毛夺门而去，边跑边叫嚷，快报警啊，医生杀人啦……

直到那声音匿迹，傅医生才发现自己流泪了。像一个刚被医生宣判了"死刑"的病人一样，哭得很凶。

快两个月了，宝芝堂的木门一次也没打开过。人们再也没见过傅医生。那些早上七点等着做《八段锦》的老人们，连续好些天等不到傅医生，纷纷改到运河边晨运去了。宝芝堂那几个店员，等不到傅医生开门，跑去求小卉将他们引荐到洗车店。洗车店的老板娘很乐意接收他们，因为她说，他们身上散发的药材味道，让她觉得很有安全感。正如他们早就看到的，他们新的一天，是从那一场热烈奔放的骑马舞开始的。

最初，人们猜傅医生是被谋杀了，被那个从没出现过的老大谋杀了，因为他一消失，那个总是来纠缠他的无赖小金毛也没影了。直到警察在郊区的云龙桥头发现了傅医生的电瓶车，他们又觉得不是那么一回事。有人说，傅医生生意做不下去了，索性骑着电瓶车到郊外，跑到深山隐居起来，跟他那些需要做光合反应的药材一样，风餐露宿。又有人说，傅医生是为了躲债，把电瓶车丢到云龙桥头，造成跳河自杀的假象，其实是跑路了，说不定现在已经在德国的大草坪上种草药了……总之，傅医生这个人，就在梧城消失了，两个月、三个月、四个月……越久，人们越觉得他其实还活在这个世上，在某个地方，又重操起了旧业。

有一天，老铁匠忽然发现，那只从宝芝堂拆下来翻新、保养的大家伙竟然不翼而飞了。他跑去问儿子。儿子闪烁其词，答非所问。追问了好几次，儿子才告诉老铁匠："那家伙带着那家伙溜了。

"啥？怎么溜的？"

"钻进葫芦肚子里，跟着神仙飞走了。"

老铁匠尝试着把这件怪事告诉给他的老工友，那个已经活到八十五岁的老头立即觉得自己受骗上当了,"神神道道的,三岁小孩都不会相信!"可老铁匠决定相信儿子的话。他活了一辈子,逐渐知道什么怪事物都必须接受。在梧城这个小地方,时间就像吊瓶里的点滴,一点一滴推进血管里,稍微推快一点,人就会感到不适,直到时间在自己的血管里循环为止。

勾肩搭背

　　刘嘉诚一连好多天都在白马转悠，三十出头的男人了，还像个害春的馋猫一样，急吼吼地找一个女人。白马的熟客也没问他干吗找樊花那么急，还能有什么事情？不用问都知道，樊花欠人刘嘉诚了，欠多少？他们猜肯定不会少于五位数。

　　一个女人欠了一个男人的钱，后果大概不会那么严重，女人嘛，嗲一嗲，电一电，男人半推半就着，也就宽限了。所以白马里的熟客也不打紧，眼看着刘嘉诚猴急的样子，还不时撩他说话，搬把椅子在档口前让刘嘉诚坐下来，更熟一些的，掏出包烟给刘嘉诚定定神，都也不去问刘嘉诚到底樊花欠他多少钱。都是做生意的人，知道什么都可以谈，就是不能彼此谈钱，就算谈了，数目也不可能是真的。

　　刘嘉诚沉默地坐在那里，各种拿着大包小包货版的衣贩擦过他，挤过他，撞过他，他好像都没有感觉的，眼光只是扫描着人群里，男人女人，长发短发，乌七八糟的各种颜色的头发在他的眼里就好像一块块抹布一样，擦着他死命睁大的眼睛，他躲都躲不过。他要找那把火红的头发，短的头发。这把头发，化成灰刘嘉诚都能认得出来。

　　当初刘嘉诚第一眼看到樊花的时候，不仅对那头火红的乱发反感，而且更对那头发散出来的刺鼻的发水味道反感，可是很快，刘嘉诚就被樊花收服了，不为什么，就因为樊花有一张甜美的嘴巴，小的嘴巴，白的牙齿，糯糯的话。如果刘嘉诚没有记错的话，生平第一次有人喊他"靓仔"，不是谁，就是这个他在人群里拼命要找的樊花。

"靓仔！"

刘嘉诚仿佛打了个激灵，是樊花？他猛然回过头，人群里一个女孩辛苦地扯着两个大蛇皮袋子，一边朝他微笑，一边逆着人流向他游过来。是那个河南女孩，他和樊花的一个老熟客之一，拿货的时候在白马认识的。自从樊花第一次喊开刘嘉诚"靓仔"后，就开始有人经常这样喊他了。仿佛是刘嘉诚遇到樊花后就立刻长好了，变得靓起来了。当然不是啦，刘嘉诚来广州以后，除了学会穿衣服之外，既没化妆也没整容，还是跟过去在小县城晃悠时的样子一样，眼睛小小，眉毛粗粗，鼻子挺挺，嘴巴大大，一笑，五官全都向两边散开。去年刘嘉诚回老家过年，也没有人说他长好了，只是说他——洋气了！

洋气就会靓起来啊。

樊花经常拎着衣服的货版，对那些从各个小地方来进货的衣贩说——这个款式现在香港最流行啦，穿在身上，很摩登的，洋气啊，洋气就会靓啊！你这么有眼光的人，绝对没问题的啦！

那个河南女孩好不容易挨近了他的身边，将两大袋鼓鼓囊囊的衣服一股脑顿在地上，就站着等待刘嘉诚的反应。刘嘉诚一贯的反应应该是这样的——

一边伸出长长的一只手圈住女孩的肩膀，一边咧开大大的嘴巴，让五官迅速地扩散到两边，然后说，亲爱的靓女，辛苦了！哟，怎么几天没见你又漂亮了那么多，是不是想我想的？我可想死你了，都想瘦了，这不，你看你看。接着拿起女孩的手放在自己的胳膊上、脸上掂一掂。最后，女孩肯定会很受用地笑眯眯了。

这就是"刘嘉诚式"的寒暄。

河南女孩俯下身像看个怪物似地看着矮矮地坐在那里的刘嘉诚。刘嘉诚只是朝上翻眼看了看她。女孩注意到刘嘉诚，这回是真瘦了，五官在瘦长的脸上，挤挤兑兑，怎么看怎么别扭。原来，不笑的刘嘉诚是这么，这么——丑的。

看了一会儿，她纳闷地重新拎起两个蛇皮袋，艰难地又从人群中游走了。她想，兴许这个"靓仔"折了钱，这折了钱的事情谁也帮不了谁，任他平时怎么亲爱的、心肝宝贝地喊别人也帮不了的，只有自己认倒霉了。等下次来的时候，事情过去了，"靓仔"的心情自然就会好了，好了又会让她吃吃"豆腐"，跟她腻一腻了。干他们这些行当的，来来往往，见面时见，分手时分，已经没有什么感觉的了，除了因为交易的缘故，套套近乎，男男女女勾个肩搭个背假假调戏一番，至于其他事情，尤其是在这幢熙熙攘攘的白马大楼之外的事情，各自都抱着"自扫门前雪"的态度，明白着呢。

河南女孩就走了，但刘嘉诚对她在离开他眼皮后的程序了如指掌。首先，将那两大包衣服打好包，寄存到火车站，然后就在白马斜对面的"四海"快餐店吃个快餐，剩余的时间，就到北京路或者上下九路逛一逛，给自己买些便宜又新鲜的小东西或者帮朋友完成些购物的任务，熬到晚上，在超市买瓶水两盒泡面，从存包处取出两大包衣服，硬卧上哐当哐当地睡上一天一夜，到了，回到自己的服装小店开始转手卖。资金周转得快的话，十天半月后又哐当哐当地来白马了。

刘嘉诚前两年就是这么哐当哐当过来的，其中的颠簸辛苦，他当然比谁都体会深刻。可辛苦归辛苦，这白马大楼一年到头，还是那么拥挤，南来北往的。冲着每件衣服的赢利，再辛苦也有人干。樊花说过，实际上这些服装一件成本不过几十块钱，一倒两倒，等到体体面面地挂在服装店里就标了个几百块了，这年头谁也舍得买漂亮衣服穿了，粮食不重要了，衣服就重要了，为什么？人都爱美啊，尤其爱面子啊，有面子办事容易啊。你看你，靓仔，穿件洋气的衣服，跟人套个近乎也容易多了，就算不看你的脸也要看你这一身打扮啊，正儿八经地穿衣服，人也不会乱来到哪去。

樊花是刘嘉诚的生意搭档。

刚开始的时候，樊花归樊花，刘嘉诚归刘嘉诚，大家都围着这白马大楼生活，樊花是主，在白马开一档批发店批发给衣贩；刘嘉诚是客，每次来樊花的店里批发服装回湖北的老家卖。一来二往之后，樊花和刘嘉诚就成了搭档，刘嘉诚入股扩充了樊花的档，樊花负责入货，刘嘉诚负责发货。快一年了，两个人合作愉快，赚得不少，但凡南来北往拿货的衣贩都知道白马里的这对"黄金搭档"。

对于刘嘉诚来说，樊花还是本广州地理，里边不仅有公交路线图，还有饮食介绍，好吃的便宜的，她一概掌握。说起来樊花也不是地道的广州人，她老爸老妈都是东北人，因为年轻时工作调动到了广州，就在这里开枝散叶，他们家这棵广州大树的根是很浅的，仿佛只要有个什么风吹草动的，就立马会想着往东北投靠，这些年就更加如此了，老两口退了休，每年都往东北回，后来因为嫌火车站太混乱，索性就常住在了东北。

樊花就是这样的"混凝土儿"，血脉是外来人的血脉，水土却是广州人的水土。樊花跟那些客人说笑，人家问，樊花，樊花，你是哪儿的人？樊花就反问人家，你看我这样子，像哪儿的人？人家就对着樊花的小脸左看右看，从脸看到耳朵，上看下看，从胸部看到小腿，更有的还会凑到樊花的脸边像馋猫一样嗅着嗅着。这个时候，樊花就会咯咯地笑着将人家一把推开，推又推得拖泥带水的，推开的距离又是在双方都伸手能及的范围。那样人家就会很兴奋地说，我看出来了，你啊，是——我的人！樊花笑得更欢了，哦，才看出来啊？我以为哥哥你发财了，连你的人也不认了呢!

可以说,刘嘉诚就是这样被这个广州的樊花套上的,他当然知道樊花跟人套近乎的话,再甜再腻,也是些场面上的话,但在自己的老家却从来没人跟他说过这样好听的话,所以他头回听着就很舒服,听多了就觉得自己变得魅力无穷、高大威猛了起来,这样顺带着对白马、对广州这个城市也有了一种自尊感。于是刘嘉诚湖北和广州两个地方就跑得不亦乐乎。他不再有以前那些颠簸的心烦和无奈,每次的出发和到达都变得那么自然,甚至,每次上火车还很有心思地备了一双拖鞋,吧嗒吧嗒地串到别的旅客铺上聊天、打扑克,心安理得地把时间耗在这哐当哐当的生活里。

是的,刘嘉诚自从跟樊花成了"黄金搭档"后,生活顿时好了起来,经济上的好是最基本的收获,他已经在老家又开多了一间小服装分店,正张罗着把父母住的祖屋加高两层。额外的收获就是他变得讨人喜欢了。这收获当然是很重要的,过去在家里,刘嘉诚的父亲经常就是这样告诫他,做生意跟干农活不一样,干农活手脚勤快就丰衣足食了,做生意必须嘴巴勤快才能周转灵活。父亲是个有见识的人,曾经跟爷爷到城市里做过一阵粮食生意,只是后来因为农村包围城市越来越厉害,出城市做生意的农村人越来越多,竞争不过就回了家吃谷种,打本钱给刘嘉诚开了个服装店。刘嘉诚过去的嘴巴可不像现在那么勤快,全凭自己心里的一杆闷秤拿捏自己那点小生意,做是做得过去,但是终究不那么红火。看着刘嘉诚明显的变化,父亲知道刘嘉诚遇到贵人了,闲的时候,出到档口,会问问刘嘉诚,广州那个姑娘还好哇?刘嘉诚就会滔滔不绝地跟父亲讲樊花,刚开始是讲樊花的生意,后来就讲樊花的父母,再后来就讲樊花的红头发。反正,那个姑娘在父亲听起来就好像自己人一样,特熟、特亲。

那当然,樊花跟我,谁跟谁啊?刘嘉诚在父亲面前夸张地炫耀。他现在对谁都十分习惯用这种夸张的语气说话了。父亲很高兴，男人啊，就是要夸张啊，夸张就是底气足啊。

到底谁跟谁啊？实际上，樊花跟刘嘉诚，还不就是樊花跟刘嘉诚呗！这一点，樊花和刘嘉诚心里都跟他们那本破旧潦草的入货出货账本一样。

旁边档的那个"口臭李"，暧昧地对刘嘉诚说，"大概是她大姨妈来啦！"刘嘉诚可纳了闷了，就算是亲戚来了，樊花也犯不着不做生意啊？对面的阿娟听到这话马上吃吃地笑起来，一边笑一边说，口臭李，叫你做口臭李就没有错，说话可真臭啊。然后两个人都在那坏坏地笑。

看着这两个人，刘嘉诚虽然猜不出"大姨妈来了"是什么意思，但他感到那绝对是一句猥琐的话。别看刘嘉诚平日里跟那些姑娘们喜欢打情骂俏，说些风流的话，但是猥琐的话他是从来不说的。樊花说，一个大老爷们儿，穿得周周正正的样子，说那些话就好比烂芋头——好头好脸生沙虱。一段时间里，樊花几乎是一口一口地教刘嘉诚说那些腻味的话。但凡是女客户来电话订货，樊花就在刘嘉诚的对面，逐个字地用夸张的口型提示他，樊花提示一个亲爱的，刘嘉诚就懂得对对方说，亲爱的，又在干什么坏事了？我在干什么？啥都不干，就是在想你啊……樊花嘴型动动说句你想我吗，刘嘉诚就懂得对对方说，你这个人啊，当然不会想我的啦，整天有那么多靓仔围着……如果遇到对方是个够分量的大客户，樊花就会说礼物，然后刘嘉诚就懂得对对方说，哎呀，我一直都惦记着你啊，还给你买了份礼物留着，你不来啊，我可就要亲自送过去了啊……类似这样的套话，好像都有公式似的，刘嘉诚都基本上照说，说着说着，自己就开始即兴创作了。

说到底甜言蜜语这玩意，基本上是给男人玩的，刘嘉诚没多久就玩得顺顺溜溜了。

记得有一次，正好刘嘉诚在广州这边，晚上要收档了，樊花的父母打电话祝她生日快乐，又问樊花今晚有什么节目。樊花说没有啊，收档了吃个甜品回家睡觉，明天要到虎门。听那边说话时，樊花用眼睛瞟了一眼对面的刘嘉诚，一点不正经地回答那边，我有我有的，只是太多了不知道找谁来陪过生日，这么老了，男人还会没有？

樊花挂了电话后，刘嘉诚对樊花说那我就帮你庆祝生日吧。樊花说，有什么好庆祝的？巴不得我老吧？刘嘉诚嘻嘻笑着过去搂住樊花的肩，为什么？难道你老了就肯嫁给我？樊花死命地推开刘嘉诚，推得老远，呸，还没喊到你的号吧？小小年纪就懂得插队？

也就是在那个晚上，刘嘉诚才知道樊花真实的年龄，二十八岁，比自己还小四岁呢。他们在白马对面的一间西餐厅里吃点心，还要了啤酒。当小姐点上蜡烛的时候，刘嘉诚好像忽然换了个人似的，一本正经地盯着樊花的眼睛，那双亮亮的眼睛，说，你知道吗？在我四岁的时候，有一天傍晚，我在山坡上放牛，忽然看到天边有一个金色的小人飘过，就那么一下子，一下子就消失了，我傻了老半天以为什么神仙来找我了，到今天我才终于知道了，原来那就是——你出生了啊。

穿过蜡烛，樊花被刘嘉诚深情的眼光直直地盯着，同时好像也被他那席话钉在了位置上。停了几十秒钟，刘嘉诚忽然扑哧一声笑了出来，蜡烛被他的笑声笑歪了，樊花的目光也在瞬间荡开了。

怎么样？够情圣的吧？刘嘉诚恢复了以往的嬉笑。

就你这小把式就能叫情圣了？老姐我可是见滥了，一边待着去吧。樊花在烛光的那边重新捻起点心顶部那颗小小的樱桃，大口大口夸张地跟她的话一起咀嚼了起来。

后来很多次刘嘉诚见了女孩就喜欢用这个招式。樊花每次都在旁边看着女孩被哄得几乎笑倒在他怀里。刘嘉诚说这是他的原创，有版权的。

刘嘉诚是"青出于蓝胜于蓝"，这一点樊花自己嘴上不说，心里是承认的，她很快把一些重要的大客，当然主要是女的，"移交"给了刘嘉诚。拿刘嘉诚的话来说就是"交叉感染",男的感染女的,女的感染男的。樊花经常对他又好笑又气。

或许是一连几个晚上睡得不好的缘故,刘嘉诚觉得很憋闷,白马的铺位满满当当的,只靠一个中央空调帮助几百号人呼吸,现在是秋天,冷气暖气都不开放,只是开了抽风,抽来抽去,还不都是自己刚才呼吸过的废气循环?这里边的人,那么辛苦就为一堆衣服,几张钞票在这里呼吸废气,真是自作自受。好像整个白马都欠了他刘嘉诚一样,他愤愤地走出了这座五层的大楼。白马对面就是广州的火车站,那里一年四季,一天二十四小时,好像都堆满了人,既有正儿八经的乘客,也有很多不怀好意寻找"机会"的歹人。依靠在天桥的护栏上,对着那个大钟,刘嘉诚还是难以呼吸掉自己的愤愤,操!更好像整个广州都欠了他似的。

站了半天他也不知道应该到哪去,只好回到杨未来的档口。二楼的杨未来是白马里跟樊花玩得最好的一个。其实说杨未来跟樊花玩得好,不外乎就是平时一起约着到虎门进进货,晚饭约着到快餐店一起吃吃快餐,甚至是歇档的时候约着到街上逛逛什么的,可要杨未来帮忙找到樊花,她也不知道上哪儿找,她连她家在哪都不清楚呢。樊花的手机一直是关闭状态,秘书留言台也停掉了,这样,在这个世界上,也许就只有樊花的爹娘才能找到她了。

"刘嘉诚,你是不是做了什么对不起樊花的事?"杨未来终于眨巴着眼睛问刘嘉诚。那眼睛眨巴着,仿佛是知道一些什么事情。

刘嘉诚好像听出了些苗头,立刻用双手圈住杨未来的肩膀,眼睛死死地盯着她的眼睛,装作像往常一样热情地说,未来,我的心肝宝贝,你就不要折磨我了,樊花她人呢?你知道我有多么急吗?

杨未来像打了个冷战的样子,做出一个呕吐的表情,将刘嘉诚的手拍开了。

只是杨未来比别人知道的事情确实多一些。

那个笑靥如花、妙语连珠的樊花，个头不高力气却很大，到虎门进货，就属她拎的货最大包，她说，来一趟是一趟，不好浪费了。

杨未来觉得整栋白马里，樊花最有品位，不管是进的衣服还是她自己穿的衣服都很有风格。白马这里的女人，做的服装生意基本都是些大路货，自己也胡乱地从货版里拿起一件就套在身上，把自己也套成了大路货。可樊花却不一样。樊花的衣服虽然不多，但一件一件都是名牌。樊花曾经跟杨未来逛街的时候说过，穷死也不要穿那么廉价的货呢，穿上便宜货自己不也就变得便宜起来了？男人啊，就是不要便宜的。

樊花曾经就这么便宜过给一个男人。

两年前，樊花死心塌地地爱上过一个"体制内"的职员。要知道，像白马这里边的女人，能找得上个捧着"铁饭碗"生活的男人，实在是幸运，即便男人在小单位里小职位上拿的薪水远远比自己挣得低，但是她们当然愿意依靠个稳当的后方，说不好哪天这白马倒了，没人爱穿这里的衣服了，也好有个靠停的地方啊。所以，这里的年轻女人除了积极攒钱以外就是积极找个"体制内"的男人。

樊花花了很多钱在那小职员身上，除了买很好看很体面的衣服打扮他之外，还经常拿着好东西上门讨好未来公婆，"倒贴，他也不要啊！"这是樊花的原话。樊花跟那个小职员睡了，每次睡都是樊花带上进口的避孕套去的。眼看着两人到谈婚论嫁的阶段了，有一天中午，没有客人，樊花下杨未来的档口聊天，无意间瞅到杨未来用来垫盒饭的当天报纸，中缝的地方，有个没有被菜汁淹没的一小块，特别干净，看了看，樊花就没声息了，愣了半天，杨未来走过去拿那小块来看，那上面登着一则征婚启事：

陈某，男，31岁，某机关职员，相貌端正，品行正派，有单位房三室一厅，欲觅品貌双修、有固定收入的温柔女性为伴。有意者请联系手机：138×××××××××，面谈。

像核对六合彩号码一样，樊花拿起那个手机号码，对了一遍又一遍。最后，实在不肯相信，就求杨未来帮她打这个电话号码。

杨未来没有帮樊花打那个电话，不知道为什么，她就是害怕，也说不上害怕些什么，反正是没有打电话。

结果，樊花就一个人，除了到虎门进货，其他时间都一个人晚上待在铺里吃盒饭，喝送上门卖的海带绿豆糖水。生意倒做得特别火热。杨未来调侃说她是情场失意，商场得意，她笑了笑说，谁说的，钱就是我老公啊，天天抱着我睡！

"刘嘉诚，你老实说，是不是跟樊花那个那个什么了？"杨未来认真问。

刘嘉诚忽然觉得从来没有的尴尬，"那个那个什么"，这些调戏的话，要当起真来问问，却是那么难应付。三十二岁了，要让人家相信自己不会跟女人"那个那个什么"，死都不能够的，这好比是做生意的场一样，必须撑起来的，都是男人的场。他们经常拿刘嘉诚说笑话，说刘嘉诚只要不是在白马就是在石牌村，不是在石牌村就是在去石牌村的路上。刘嘉诚总笑着不说话，任由他们讲，不否认也不承认。三十二岁的男人，纯洁就等于谦虚，谦虚就等于虚伪，这些事情虚伪了，就不好玩了。

再说了，石牌村他当然去过的了。认识樊花之前去过，认识樊花之后也去过。只是有一次他没事又到石牌村逛，旅馆附近的那些女人不断向他暗示，当他准备上去跟一个长得还不错的女人搭讪的时候，忽然看到一个男人在前边揽着一个女人的肩膀，有说有笑，那女的半真半假地生气着拿手肘去撞那男人的肋骨，从后面看那女人的身材和背影，像极了樊花。刘嘉诚心里一惊，顾不上旁边那个要来拉他的女人，跟在他们后头走了几步，才发现那女人根本不像樊花。虽然确认了，但是他的心里还老觉得不舒服，从此就再不去石牌村那种地方了。

老实讲刘嘉诚从外形上并不会喜欢樊花这款，他在家乡看上过一个女孩，是他的一个亲戚，长得很美，文静中透露一些距离出来。女孩找了个大学毕业分配回来的政府职员，每年刘嘉诚去亲戚家拜年，她都很规矩地坐在客厅里，喊刘嘉诚堂姑父，实际上女孩大概也就小刘嘉诚那么七八岁，因为是亲戚，反倒应了那句笑话——太熟，不好下手。刘嘉诚只是每年到她家看看，从她父亲那里听到些关于她结婚生小孩的消息。

当然啦，樊花也不会喜欢刘嘉诚这个型。樊花喜欢看小白脸，确切地说是喜欢比自己小的小男人。刘嘉诚很不明白樊花的这种喜好从何而来。她说，小白脸，白白嫩嫩的，多爽啊。樊花对一个经常来拿货的湖南小青年特别喜欢，每次他来，她都主动给最低的入货价给他，目不转睛地逗他，直逗得那小白脸变成了小红脸。刘嘉诚觉得那个男人根本不能叫男人，可是樊花看到他却像看到自己养的小孩一样欢喜。

至于刘嘉诚和樊花有没有"那个那个什么"，这应该是一个秘密，是他们各自要带到棺材去的一个秘密。为什么？因为那在刘嘉诚和樊花的生命里，太不应该了。

真的。

事情发生了他们俩就没有再提，但是，只要两个人守档，没生意的时候，相对着，总会觉得整个白马大楼特别狭窄，狭窄得没有任何转身的可能了，连呼吸都必须节省着用了。

其实刘嘉诚跟樊花那天到虎门入货，根本没有打算要在虎门过夜的，想着就跟平时一样，早出晚归。可是那天虎门不是举行服装节吗？举行服装节他们不就买不到票回广州吗？回不了广州不是就要在虎门过夜吗？在虎门过夜不就是要在虎门睡吗？这些问题提到这里，刘嘉诚敢打包票樊花跟他的答案是绝对一致的，可是再往下问，刘嘉诚觉得可就难说了。

那么，在虎门睡为什么要跟樊花睡呢？

是啊，为什么呢？难道因为不想再和樊花搭档做生意了么？

那天他们看了服装节的露天晚会，找了车站旁边的一间旅馆，胡乱吃些夜宵，就应该各自潦草睡去了，那样就不会有那次刻骨铭心的睡了。可是吃夜宵的时候，两人还是管不住要耍嘴皮。

刘嘉诚，你肯定经常到石牌村玩。樊花问他。

石牌村那种地方？只有你才会去啊。刘嘉诚心里一虚，想起那天下午在石牌村，看到的那个女人，可那的确不是樊花啊。

紧张什么？到石牌村玩有什么稀奇的，难道你不是男人？

是男人都要到石牌村玩啊？低级！

那么说，你高级？樊花邪邪地笑着看他，满嘴是炒牛河的油星，在灯光下反着红光。

你低级？满街找小鸭？小白鸭？不知道为什么，刘嘉诚有一种挑衅。接着两张满是油的嘴巴都停住了，只有眼睛对着眼睛。

半响，还是刘嘉诚跟往日那样，伸过长长的手臂去圈樊花的肩膀，说，好了好了，心肝，是我满街找你，现在我终于找到你了，我们回家睡觉好不好？

不知道什么时候，那些看晚会的人们全都散光了，整个车站到处扔满了广告传单，那条写着"欢迎参观虎门国际服装节"的横幅，在一天的张扬之下，闹腾累了，终于耷拉在初秋的晚风里。这个他们一周几乎出没一次的车站广场，黑黢黢，孤单单的，令他们都感到一阵寒意。

换季了！樊花随便说了一句，用手从刘嘉诚的腋窝下穿过，够不到刘嘉诚的腰，只好紧紧地扯到了刘嘉诚背上的衣服。

两个人，像情侣一样走回了旅馆。

没有喝酒，大家都很清醒，清醒着钻进了同一张被窝。钻进被窝以后，他们就一直沉默。好像都在等待一双手，摘掉他们身上多余的东西。

可是那双手，只是在彼此眼睁睁地看着的天花板上吊着，怎么伸也伸不到他们的平躺的身上。

原来，做比说要难得多了。

最后，还是刘嘉诚的手笨拙地打破了沉默。

似乎刘嘉诚所有的经验在樊花身上都是无效的，无论是石牌村的，还是他湖北老家的，甚至是那些 A 片里的，统统无效。

樊花与其说是被动的，不如说是矜持，任由刘嘉诚摆布，像一个无知少女。

我其实，不太懂。刘嘉诚不知道自己为什么要这么讲，好像要掩饰着一些什么，就好像要在赤裸的身上拼命擦掉那些裸露出来泛青的文身，多糟糕的图案啊，在接近右胸的地方还刺着一个"忍"字。那是他刚出社会混的时候，贪好玩刺上去的，那时候多年轻啊，看别人都刺个"忍"字自己也就刺个"忍"字了。实际上，忍啥他也不清楚。这是刘嘉诚在樊花面前感到窘迫的地方。

也许喝了酒会做得不那么糟糕。过后刘嘉诚一直是这样反省的。

但是刘嘉诚就是想死也想不明白自己为什么要说自己不太懂，更加想不明白樊花为什么装得像个无知少女一样。

他觉得真他妈的莫名其妙。所以第二天一大早，他们两个就拎着几大包衣服回广州了。樊花坐靠窗口的位置，刘嘉诚坐外边，她的脸一直朝向窗外的公路，他几乎看不到她的脸，只是当窗子上有阴影的时候，才能从玻璃上看到樊花。

你来广州的目的不是我，我在广州的目的也不是你。不知对自己说还是对刘嘉诚说，车子一颠一颠的，可这句话却那么平稳地从玻璃上的樊花的嘴里说出来。

刘嘉诚跟樊花"那个那个什么"了不久后，樊花就谈恋爱了，对方是518路车的司机,樊花上下班都乘这趟车,听说以前就认识了,只是没有好上,现在好上了。

那个518刘嘉诚也见过,干瘦干瘦的,脸尖额窄,从第一眼开始刘嘉诚就对他没有什么好感,虽然也说不上什么,总觉得这个男人不健康,身体不健康,甚至心理也不健康。大概因为每天重复那条永远不变的线路,开门关门,关门开门,乘客从他的前门上来又从后门下去了,可他还得坐在那两平方不到的驾驶位置上,所以养得脾气大,嗓门大。518偶尔来白马的档口坐坐,跟旁边的"臭口李"聊得特别欢,因为两个人都是广州本地的,用白话聊天,在这里是比较稀少的。每次518一见臭口李,就开始"丢那妈"个不停,这句脏话是他们的语气助词,无论说些开心事还是家常事,都要"丢"个不停。

518经常会带些好听的事情来听听,要不是在车上发生的,就是他在车头玻璃看出街市看到的,要不是交通车祸惨案,就是马路抢劫追杀,他的嗓门大,一讲,整条白马C区基本都能听到。他讲那天开到广园路的时候,亲眼看到那些保安狂追三个"摩托党",眼看着就追不上了,后来保安拿出一根像水浒里梁山好汉破连环甲马阵时用的那种钩镰枪,往摩托车的轮子一甩,就钩住了车轮,"摩托党"连人带车就摔出了好几米远。厉害啊,听说后来那些"摩托党"一直就没饭开了,很多都跑回老家或者到别的省去了,广州人,就是厉害啊。后来人家就反驳518,关什么广州人的事啊?那些保安还不是从外地来打工的?广州人谁还在这里做保安?518就傻了眼了。樊花在旁边就更加起劲地嘲笑他,掐掐他的脸说,你以为就你广州人厉害啊?518就趁机去回掐樊花的屁股,耍赖地说,你厉害,就你厉害,你的屁股更厉害!于是左右都哄笑了起来,看这小两口"耍花枪",像很般配的一对。

樊花对518跟对那些男客户的态度也差不了多少,照样嬉笑怒嗔,推推拉拉。当然也有不同的地方,那就是518会在轮休那天,带上两个盒饭，到档口来坐，陪樊花吃饭，边吃还边翻看着樊花放在抽屉里的那本破烂的出入货账本。只有这个时候，518才显得跟那些人不一样，是个自己人。"米饭班主"，臭口李在樊花面前都这样称呼518，樊花也总是笑嘻嘻地说，什么"米饭班主"，八字还没一撇呢，再说了，他又有什么本事养我？赚那点湿碎钱。臭口李就会讨好地说，不要在这里"晒命"了，怎么讲也是有份固定收入，三餐不用挨啊。樊花就会笑着扬扬那两根拔得很细的眉毛。

刘嘉诚最不舒服518的地方就是他喜欢翻看那本账本，陷在一堆衣服里边，舒服地靠在那里，像看小人书一样有味道地看那本账本。虽然说，这本账本根本不能说明什么，既算不出刘嘉诚和樊花的支出，也算不出刘嘉诚和樊花的收入，只是登记了衣服的型号、颜色、数量，但是，刘嘉诚就是不舒服，总觉得这个518老在那算计着他和樊花，当然了，主要是算计樊花。可是因为樊花从不介意518翻账本，他刘嘉诚也就没理由不给518看了。所以，几乎是518到档口坐久一些，他就要找个抽烟的借口到别的档口串门。

樊花一边跟518谈恋爱，一边还跟刘嘉诚搭档，当然还继续跟刘嘉诚耍嘴皮。至于那个晚上的事情，彼此都像失忆了一样，有的时候，刘嘉诚都会佩服起这个比自己小四岁的女人来，高手，她还是有很多值得学习的地方啊。他想起那天晚上，樊花跟他在同一张被窝里，像个少女一样矜持的样子，真是觉得很虚伪。他有时候也会想，不知道她跟518一起睡的时候，也是那个无知少女的样子么？难道她认为男人都喜欢女人在被窝里这个样子么？无论是什么样的女人？这样想着想着，他就会产生一种懊恼的情绪，还不如去石牌村。

然而，樊花跟518的恋爱，持续了大概不到四个月，518就不再出现在白马了，当然，主要是因为518也不再出现在518路车上了。

那是一个夏天的中午，广州出奇地热，温度接近四十度，518照样开着他的 518 在各个站点停停靠靠。由于乘客稀少，518 懒得去摁报站的键，一个男乘客错过了自己要下的站，站在驾驶位置后，用很脏的话骂 518。刚开始 518 没有吭气，因为自己实在理亏，就由得他骂，谁知男人越骂越过瘾，骂得大汗淋漓，当然主要是骂 518 的父母祖宗辈。男人要下站的时候，518 实在忍不住也回骂了起来，车停在路中间，两个人脸红了，脖子粗了。别看 518 瘦精精，凶起来的样子也够吓人，乘客们沉默地看着他们，偶尔有些息事宁人的声音，也是几个老太太们低声的埋怨。眼看着就要动手，刚好另外一辆 518 经过，两辆 518 平行停在六车道的马路上，后边一下子就积蓄了一连串的车辆，排头几辆知情的拼命摁喇叭，吵嚷声几乎遮盖了 518 和那个男人的争吵。518 的同事冲到窗口喝停了 518，518 才把后门打开，让男人骂骂咧咧地下了车。窝着一肚子热火的 518 必须继续完成他的站点，把车开得异常凶猛，乘客把心都提到了嗓子眼上，抓紧扶手，期待着自己的目的地早早到达。

可是，偏偏就在还剩下三站到达终点的时候，一个男青年兴冲冲地上车了，一上车就用屁股对准收票的电子眼蹭来蹭去，往上蹭，听不到验票的响声，接着往下一点蹭，还是听不到，往左往右，蹭了好一会儿，就是舍不得用手把放在牛仔裤屁股袋上的磁卡拿出来照"电子眼"。男青年大概不到三十岁的模样，脸上爆满了红红的暗疮，牛仔裤把他有肉的屁股绷得紧紧的，在电子眼上蹭来蹭去的样子，十分滑稽，甚至还觉得暧昧。518 看着他在门边上蹭来蹭去，屁股的方向朝着自己，本来就窝着的火随着这个扭摆的屁股无限燃烧，二话不说"咻"地站起来，迅速冲出座位，用脚朝那个男青年的屁股狠狠地踹了一脚。

一个男司机和一个男乘客，在炎热的夏天的中午，在密实的 518 公共汽车上，殴打起来，无人劝架，就跟无人售票一样。等到交警赶到的时候，518 的头已经破了，而那个男乘客已昏厥过去，伤得比 518 重多了。

处理 518 的时候，问他为什么打乘客，他没说什么，只是反复强调说，这个男人用屁股糟蹋自己吃饭的家伙。警察说，这根本不是打架的理由嘛。没有人理会518，判了一年。

518不再有开公车的资格，当然也不再有来找樊花的资格。当樊花知道518已经下岗，她几乎是迅速地离开了他，她这辆公共汽车又被迫离开了518这个站点，被迫地往前开，开着开着，就觉得路越来越窄，越来越窄，她不知道哪一天，又能在哪个站点停靠一会儿。

离开518的樊花看上去没有什么改变，旁边档的人都说，那么短命的一场恋爱能有什么？于是还照旧在樊花面前搬回过去518的话来说笑，就好像518只是这里曾经的一个熟客，现在不做了，而樊花每到这种时候，好像也没有什么，随他们取笑随他们不断地回想说518怎样怎样，518说过什么什么之类的。

只是，樊花留在档口的时间开始减少，拼了命地到虎门，颠颠簸簸地每次扛回几大包，拼了命地找客户推销，还到处钻来钻去开拓新的客源，最近还跟广州的一些宾馆、演出公司等接洽上了批发服装。反正，樊花眼下、手上、心里最重要的就是钱。她曾经对刘嘉诚说她现在比较喜欢收现金，如果可能的话，她想把一沓一沓的钱铺成席梦思，睡在上面，一定会发美梦。刘嘉诚笑她是个守财奴，万一失火了他不知道是救钱还是救她。樊花就说，谁要你救啊，就睡在上面跟钱一块烧死拉倒吧。

如果樊花再找不着，刘嘉诚是不是要报到警察局？

倒不是刘嘉诚觉得樊花会有什么意外，半个月了，樊花失踪了半个月了，可是刘嘉诚压根就没想过樊花会遭到什么不测，比如被强奸、被劫杀之类的，刘嘉诚统统没有去设想。他更多地想到，樊花大概被人骗光了钱，没法回来跟他交代，也不知道用什么退股给刘嘉诚。

刘嘉诚倒是经常地回忆跟樊花的最末一次见面的情况，以给自己提供些寻找的端倪。

他和樊花吵架了。

那天刘嘉诚跟樊花从虎门进货回来，天色已接近黄昏，走到一半路程的时候，樊花的手机响了，一接电话，原本疲惫得昏昏欲睡的樊花就忽然来了劲。

啊，哪位？哦，李总啊，怎样？有什么关照吗？想我？是不是啊？你们这些大人物还能想到小妹？我？想啊，想有什么用啊？难道我们这些小人物还敢去找你吗？

刘嘉诚坐在樊花的身边，听着樊花一贯腻味的甜言蜜语，不知道这一次为什么，心里就冒出了一股气，没名没分的气，在这辆坐满了乘客的中巴上，这股气越来越升腾。中巴上的电视机演一部港片，是刘嘉诚在中巴上看了好多次的，叫什么千王之王的，小屏幕上的那个香港笑星周星驰夸张的动作和语气在刘嘉诚看来简直就是个小丑，这些语气和动作更增加了他心里的气压。

什么？要找女接待？开张剪彩？我行吗？樊花还在那里跟那个什么李总腻味，红色的短发下，一张脸蛋，眉飞色舞的样子。

三围？我的三围是……

樊花的话还没说完，手机就被身边的刘嘉诚一把抢了过去。

去你妈个B！你个傻B！刘嘉诚对着手机那边狂吼了几句，接着把手机往车窗外一扔了事。

樊花被刘嘉诚突然的举动吓呆了，没吭声，只是那眼睛大大地、近近地瞪着刘嘉诚。

你他妈给我放老实点！刘嘉诚只朝樊花莫名其妙地交代了这句话，就把头靠在靠椅上，闭上了眼睛，睡觉，任由樊花在他的眼睑外边，由她闹。

可是樊花没有闹，就一直安静地坐在刘嘉诚旁边的座位上，一直等到中巴到中途一个惯例要去的加油站加油。乘客小便的时候，樊花扯起自己随身带的包就跑了。

中巴等了好一会儿,樊花还是没有回来。一车的乘客已经等不耐烦了,七嘴八舌地朝司机抗议,司机无奈发动了引擎,还回头来问刘嘉诚,那个女的是不是不走了?

刘嘉诚不知道怎么回答。就连他自己也不知道樊花在搞什么鬼,究竟她会去哪儿。他不担心她会迷路或者说出什么事,只是觉得她不应该什么也不说就走掉了,害他一个人在这里被乘客集体抗议。

她不走了,开车吧。刘嘉诚只好顺应着司机的提问回答。

刘嘉诚蹲在白马的档口,像这些天那样在人群里等待樊花。

忽然看到一个女的,背向着他,红色的短发,瘦瘦的弹力花裤,紧身的黑色T恤,她的旁边是一个大胖男人,大胖男人不时用手去扶她的脊背,脊背上的两块肩骨随着女人的笑,明显而夸张地上下耸动,耸动。那两块骨好像是朝刘嘉诚耸动地笑着。

——樊花!

刘嘉诚觉得自己喊了出来。

没有人应答。那两块骨头还在跟刘嘉诚套近乎。

刘嘉诚要找的那个樊花,就好像他刚才喊出来的那一声一样,一张口,就掉落在了白马熙熙攘攘的人群里,找不着了。

负一层

还没有那部美国电影《阿甘正传》的时候，阿甘就叫做阿甘了。可这些都没有人知道。所有现在喊她阿甘的人，没有一个不认为是先有《阿甘正传》再有她这个女阿甘的，基本上没有人产生过疑问。

可阿甘心里总是充满了疑问。真的，即便她从来没有将这些问号挂在嘴上，但是在午间休息时，她总是喜欢从大酒店的负一层车库里，坐观光电梯一直升到三十层顶楼，攀上小露台，对着整幅天空，将那些问号挂上去，就像母亲在烧鹅店里挂烧鹅一样，一个接一个，头朝下，屁股朝上，肥油亮亮地沿着鹅身一直流到了鹅头、鹅嘴，没等流到橱窗上，就被对应的一排漏斗接住了，这些回炉的油继续成全下一个烧鹅。阿甘的问号，也这样天天挂到了天上，那悬而未决的一个小点，总是沿着问号的流线体，滑了下来，继续成全阿甘明天要挂上去的问号。

一天一个小点，一天一个小点。阿甘今年三十九岁了，心里的问号积攒了一大挂。如果这些问号可以卖钱的话，阿甘想自己肯定就发达了。可是，阿甘后来明白这些问号是这个世界上最不值钱的东西，不但不值钱，还需要花很多的钱来摘除掉。所以，阿甘真的开始烦恼了，早知当初应该使劲攒钱才对啊。

有早知就没乞儿啦！这么大个人了，存折里斗零都不多一个，没人没物的，你怎么过下半世啊？阿甘的母亲一直这样埋怨阿甘。她的烧鹅店是绝不会留给阿甘的，她相信自己的女儿能经营好这间店的唯一原因是这个世界上不再需要花钱买东西了。

真是这样的，阿妈，你不相信将来不用花钱了？将来人都挪到月球上住了。

哦，月球上买菜就不花钱？月球上就不用吃饭？阿甘的母亲很习惯这个老女儿的愚蠢，从小到大总是一副"脑笋"没长合的样子，书到高中就念不下了，说话做事慢人半拍。

吃饭是要吃的，但肯定不像现在这样吃。

不管是什么饭，要吃饭就一定要花钱。谁像你那么命好啊？

阿妈总是将"谁像你那么命好啊"这句话挂在嘴边，实际上是提醒她，每个月交五百块家用就一直能在家住到快四十岁，已经是生命中的奇迹了。可是，阿妈能要求阿甘怎么样呢？阿甘在酒店负一层管理泊车，一个月收入接近一千块，大半数交给家里，要再多点也没有了；要说指望阿甘依靠个男人？那就更加是天方夜谭了，从小到大，阿甘没有爱上过一个男人，更加没有被一个男人爱上过。

阿妈养着阿甘，养着养着，一晃，就养成了个老姑婆了。住在家里的老姑婆阿甘每天都按时出门上班，按时下班回家，哪天阿妈回家看不到靠在沙发翻遥控器的阿甘，阿妈就会升起一阵莫名的高兴，好像生活到这种时刻才有些不同，今天跟昨天才是两个不同的时间。可惜，这样的时候很稀罕，阿甘不喜欢在外边闲逛，不喜欢闲逛的原因是没有人陪她闲逛。阿甘的朋友跟阿甘的积蓄一样少，就连阿妈也能数出来哪几个。

我那些死党，都是天兵天将来的。阿甘笑着对阿妈说。

是啊，都是些天上有地上没有的怪物！阿妈知道数得出来的那几个，从小和阿甘长大就养成了占阿甘的便宜，所以才友谊天长地久。在阿妈看来，那几个跟阿甘的命也是半斤八两，离婚的离婚，生不出孩子的生不出孩子，反正，没有一个按照正常轨道过日子的。

真的不骗你，她们都知道我什么时候有难，什么时候需要救兵，总是能及时赶到。

哪里是什么救兵，什么及时赶到？阿妈当然知道她们是自己有需要的时候才从天而降到阿甘的视线内而已。

这是阿甘用半生培养起来的最大的本事。打个比方吧，阿甘总是认为天下雨跟她是很有关联的。她实验过好多次，每当她心情差到极点，郁闷到要爆炸，甚至伤感落泪的时候，天空忽然会一阵狂风大作，接着电闪雷鸣，最后倾盆大雨。这样，阿甘就坚信了，原来老天下雨是因为自己心情不好的缘故。但是，也有好多次，遇到阿甘心情舒畅，满心欢喜的时候，天也会下雨，可阿甘也有理由：一定是有人的心情不好了，那个人心情不好的程度盖过了自己的好心情，所以老天眷顾那个人，于是——下雨！

自圆其说是阿甘这些年培养起来的本事，阿甘自圆其说的时候，就要自言自语，阿甘自言自语的样子，被不熟悉的人总看作是精神有毛病。只有熟悉的人才知道，这跟电影里那个男阿甘喜欢自己跑路没有什么区别，只是，阿甘用嘴巴跑，兜来兜去，兜了一个大圈，然后回到原点，回到的原点看上去还是原点，其实早就已经是阿甘自己重新描过的原点了。这样，阿甘听到看到的，就不再是别人听到看到的了。

当然，阿甘在酒店负一层里，别人听到的东西她固然听不到，可是，别人听不到的东西她固然也能听到。阿甘知道车跟人其实是一样的，只要挨近了，就会止不住要互相说话，一说话，整个车库就像市场一样，阿甘整天都被这些声音包围着。听车聊天并不是阿甘每天值得期待的事情，她最欢欣的时候就是听到从遥远的进口处传来车的声音，那样她就会循着声音走去，那些用四只轮子进入阿甘地下王国的人，最终都得换作两条腿从阿甘这里出去，只要换作了两条腿走路，就跟阿甘没有任何一点区别了，没有区别了阿甘就记不清楚那些是哪些人了。管理像阿甘这类后勤人员的主管总是找到阿甘说，你要记一记人啊，总经理说你老记不住他，老记不住他就不能帮他开车门了，当然，总经理并不是说要你每天帮他开车门，但是你总得要记住客人给客人开车门啊，客人是我们的上帝啊，知道？上帝主宰我们的命运啊，知道？

记住总经理的过程比较艰难。

阿甘首先记住了总经理的车，总经理的车是银灰色的，比较长比较瘦，喜欢待在A区最终点的那个位置，总是不跟别的车搭讪，阿甘觉得那瘦长的车其实挺想跟其他车说话的，只是它心事很多，心不在焉，所以别的车觉得冷冷淡淡的样子，也就懒得跟它扎堆了。阿甘不仅记得这辆不交谈的车的样子，而且还牢牢记住了这辆车的车牌号码，后边3个8，前边两个2。基本上，记住了这辆车，阿甘就记住了总经理了。所以，当这辆比较长比较瘦的车蜿蜒地奔往那个A区的终点的时候，她就会跟着过去，开门，一个比较矮比较胖的男人就是总经理了。这样阿甘就记得给总经理开车门了。

这就对了，总算记住人了。后勤主管再下负一层的时候给阿甘丢下这句话。

说实话阿甘自己也不知道这算不算就是记住了人，那个较矮较胖的男人，如果哪天不再开那辆较长较瘦的车的时候，阿甘很难说自己还能认得出他来。

有一次，阿甘接到对讲机的命令让她把A-11的泊车卡拿到酒店大堂给客人，她从负一层坐电梯到大堂。电梯一开，迎面就是一个较矮较胖的男人，两人停顿一下，阿甘始终没有敢喊出一句"总经理"，依稀之间她也拿不准这个较矮较胖的男人跟开那辆较长较瘦的车的是不是同一个。然后，依稀之间，电梯就离开阿甘升了上去，载着那个不确定的男人。阿甘有些沮丧，可是当她走进富丽堂皇的大堂的时候，她马上又变得高兴起来，因为这个到处都镶嵌着镜子的光滑的大堂毕竟是大堂，不是她的负一层，不是她的负一层就不是她给总经理开门的地方，所以，即便刚才那个不确定的男人真是总经理他也不应该会责备自己的，电梯门是自己打开自己升上去的，和她是没有关系的。阿甘自言自语地说，说完自己就高兴起来了。

总之，阿甘在负一层连人带车地记下了总经理，那就够了。后勤主管也不再来找她，更不会跟她说些上帝和命运的话了。

午饭时间，阿甘照旧坐观光梯直接升上了三十层顶楼，照旧攀上了那个小露台，当她想照旧将心里的一个问号像挂烧鹅一样挂上天空的时候，忽然她发现了天上的那个位置，有一个银白的东西，已经挂在了那里，很小很小，好像是静止了一般的。阿甘眯着眼睛，辨认了一会儿，终于欢欣地认出了那是架飞机。又看了一会儿，阿甘忽然就纳闷起来了，这飞机真的好像一动不动的样子，真的好像泊在了上边。飞机难道也可以像泊车一样泊在天上？飞机什么时候可以泊在天上不掉下来的？等到阿甘看得脖子和眼睛都酸了的时候，低下头来完全忘记了来之前自己要挂上去的那个问号，想死都想不起来了。阿甘只好自己对自己说，记不起来就记不起来了，一了百了。

除了在负一层听车说话，阿甘还经常在负一层想张国荣。是的，就是那个张国荣，唱歌的，演戏的，跳楼的那个。这听起来比较荒谬，但这是真的，阿甘想张国荣不是一天两天的事情了。从某一天开始，阿妈看到阿甘住的房间里一下子贴满了张国荣的照片，拿麦克风的，戴帽子的，笑的，沉思的，大的，小的。

大吉利是！无端端挂个死人的照片在房间，你想邪我盘生意啊？阿妈很生气。

阿妈不是个歌迷，但是是个迷信的人，每天早上开档做生意之前，就要给阿甘死去的阿爸烧头炷香，说是只有头炷香才灵的。那年4月2号，阿妈因为吃感冒药睡过了时间，没有按时烧头炷香，当天便收下了顾客一张一百元的假钞都没有发觉。

张国荣邪我的！所以阿妈就这样认定了。

其实全世界都是在张国荣死了以后的第二天才知道张国荣死的，张国荣是4月1日跳的楼，那天是愚人节，好记，阿甘就记得很清楚。那么，也就是说阿妈知道张国荣死的时候，张国荣早就在前一天跳楼了，张国荣跳楼和阿妈收假钞根本不是同一天！可阿妈偏偏就认定了是张国荣跳楼邪了她。

阿甘把张国荣的照片挂在房间里的时候，张国荣刚从楼上跳下来没几天，广州各大报纸、电视都以播报新闻的方式来播报这个"哥哥"的死，这个"哥哥"在这个城市的影响力不亚于任何一个在电视报纸上出现的人物。

人不死你总不迷，人死了你才开始迷，不知何解你从小都比人慢半拍的。阿妈强烈地要阿甘把张国荣从墙上摘下来。

阿甘硬是不肯，把房间锁得严严实实的。后来阿妈确认自己的生意没有什么差错了，也逐渐淡忘了那满墙壁都是的张国荣。

阿妈说得没错，人没死的时候阿甘总不会去迷那个人，人死了阿甘才发现原来自己是那么迷那个人的。这是说的张国荣，同样也是说阿甘的阿爸。阿甘阿爸是阿甘三十二岁的时候生癌去世的，去世后的阿爸就剩下了一张照片挂在门口正对的神台上了。也就从在三十二岁的时候开始，阿甘忽然发现自己居然还是挺喜欢这个墙上的阿爸的，虽然阿爸生前很严肃，和阿甘说说笑笑的次数阿甘现在还能数得出来，可是，这个墙上的阿爸这样微笑地迎着她上班下班，进门出门，阿甘看到就喜欢。除了喜欢看阿爸的微笑外，还有一个令阿甘迷恋的地方，这是在这个世界上谁也不会知道的地方，那就是——阿爸会香。

阿爸会香，这只有阿甘一个人知道。

那天本来按照规定是要阿妈亲自到殡仪馆取阿爸的骨灰的，可是因为阿妈的店里刚解雇了一个伙计，临时走不开。阿妈吩咐阿甘，用这个小罐子装一点回来，其余的放在殡仪馆买好的存位里。

挤公交车拿着那个小罐子回到家的时候，阿甘已经汗流浃背了，在楼下士多店买了支汽水喝，把罐子放到阿妈摆好的神台中间时，阿甘将小罐子打开来看了一下，谁知道没舍得放下的汽水一不小心就泼了一口进罐子里。

汽水泼湿了阿爸的骨灰。

阿甘想都没想过会发生这样的罪过。有怪莫怪，有怪莫怪！她学着阿妈平时的语气。阿妈迷信，只要碰到一些意头不好的预兆，就会烧三炷香，对着天空道歉——有怪莫怪，有怪莫怪！那是对天空的神灵道歉。可是，阿甘的汽水泼湿了阿爸的骨灰，阿甘只向阿爸道歉。墙上的阿爸终究那样微笑地看着她，比生前的时候和蔼多了。尽管阿爸并没有责备阿甘，可是阿甘知道，阿妈回来一定不会放过自己，一定会像天塌下来一样了。

她没再敢打开那个小罐，那堆濡湿了的灰，颜色格外地深，格外地凹陷。

想来想去，好像是得到天空中那些神灵的教唆一样，阿甘居然想到了拿去叮一叮。是的，就是拿骨灰去叮一叮。阿甘把罐子的盖打开了，放进微波炉里，调了一分钟的时间，火势调到了弱档。

罐子在炉里旋转，旋转。阿甘从玻璃门看进去，罐子在有节奏地跳舞。跳着跳着，阿甘就闻到了一股香味，说不清楚那是什么味道，总之就是香，是阿甘从来没有闻到过的香。这股香味让阿甘眩晕了，像在空中跳舞旋转，仅仅一分钟时间，阿甘仿佛已经舞到了大西洋西去了……大西洋西有什么？谁知道？阿甘只知道那是世界上最遥远的地方，因为阿妈从小到大骂她的口头禅总是———一脚踢你到大西洋西！所以，大西洋西是阿甘认定最远也最不可能到达的地方。

叮！

一分钟时间到，微波炉停止了旋转。罐子停止了跳舞，阿甘也从大西洋西回来了。她打开门，那股特殊的阿爸的香，在那一刻精华一般地袭击了阿甘。热气和香气蒸腾着阿甘的脸，阿甘什么也看不到了，世界停顿，阿甘像负一层里一辆说不出话的车一样，久久泊在了微波炉门口。

最后，当然罐子冷却了，阿爸的香就永远消失了。

好咯，好咯，终于回家了，团聚了。阿妈收档回来，烧了三炷香，摆了几支白菊花在上边，对着阿爸的罐子拜了几拜，然后洗手开饭。

只有阿甘知道阿爸的香，当然，阿甘觉得阿爸其实也是知道的，在墙上跟她诡异地笑了笑。这样阿甘就后悔了，三十二岁以前为什么不跟阿爸合伙多做些有趣的事情呢？那些时候，她连话都懒得跟阿爸多讲几句呢。

后来阿甘就一直跟死去的阿爸做了好朋友，无话不谈。

张国荣也是这样成为阿甘的好朋友的，在他跳楼死了以后。

深夜的时候，阿甘对着整幅张国荣的照片，用手抚他的眼睛和唇。这是阿甘最喜欢的地方，虽然这些地方一动不动地对阿甘的手一点回应也没有，可是，阿甘的心随着手的抚摸会产生一阵阵往下沉的感觉。心往下沉，那种微微的失重的感觉，跟中午一个人坐观光梯从三十层滑下来的感觉有些相似。阿甘躺在床上，让那颗失重的心摆平，贴在床板上。然后，问张国荣——

哥哥，你何解会生得那么靓？

满墙没有回答，剩下阿甘问着问着，流着眼泪，睡了过去。

张国荣是开着摩托停在阿甘旁边的。

阿甘如果没有记错的话,那是个广州有史以来最热的一天,空气里那些热分子被驱逐着,于是见到人的皮肤立刻就黏附上去,死死地黏着不放。阿甘就是被这些死死的黏着的手抓住了,在下班回去的公交车站上,一动也动不了。她试着跟这些皮肤上的手谈判。

公交车来了你们就死定了。

为什么?公交车现在都装冷气了。

不怕冷气?那是因为公交车还没来,再等一会儿,一会儿你们就知道厉害了。

那些手死命地抓住阿甘的皮肤,灼热得疼痛了。

谈判失败,公交车一直没有开来。阿甘变成个人质在车站站牌下,动弹不得。

张国荣就是这个时候出现把这个人质救出来的。

阿甘很少坐摩托,除非赶时间。但是这个时候,她在张国荣的帮助下,跨上了摩托车,车一开,风一被带起,阿甘皮肤上的那些手就自动脱落了。

很爽吧?张国荣在车镜子问阿甘。

阿甘戴着一顶过分大的头盔,点了点头。

张国荣一踩油门,阿甘一个没扶稳,身子往前就贴在了张国荣的身上。阿甘不知所措地用手撑着张国荣的背。

爽不爽?啊?张国荣在风里大声往后递话。很吃力。

阿甘只好点了点头。接着又摇了摇头。很吃力地往前递话——能不能慢点?

张国荣刚一听到,就一个急刹。阿甘的身体又往前贴在了张国荣的身上。

慢点也很爽的。是不是?张国荣不断从镜子看阿甘,那张涨红了的大脸，在头盔下像极了他老家刚出炉的一张面饼。

阿甘没有说话，在风里闭上了眼睛。

我技术很一流的，快点也爽慢点也爽，感觉到了？张国荣在镜子里看身后闭着眼睛的那张家乡大饼，发出淫秽的笑声。

几乎是被劫持到了员村。等到阿甘张开眼睛才发现，她的家早过了。

阿甘死死捏张国荣的肩膀不放，张国荣的肩膀被捏得越来越疼，越疼张国荣就越兴奋。事实证明就是这样的，等到摩托车停稳在员村的一个小巷里的时候，阿甘连滑带爬地从车上挣扎下来。兴奋的张国荣对阿甘兴奋地喊着，怎么样，老子技术还可以吧，爽不爽？

神经病！阿甘忙乱中不忘骂了一句，转身要走。

张国荣丢下车拦到了阿甘前边。

小姐，我第一眼看到你就迷上你了，你真是靓。

晚上对着那幅墙上的张国荣的时候，阿甘才会这样问张国荣的。大白天，这人拦住自己，说这句话？

神经病！神经病！阿甘胡乱嚷。那一刻阿甘并没有感到害怕，活到快四十岁了，害怕的东西好像越来越不多了，尤其是面对这样一个看上去比她小好多的男人。

有闲来坐坐啊，我们聊聊？

睬你都傻啊！你以为我傻啊？阿甘仔细看他，百分之一千的肯定他是个很难看的男人。

我傻，是我傻，我迷上你就是我傻啊。他假装谦虚地道歉。

阿甘看这个滑稽的样子实在很傻。她甚至确信他真的是傻的呢，光天化日地对自己说这样的话。不过傻归傻，阿甘并不很讨厌这个人，她觉得他说话很好玩。

张国荣在巷子的小士多店里买了两支矿泉水，递给阿甘一支。

他们坐在小士多店门口的椅子上，喝光了那两瓶水。

有没有男朋友？啊？

或者有吧，又或者没有吧。张国荣买水给阿甘喝，阿甘觉得有必要回答他的问题。

有就是有，没有就是没有，或者？张国荣的脸在暑天里呈现一种灰红灰红的颜色。

喜欢哪一款的男人？

阿甘笑了笑摇摇头。没想过。

阿甘是真的没想过自己喜欢哪一款男人。如果硬是要有个答案的话，大概死去的张国荣会是一款吧。可是她没有讲给他听，四十岁的女人哦。

那，有偶像吗？他好像猜到阿甘心里了一样。

阿甘点点头。有偶像有什么出奇的？

说来听听？阿杜？张信哲？

这些阿甘都不喜欢。张国荣。

这回轮到他笑了。死了的啊？

死了才做我偶像的。

啊？不死就不能当你偶像了？

阿甘不知道怎么跟他讲。

他从裤兜里掏出一小个袋子，打开，取出两粒浅啡色的药片。吃一粒？你会见到张国荣。

阿甘摇摇头。

不是毒品。让你高兴一下而已。他自己吞了下去一粒。

我天天都高兴。不需要。

那就会更高兴，能见到张国荣你不高兴？

张国荣死了。

死了也能见到，不信你试一试。

阿甘站起来，沿着摩托车的反方向走出了小巷，她这个人质完好无损地最终自己坐两站车回了家。

回到家进房间就能见到张国荣,在她的墙壁上。她晚上照旧抚摸他的眼睛和唇,他照旧没有半点动静。她没有问张国荣就哭了,这次哭了一个晚上都没有睡着,早上起来上班的时候眼睛红红肿肿的。阿妈问她是不是上火了,她没有说话,把房间门锁得死死的,好像害怕阿妈进去看到她的张国荣一样。

摩托仔当然不叫张国荣啦,从头到尾阿甘都不知道他叫什么。连续几次在公交站牌被摩托仔堵上车后,同样是一个很热的下班时间,摩托仔的脸真的就变成了张国荣的脸了,那双眼睛和那张唇,跟阿甘的眼睛和唇贴到了一起,并且那些眼睛和唇,会动,有温度。

我都说的啦,吃了它你就能见到张国荣了,早不相信我。

阿甘吃了它不仅见到了张国荣,还跟张国荣睡了。

阿甘真正迷恋起了张国荣,连同那些浅啡色的小药丸一起,只要两样东西混在一起,阿甘就能继续跳舞了,跳到了大西洋以西,就像阿爸唯一的一次带来的香一样,令阿甘旋转、跳舞、大西洋西……

这一段时间,恍惚的时候,阿甘在负一层总是听到有人在说话。那绝对不是车在说话,她分得清楚。车说话是七嘴八舌的,她听到人说话是单独的声音。

在整层负一层的车和车之间,有的时候阿甘像是扑蝶一样去扑这些声音。

偶尔,这个声音还会变成歌——莫妮卡,谁能代替你地位……来来去去就是这两句。阿甘熟悉这首歌,是张国荣的旧歌。唱了两声,负一层又恢复了死静,死静一阵,车又开始聊天了。

中午,阿甘又坐观光梯升了上去。张国荣曾经告诉阿甘,他骑摩托飙车，夜晚在高速公路上，飙着飙着，就会升起来，一直升一直升，然后，就把摩托车踩到了天上，靠近月亮了。

如果张国荣把车飙到了顶楼，飙到了这个小露台，一定也可以飙到天上。把摩托车泊在天上，多有型啊。

喊！真有那本事我还用在这个破巷里住出租屋？早他妈搬到天上住了。不吃药的时候，张国荣实在很丑。

阿甘很想说她真看到过一辆飞机开到天上就停住了，泊在了空中。可是阿甘没有说，说出去都没人信啦，张国荣又不是三岁小孩子。

看过《E.T》没有？

阿甘摇摇头。

张国荣拿出一件黑色的 T 恤，套过头穿上。

阿甘一看，张国荣的胸口上边，有一个小孩，骑着自行车到了天空，旁边是又大又圆的黄月亮。

电影推广的 T 恤，纪念的。张国荣说他一次都没舍得穿。那次在电影城首映《E.T》，他排了整整一个上午队领到的，免费的。

阿甘凑过去张国荣的胸口看仔细了。自行车真的离月亮很近哦，只有一个小指头距离那么远。

张国荣得意地看看阿甘，阿甘也看看张国荣，笑了。

将眼睑半眯起来，天空会离自己近一些，还能看到一串串的气泡泡在眼睑外跳跃，忽左忽右，这是小时候经常自己玩的方法，不知道为什么，此刻阿甘想起了这玩法，也将眼睑半眯了起来。

阿甘将眼睑半眯起来的同时，她听到了声音，男的，像是负一层里蝴蝶一样躲闪着自己的声音。这声音没有变成歌，在说话，一个人说话。

阿甘回过头找。

蝴蝶像是知道她找它，一下没影了，声音停了。

阿甘再找，露台的通风口的另外一边，阿甘看不到，蝴蝶该是停泊在了那里。阿甘攀过另一边，声音又响起来。

直到声音原形毕露，无处藏身。

声音半途而废。一个矮胖的男人举着手机在半空，对峙阿甘，像个被要挟的人质。紧张的对峙，阿甘不过是要扑一只蝴蝶，声音停止了，蝴蝶飞走了。

肥胖男人的表情跟他的声音一样，都半途而废了。剩下一双眼睛，看着阿甘。

阿甘退了下楼，好像被逮到的是她。中午时分，观光梯没有人打搅，一路滑下了负一层，落地的时候，阿甘的心重重地被刮了一巴掌。

整个下午，阿甘都在想这个矮胖男人，阿甘想不起来他的样子。她曾经觉得他应该是那个开着较瘦较长的车子的较胖较矮的总经理，可是依稀间又好像那次在大堂电梯的时候一样，根本无从确认。其实她也不想知道他是谁，只是他那半途而废的表情和声音，让阿甘觉得很好奇。

阿甘不再上顶楼。那些蝴蝶一样飘忽的声音也奇怪地消失了。而一个较矮较胖的男人却时常出现在阿甘的眼前，出现的频率足以令阿甘断定——这个矮胖的男人是同一个人，有着蝴蝶一样扑闪的声音。

一个午后，阿甘上厕所，阿甘的厕所在酒店的紧急出口楼梯间，负一层与一层的接壤处。阿甘要推门，门就开了，那个矮胖的男人，是的，这次阿甘可以确认是这个男人。

屙了没？照面太久，阿甘随口吐一句话，就好像见面问人，吃饭了没？

矮胖男人吝啬声音，只是微微朝阿甘点了头，侧身过去。

没隔几天，后勤主管到负一层，跟阿甘说，合同期满了，老板不续约了。

阿甘没听明白，没做声。

后勤主管没敢看阿甘一眼,看负一层那些井井有条的车们,安安静静但还是很气派。

明天到财务去做个结算,财务知道吗?三楼。

阿甘有些明白了,问后勤主管,合同期是多长?

没多长,反正满了,老板说的。后勤主管了解员工这个时候心情,要是阿甘是个男的,他会照例拉他出去喝酒,喝得半醉半醒就告诉他,老板炒你了,东家不做,做西家吧,工作多的是。可阿甘是个女的,他刚才看了她的资料,快四十了,在负一层做了十三年。

老板是谁?

老板?不就是我们的老板咯?

我们的老板是谁?

说你也不知道,反正他是上帝,主宰我们的命运。

阿甘拼命地记忆这个"主宰我们命运"的上帝,车出车进,上帝肯定坐在其中一辆车里边的。后来,阿甘想起了那辆较瘦较长的不说话的车,开门,那个较胖较矮的男人。

总经理是老板?

后勤主管不置可否。谁这样说过?

阿甘站在负一层暗暗的灯光下,死命想死命想。

别想了,努力再找过第二份工啦。后勤主管最后一句话在车库里回荡。

阿甘还是在暗暗的灯光里,死命想死命想都想不明白自己何解一下子就不见了这份工呢?

这是这两天来需要阿甘用脑子死命想死命想的另外一件事情,还有一件事情就是——张国荣不来找阿甘了。

张国荣不来找阿甘阿甘就找不到张国荣了。

广州的摩托仔很多,穿街过巷,头盔一戴上,每个都很像张国荣。

阿甘站在公交站牌下，眼睁睁看着一个个从她身边噌过的摩托仔，看不到她要找的张国荣。这个城市通讯很发达，任何一块看得到看不到的空间，都有无数的声波在交换、传递，窃窃私语。可是阿甘跟张国荣却还是在这些声波中走散了。阿甘只能想到这一层，她觉得跟张国荣走散的原因仅仅是因为张国荣不来找自己了，而自己，肯定是找不到张国荣的。

整天在家里，阿甘对着自己的好朋友，爸爸的微笑和张国荣的嘴唇。阿妈说过，人的一生中，迟早要遇到两个男人的，一个是自己的老公，另外一个就是自己的儿子，好运的，两个一齐遇到，一半好运的，遇到一个，不好运的，一个也遇不到。

阿甘问问爸爸又问问张国荣，我是好彩还是一半好运还是不好运？

绕了半天，阿甘自己回答自己，或者好运，或者一半好运，或者不好运吧。

阿甘的阿妈收档，在门口就捡回了这个矮胖的男人，矮胖的男人说他是酒店的总经理。

阿妈一点也不惊奇，阿甘没了，总是要有人来上门的，但是上门之后怎么样，阿妈活那么大岁数，只琢磨透了烧鹅，却没有琢磨透别的。

阿妈开门让矮胖的男人进去。门口阿甘的阿爸像个白痴一样笑眯眯。白痴！鬼没用的！阿妈第一次在心里这样骂阿甘阿爸。阿爸依旧笑眯眯。

你的女儿生前跟你说过关于酒店的事情？

我的女儿不喜欢跟我说话。阿妈跟别人称"我的女儿"，觉得很别扭，有名有姓为什么不喊？阿妈想莫非这个总经理不知道阿甘叫什么？

那她有没有讲过酒店的什么人？

她不喜欢讲人。

那她为什么要跳楼？

我怎么知道？她说去上班，去了就跳了，三十层啊。

她之前没说过上班的事情？

阿妈觉得这个人真的很烦，上班的事跟之前问过的酒店的事，有什么区别？

觉得最近她有什么反常？总经理好像来侦察谋杀案一样。

唉，我都知道阿甘有问题的啦，迷张国荣迷得神神叨叨，成天对着面墙哭。阿妈顺手推开阿甘的房间，整面墙的张国荣朝总经理抛媚眼。

不敢迈进去，总经理只是左手握了握阿妈的手，右手掏出一个信封，仿佛有些兴奋。节哀吧，虽然你的女儿是因为迷张国荣死的，但毕竟是在我们酒店死的，这里一些安慰金，收下啦。

阿妈不客气，接过来，问，要不要喝水？

总经理客气地摇摇头，继续往阿甘的房间探了探头，向张国荣点了点头。

何解不是4月1日而是4月2日？全世界都知道张国荣去年是4月1跳的，难道她记错了时间？出门口的时候总经理问。

不奇怪的，她做事总是慢人半拍。阿妈起身送到了门口，假假地执意要送下楼梯，被婉拒了。

酒店后勤部的过道上，贴了一张白纸通告，意思说要参加杨甘香追悼会的同事下午可在酒店门口集合。

哪个杨甘香？经过这张白纸的人都这样问旁边的人，没有旁边的人就自己问自己。问一会儿，就有人醒起来了，啊，不就是那个阿甘咯！迷张国荣跳楼那个！

阿甘？原来阿甘姓杨啊。

好出奇么？难道阿甘姓阿？

蜻蜓点水

门铃的对讲机果然响了。

"喂，老曾，你今天没去，没事吧？"

"哦，老霍啊，我没事。"

"好的，那我走了。"

对讲机"咔哒"一下，老霍没声了。

要是老曾哪天早上没到运河边去，门铃总会响那么一次。

这是晚春季节，万物生发的最终阶段，也是老曾一年来最痛恨的季节，湿湿滞滞，他的肠胃很容易感冒，肠胃一感冒，他的情绪就变得很差，沮丧、忧伤，他不愿意出门，就连每天必做的晨运也懒了，像一个白头老宫女，坐在家里东想西想。他认为老霍并不是真的关心自己去不去运河边，老霍就是怕自己二次中风。肯定是的。前两年，老曾有过一次小中风，晨运中断过几个月，再出现在运河边的时候，老霍就跟他亲近了起来。他说，老曾啊，咱老哥俩以后可是要保命喽，不该吃的别吃，不该听的别听，不该想的别想，过好每一天！老霍中风比老曾早，程度差不多，按照他的说法，就像身体里安了只定时炸弹，因为到了第二次中风，那风就会把人直接带回老家啦。

老霍总喜欢跟老曾比，血压多少？血糖多少？心跳多少？好像家产比赛。老曾也不服输的，除了因为老霍比自己大两岁之外，还因为，老曾从来不认为自己不行，要不是那次小中风，他还可以屈膝弯腰，将头顶在草地上，这一招曾经使老曾成为运河边早晨的一道风景线。他将绒帽摘下来放到草坪上，活络好筋骨，缓缓朝前弯下腰，屈膝，头慢慢压下，直到脑门顶在了绒帽上，稳住了。他总能收获到一些惊叹声，或者几下掌声，偶尔，还会有宠物狗凑到他的头顶上嗅嗅、亲亲，好一幅人与动物的谐趣图！那个时候，老曾能感到自己像核桃仁一样沟壑纵横的大脑里，每一处都汩汩欢快地淌着血液的溪流。现在，这颗核桃仁的左半球出现了一些异常。医生拿起桌上那颗脑仁，将左半边卸下来，装上了半边病变后的脑仁给老曾看。老曾当场觉得，真丑啊，人的脑袋比人的脸丑了十万八千倍！好在，人们只能看到人的脸，不然，老曾宁可提早回老家。

年纪越大，老曾越怕看到些丑八怪的东西。五颜六色的鲜花、花纹斑斓的金鱼、红红绿绿的衣裳……这些都养眼，他尤其觉得，一个好看的女人能瞬间调动起他苦涩无望的老年生活，让他高兴起来，仿佛这些女人是一味药引，后下到他那煲文火慢熬的中药里，效果明显。走在街上，那些穿得花枝招展的女人们朝他迎面走来，还没到近旁，他就站定了，等她们走过自己，他才开步。这些女人像是一辆辆凶猛的小汽车、摩托车，他非得要小心站稳才能避免被撞倒。他等着的时候，目光长时间停留在女人身上，像在辨认一个熟悉的陌生人，他的心情愉快，有时还会露出笑容——这笑容倘若让某个善良的女人瞥见了，会闪现一丝恻隐之心，甚至认为他是个可怜的老鳏夫。

退休以前，老曾可不是这个样子的，他是个中学语文老师，年轻的女娃儿见过千千万，他只对成绩好、肯上进的孩子偏心。他们这一代人，出生于压抑的年代，感情不敢讲究，"轰烈、执着"这样的形容词只敢用在工作和事业上，充其量能体现人道主义的一句话便是——爱美之心人皆有之。年轻的老曾那一颗爱美之心，一度播撒在了祖国大好河山间。

寒暑假，他坐火车游黄山、华山、张家界、桂林山水、苍山洱海……真真"爱江山不爱美人"，过得也逍遥快活。老曾时常回想自己的青春，有过了多少次的"到此一游"，觉得并不枉了。人生嘛，可不就是到此一游？

如今，老曾老了，岁月给他的生活画了个圈子，以寓所到运河边为半径，老曾在这个圈子里团团转，每天到此一游。老曾的风景，除了那条窄窄的整天不知所谓地朝下游赶去的运河，以及同样不知抵达何处的零星的船舶之外，就是堤岸边以各种招式抵抗机体衰老、病变的老头老太。跟老曾一样，他们每天来此报到，打太极，跳健康舞，坐在河岸边的长椅上，互相倾诉，交流养生。一幅运河晨运图，无须过多的勾勒，就能清晰地挂在老曾的脑海里。身体不适的时候，老曾不愿与他们为伍，他悲观地想，这运河边上，候着的这一大群，跟他一样，都是在等着回老家的人。于是，他离开他们，离开运河，穿过稻香园小区，置身于上班高峰人流中，他的痛苦就会减少，尤其是，注视着那些穿得风风骚骚清清新新的女人们，经过一夜的能量补充，一扭一扭地营生去了，他的心情就会好起来，仿佛自己是她们的同事、客户甚至领导。最后，他会踅到和平包子店买几只玉米馒头回家，老伴陈莲英晨运回来，烧好开水，等他到家便冲好两杯牛奶。那几只玉米馒头慢慢地，无言地，跟牛奶搅拌在一起，进入了老曾和陈莲英一天的营养谱系：钙、锌、铁、蛋白质、热能……这些东西成了他俩的家产之一。

老曾和陈莲英的家产，还包括运河边文晖小区这套一百二十平方米的房子，当初买的时候不贵，如今价格翻了好多倍，加上近两年社区服务配套设施逐渐完善，住在这里就算是城市的高尚住宅区了。社区服务站将他们列为"空巢户"，逢年过节，按着名单上那一大串地址，挨家上门嘘寒问暖。老曾见到这些人就躲。听到陈莲英接过人家送来的一壶油一袋大米，拼命地跟人解释，儿子女儿今年不回来过年啦，我们也不想出去跟他们住，人生地不熟，语言不通，吃也不习惯，喏，女儿把我们机票都买好了，我们不想去，又退掉了……人家善解人意地答说，哦，是啊，很多老人到国外都住不习惯的，那您不想孙儿吗？陈莲英又叨叨地跟人家说，还好啦，每天晚上我孙子都跟我们视频的啊，话讲不流利，懂得给爷爷奶奶送飞吻，说"good night"啊……陈莲英还学孙子的飞吻给人家看，响响的两声。人家就笑了。

在别人面前，陈莲英讲话很活跃的，是个热情开朗的老太太，可是，只要独对老曾，陈莲英的话就寡了。这并不能说他们之间有什么问题，他们结婚四十多年了，大问题没出过，也算和睦。老曾昨天给女儿发过去几句自己改的词："四十余载婚姻两难厌，不分别，自难忘，相对无言，唯有嚼饭声。" 于是女儿打越洋电话回来宽慰老曾："爸爸，您和妈妈都七十多岁了，还能相对无言，唯有嚼饭声，已经很幸福了。您看看江伯伯，七十多岁，老伴走了，又不能再娶，陪伴他的只有那根拐杖了，多惨啊。比较一下，您很幸福了，不是吗？" 老曾被女儿安慰得鼻子酸酸的，多愁善感起来了，连连点头。他的目光伸向客厅的另一端，陈莲英正在饭厅的餐桌上，戴着老花镜，借窗外的阳光，研究那本新到的《健康之路》。他不想再说话了，不好意思让女儿听到自己哽咽的声音。他清清喉咙，朝陈莲英喊了一句："喂，你过来呀，来听电话，你宝贝女儿找你……"

老曾到书房去了，并不像往常那样竖起耳朵听她们通电话。他从窗口远眺出去，只看到运河的堤岸边，嫩得耀眼的柳树依依，枝条几乎快垂到河面上了，苗条的，柔软的，摇摆着，像女人在跳舞。老曾眼前就出现了一个女人，脚尖踮起，柳条般细软的腰身，时而左弯，时而右倾，"北京的金山上光芒照四方，毛主席就像那金色的太阳……"那个叫何淑贤的女人前腿弯曲，后腿蹬直，轻盈地来了一个鹿跳，两包鼓鼓的胸脯高高挺起，像要飞天般。何淑贤是老曾同校的音乐老师，当年，两人曾有意愿处对象，可还没开始发展，就被另一个老师捷足先登了。老曾因为当时家庭成分很不好，也没自信与人争夺，只好认命。

　　快半个世纪了，老曾还记得这一个鹿跳，和那两包鼓鼓的胸脯。那胸脯曾经跟老曾那么近，近得只差一个巴掌宽的距离。有过两次，或者三次，老曾已经记不得了，总之，他的手得到默许，搭在了何淑贤的肩膀上，可是，就像一只蜻蜓落在了荷叶上，老曾扑扇着颤抖的翅膀，盯着眼下一颗不断滚动的水珠，始终一动不敢动。这巴掌大的距离比天空和海洋还宽，却离自己的记忆很窄，以至于老曾每每想起那两包鼓鼓的胸脯，都会感到灰心丧气，连带着跟自己的命运一起嗟叹了起来。哪怕蜻蜓点水地在那胸脯上来那么一下，老曾想，自己的命运也许就飞起来了。

　　后来，命运安排老曾跟了同校的数学老师陈莲英。陈莲英在学校有个绰号——"立几"，起源于她是培养攻克立体几何难题的"高手"，培养了一茬一茬的数学尖子。在老曾眼里，陈莲英的确长得像"立几"——从上到下四平八稳，方形的脸，脑袋到肩膀到屁股到双腿的几个点，只要运用一下抽象思维，就能把这些点连成几何图形。不仅如此，陈莲英的个性也很"立几"，硬邦邦，四方方，不小心能让人磕出一块"淤青"。几十年来，老曾的身上不知留下了多少"淤青"，好在这些"淤青"只限于皮下，并不伤筋骨伤肺腑，磕磕碰碰也一辈子了。

　　何淑贤改革开放不久便举家移民出国了。老曾对她的记忆所剩不多，这些记忆的残骸，横亘在老曾晚年的路上，徒增伤感而已。

　　几天之后，老曾又像往常那样，戴着那顶绒面的鸭舌帽，出现在运河边。没有人过多地留意到他的缺席，除了老霍。他坐在椅子上，老霍就过来跟他并排坐。

　　老霍的家乡在北京，南下到这个城市，几十年了，儿化音还是很重。

他最喜欢跟老曾聊新闻联播。他总是能在新闻联播里找出些潜在的问题来，比方说，多少天没报道某某领导了，大概出问题啦，某某领导跑到新疆考察去了，那里肯定又在闹啦……这些问题，老曾从来不去细究的。相比而言，老霍就像一只反射器，接收到什么信号总是要发射出来，而老曾呢，是一只接收器，老霍跟他说什么，他也不去辩论的，接收就是了。所以老霍就喜欢找老曾说话，他找到了掌握话语权的兴奋感。当然，老霍了解的信息的确比老曾多得多。眼下，他指着不远处刚刚开始圈起来准备施工的一个地方，问老曾："你知道那里要干吗？"老曾望过去。有几个穿着黄色施工服的人，在用铁皮做围墙。他茫然地摇摇头。

老霍自豪地说："老兄啊，你太闭塞啦，我告诉你啊，这里开始在造一座桥。"

"桥？"

"对啊，以后，过对岸，到文化广场，甭跑大老远的青园桥啦，得咧，这儿直通！"

哦。老曾点着头，眼看着那些工人把一块铁皮竖起来。

"这桥的图纸我都看过啦，嘿，你猜，是一座什么桥？"

老曾摇摇头，没吭声，他知道老霍好显摆，便随他说去。

"是一条彩虹桥，红黄蓝三色儿的拱形桥，骑在河上，就像天上的彩虹落了下来，嘿，多漂亮！"

老曾并不去考究老霍从哪儿看到了图纸，不过，他听老霍这么说，也欢喜，比起那些灰不溜秋的木桥、铁桥，彩虹桥多好看啊。他看着河面，想象着那个地方，平添了一道颜色鲜亮的彩虹，如同海市蜃楼。

"好哇，彩虹桥，好！"老曾应着老霍。两人高兴地笑着，仿佛已经置身桥上。

老霍兴致来了，忽然问老曾，想不想到河对岸去？好像他们真的要跨过那道彩虹桥。

河对岸老曾不常去，因为他的活动范围离青园桥有点距离，要走到青园桥过对岸，然后沿途返回，再到和平包子店买馒头，时间花得比较多，会打破他跟陈莲英的生物钟，推迟他们吃早饭的时间。通常是兴致来了，又逢着好天气，午睡过后，老曾才会到河对岸走走。

老霍劝老曾随自己到对岸去，说要介绍一个朋友给老曾认识。老曾不好结交新朋友，但拗不过老霍的拉扯，加上自己好几天没出门运动，多走走也是应该的，于是，就跟老霍开步往青园桥去了。

哥俩走得慢，边走边说话。路过一个亭子，他们的说话就被喇叭里的歌声打断了："北京的金山上光芒照四方，毛主席就像那金色的太阳，多么温暖，多么慈祥，把我们农奴的心儿照亮，我们迈步走在，社会主义幸福的大道上，巴扎嘿……"节奏熟悉明快，老曾不由得也跟着哼了起来。走到亭子一侧，看到七八个老太婆正在随歌起舞，手扬红扇子，扭来扭去。

老曾看到了陈莲英。他知道她在这个亭子边跳舞，不过他从不往这边走，更不会来看她跳舞。有什么好看的？尽管陈莲英跳得很认真，认真得连老曾走到近前都不会发现，可是，老曾想，这也叫跳舞？不外就是把扇子挥来挥去，抬抬头，抖抖肩膀，双腿屈膝……一点看头都没有。

那七八个老太婆跳得起劲，甚至自我陶醉。老霍在老曾身边，轻笑了几声，说，嘿，老太太扭秧歌儿——笨手笨脚！

老曾也觉得好笑。好在老霍并不认识陈莲英。老曾跟老霍虽然认识两年多了，却只限于在运河边上活动，说说天气，论论时事，从不家长里短，到现在，老曾还不知道老霍家里有什么人，而老霍呢，也只会摁摁老曾楼下的对讲机而已。老曾觉得他俩就像在运河边遛弯的两只狗狗，遇见了，就在一起寒暄寒暄，闹闹，到点分手便各回各家，各找各主。他们连朋友都算不上。在这一点，仿佛他俩都有默契。

老曾和老霍离开那亭子远了。不知道为什么，老曾想到被自己甩在身后的陈莲英,心里有些悲凉。他记起当初跟陈莲英结婚不久,有一个晚上,在床上,他要陈莲英下腰给他看。陈莲英不干,说自己没练过舞蹈,做不来。他继续缠着她,并说自己抱着她的腰,让她身体只管向后仰就是了。陈莲英死活不愿意,被他缠得生气了,塞了他一句话:"你当我是何淑贤啊,你个流氓!"那是何淑贤第一次也是最后一次出现在他们的生活里。几十年过去了,现在陈莲英才开始练跳舞,跳给谁看?谁还会来看?老曾想想,心里不是滋味。

过了青园桥,老霍带老曾到一个园子里,那里有一些健身器材,两三个老人在吱吱咯咯地弄着。只有一个老头,坐在轮椅上,一声不响,看看天看看地。

老霍朝轮椅上的人喊一了声:"老宋!今儿个身体好啊!"那个叫老宋的老头听到声音,稍微侧了下头。

老曾看清楚了,是个中风患者,面瘫了,嘴巴歪了。老曾心下一阵懊悔,什么人不看,跑这儿来看丑八怪。他刚想掉头回去,听得老霍又问,小吴呢?今天谁领你出来?老宋用一双空洞的眼睛看看老霍。几乎是同时,不远处的走步机上敏捷地跳下来一个人,朝老霍喊道:"霍大哥!"

小吴一走到跟前,老曾的眼睛忽然像看到了一团霓虹。小吴穿着一件鲜艳的花外衣,一条白色的运动裤,有些胖,满身散发着活泼的生气。

老霍似乎跟小吴很熟了,跟她说话的时候,眼睛可以毫无顾忌地看——小吴那张圆圆白白的脸,满满当当的胸前两坨肉。嗯,老曾站在侧边,看得最仔细的,就是那条白裤子绷着的两瓣半月形屁股。老曾看得心花怒放。老霍似乎忘记了老曾的存在。老曾只好笑眯眯地插了一句话:"这位——小吴姑娘,曬,身体真好啊!"那小吴突然羞涩了,对这位陌生人说:"呀,这位大哥,不好叫姑娘的,我都可以抱孙子了。"老霍这才想起给小吴介绍老曾。

听着小吴一声声地喊自己"曾大哥",老曾顿时觉得自己年轻了好多岁。

三人一起说了一会儿话,忽然,老霍拉起小吴的手,扯她到轮椅的后方,靠近一丛矮冬青树。他从口袋里掏出一个小盒子塞到小吴手里。小吴推辞不要,老霍用两只手把盒子连同小吴的手紧紧握在了一起,小吴的手便不再挣扎了,小吴的嘴巴也不再推辞了,老霍的手却还维持原状,并不想松开。

老宋和他的轮椅在前边,没动静。老曾猜他已经没有能力转头看。看着老霍一直握着小吴的手,老曾忽然呼吸起来有点气短。

老曾从老霍那里知道,小吴今年四十九岁了,是个下岗工人,丈夫早几年去世了,她自己拉扯一个正在念大学的女儿。小吴每天早上、傍晚,都把老宋推到这个园子里呼吸新鲜空气,状态好的时候,扶老宋练习走几步路。老宋不仅中风,还是个脑萎缩患者,有点憷,家里人花钱雇小吴,包吃包住,基本上就把老宋扔给小吴管了。老霍说,这女人够可怜的,还那么标致,那么早就守寡了。老曾点点头,脑子里出现了那个彩虹一样鲜艳的女人。

老霍不时从青园桥走过对岸,看看小吴,给她送点小东西。也不是什么贵东西。就像老曾当日看到的那只小盒子,只是别人从香港带回来的一瓶驱蚊油而已。这些小东西,吃的、用的,有的是新的,有的是旧的,不管有用没用,喜欢不喜欢,小吴却从不嫌弃,仿佛她收下的不是东西,而是老霍对她的好。

后来,老曾也跟着老霍走过对岸去看小吴,他不止一次地听小吴对老曾说,霍大哥是个善良的热心人。有几次,老曾顺手也给小吴带点小东西,不外乎是陈莲英吃剩下的半瓶安利钙片、女儿从国外寄回来的一小瓶鱼肝油粒之类的。小吴收下这些东西,脸上笑成一朵花,甜蜜蜜地谢谢"曾大哥"。老曾顿时神清气爽。

有一天，两人又去看小吴。老霍从孙子那里掳了几块美国巧克力，要给小吴尝。到了那小园子，只见老宋独自一人坐在轮椅上，小吴却没见人影。四周望望，没找见。老霍就问："老宋，小吴呢？"当然，白问了。

一会儿，对面晃过来一个老太太，她走到轮椅前，顺手扶了扶。老霍便问那老太太："小吴呢？"老太太瞄一眼老霍，又瞄一眼老曾，满脸不高兴，弯下身来，用手理了理老宋膝上的小毯子。老霍又问："老大姐，小吴她人呢？"老太太冷冰冰地回了他一句："小吴不在，办事去了。""哦，办事去了？今儿个您亲自伺候老宋？""啥？我伺候他？谁乐意伺候这老头，给多少钱我也不乐意！"老太太似乎有点伤自尊。老曾就接过话来问："那谁把老宋推到这里来？老宋怎么回家？"老霍也缠着老太太要问个究竟。老太太被两人轮番问，烦了，冲老霍吼了一句："小吴她来事了，回家换裤子去啦！" 老太太中气很足的，这句话一喊出来，不远处几个正在做运动的老人都听到了，他们好奇地朝这边望过来，停下了手上的动作。

老曾觉得有点尴尬。老霍却显得兴奋，似乎知道小吴待会儿就回来，放下心了，连声说："哦，好的，好的。"

果然，没过多久，就看到小吴那身花衣裳从花径的另一头出现了，她迈着碎步，就要小跑起来了。老霍就朝小吴喊："小吴，当心身体，慢慢来啊。"

小吴气喘吁吁地来到老宋的轮椅前，察看了一番，最后用那只胖乎乎的手在老宋脸上抚了抚。

老曾想，肯定很舒服。

小吴就跟老霍和老曾聊起了老宋。她说自从开始照顾老宋那天起，老宋和他的轮椅就没有离开过自己，别说像这样把老宋一个人扔在外边了，就算是在家里，如果没有其他人，她都不敢扔下他去干别的事。老霍很轻蔑地说："嘿，一个老老头儿，还怕什么？"小吴不好意思了，连忙解释说："也不是怕什么，老宋生病之后，很奇怪的，连家里的儿女都不要，不要儿子帮他上厕所洗澡，也不要女儿扶他上床睡觉，他就要我。"说着脸就开始红了。

　　老曾转过头去看那个老宋，也不知道他听了这话有何感想。他觉得老宋似乎得意地笑了，不过也不知道是不是，因为老宋扭曲的脸早已经看不出任何表情了。

　　后来，小吴把手轻轻搭在老宋的肩膀上，长叹了一口气说："唉，越来越像小孩了。"

　　那天，老霍和老曾看完小吴，沿途返回。两人有点沉默，直到登上青园桥，老霍突然说："老曾啊，那老宋头其实还挺有福的咧。"老曾表示深有同感。接着他们又像往常那样说起了小吴。说起小吴的样貌和身材，还有她爱穿的那些红色的蓝色的紫色的花衣裳。

　　"不瞒你说，老曾啊，有时候，真想去摸摸那大胖屁股，啊？哈哈哈……"老霍笑得太猛了，把喉咙一口浓痰给笑了出来，"咳"地吐到运河去了。"肯定跟她的手一样，肉乎乎的。"

　　"又嫩又滑。像豆腐花。"

　　"吃吃豆腐总归没问题的吧……"

　　两个老头说着荤话，过到了河对岸。路过那个施工的地方，那些围墙已经竖起来了，里边一台巨大的机器在"咚咚咚"地打桩。

　　"老霍，这彩虹桥什么时候能建好哇？"

　　"应该快吧，现代化，什么都讲速度，两年内保管能建好！"老霍胸有成竹的样子，仿佛他是彩虹桥的总工程师。

　　黄昏的时候，老曾如果感觉精神好，也会独自踱过对岸去看小吴。

四五点钟园子里人相对少，老宋愿意练习走路。基本上，老宋只要站起来，小吴那胖胖的身体就成了老宋的肉拐杖，亏得小吴身体健硕，才能承受老宋那高高大大的躯体。小吴的左边胳膊和肩膀都塞进了老宋的身体右侧，右手还牵着老宋的左手，一步一步地朝前挪。老曾刚开始觉得老宋这个样子挺遭罪的，老了老了，还不如个小孩，还得重新学走路。可是，再看下去，老曾就不那么认为了，他发现老宋的右胳膊一直紧紧地贴在小吴的左边胸部，本来圆圆的鼓鼓囊囊的那个地方，被老宋的胳膊压挤成了一只扁柿子。

老曾一直盯着老宋的那只胳膊，即使他在挪动得很吃力的时候，身体开始晃动起来，那只胳膊都不曾离开过那个地方。

老宋那张变形的脸有点红，嘴巴张开着，那里边发出了哼哼的声音。他保持着这样的走路姿势，不时斜眼瞄一下老曾。老曾觉得老宋是在向自己示威。老曾跟上了几步，想用手去帮小吴搀扶老宋，没等他的手落在老宋另外一只胳膊上，老宋猛地做出了一个抖动的姿势，加剧了嘴里的哼哼声。

小吴连忙对老曾说，曾大哥，不用你扶的，他不要别人扶的。说完看着老宋说，对吧？我们不要别人扶，是吧？好的，再走几步，就这样，好，好……

老曾站在原地，他莫名其妙地生气了。这个老宋头，简直就是个老流氓。

老曾一边走回家，一边琢磨——老宋根本不蒙，他脑子灵光着呢。他甚至还想过，老宋头说不定是装的，他根本就可以独立行走！老曾越想越生气。

回到家，陈莲英催促他把桌上的那碗东西吃掉。这是陈莲英按照《健康之路》上的介绍，新发明创造的养生食谱。陈莲英经常有这种新创造，一般说来，老曾都会配合，就像实验室里的小白鼠。当然了，老曾亦明白,这些发明物不是毒药,准确地说,是陈莲英对这个家庭的一份责任心。这一次,陈莲英创造的是一碗"健脑糊"。用核桃、扁豆、杏仁、红豆等等各种坚果,浸泡一天一夜后,"吱吱吱",豆浆机将它们搅拌成糊状。老曾回来的时候,那碗"健脑糊"尚有余温。陈莲英已经吃掉一碗了,说实在的,口感真不好,像吃药粉。为了照顾老曾,陈莲英还给老曾那碗加了半勺蜜糖。

没想到,散步回来,老曾脾气很坏,他不愿意吃桌上那碗糊,他说,像拉出来的稀一样,不吃!

陈莲英按捺着自己的脾气,耐心地告诉老曾,这健脑糊的成分、做法,以及益处——可以预防脑萎缩,防止老年痴呆。

老曾看着那碗糊嗒嗒的东西,觉得真难看。这么难看的东西,怎么能放进嘴巴里呢?即使是碗神药,他也不要吃。老曾任性起来了。

果然,陈莲英很快就爆发了。她利索地拿起那碗糊,气鼓鼓地三口两口把它吃到肚子里去了。

老曾下了决心要任性到底。即便陈莲英受虐般吃完那碗像稀一样的东西,他都没有软下来。

陈莲英在厨房里乒乒乓乓地摔碗,嘴里还不断地诅咒:"不吃拉倒,谁爱管你这死老头,以后脑萎缩了,老年痴呆了,别想着我会伺候你,想都不要想!哼!……"

老曾在客厅里,耳朵满是陈莲英的闹声,听着听着,他的心就好像被九度醋浸泡过的花生米粒一样,酸酸软软的,一点嚼劲都没有。老曾顿感晚景凄凉。他冷笑了一声,朝着厨房的方向,点着头说:"脑萎缩好啊,痴呆了更好,想做什么就做什么,像老宋头那样,最好的了!"

老曾的话,也不知道陈莲英有没有听见,不过,也无所谓了,横竖她也不知道谁是老宋头。她不想理会老曾了,完成手上的事情之后,她面无表情硬邦邦地穿过客厅,玩电脑去了。

"老霍,你看过老宋学走路吗?"老曾的眼前不断浮现出老宋头那只胳膊,以及小吴胸前那只扁柿子,他不知道老霍的想法是否跟自己一样。

遗憾的是,老霍从来没看到过老宋学走路。老霍的家离运河有不少路,所以,每天晨运回家后,便不会再到这儿来。

老曾看着眼前那个滑稽的老霍——他正在模拟老宋学走路,有几分像赵本山,嘴里还蹦出几句东北话。唉。老曾叹了一口气。"根本不是这样的,老霍,你该找个下午来,我们去看看老宋学走路。"老曾想告诉老霍,老宋头那个流氓动作,可是又不知道怎么描述,他是学不来的。

老霍说,有啥好看的?丑八怪一个,谁要看他。

那天早上,老曾和老霍又从青园桥过对岸了。园子里没看见老宋和他的轮椅,自然也没见着小吴。附近的石桌处,围着一群老头老太。他们挤进去,就看到了小吴。只见她坐在石凳子上,正哭得伤心。

老曾第一个反应就是——呀,老宋头没啦?

老霍第一个反应就是坐到小吴身边,伸手去拍小吴的肩膀,像安慰女儿。

小吴的眼睛已经哭得红肿,抬头看到老霍,真像看到了亲人一样,哭得更厉害了,边哭边又开始倾诉起来。

这时,老曾才发现,那石桌上摆开了一张张白纸,有人正拿起一张来看。老曾也拿起了一张,发现是一份遗嘱——

遗嘱

本人宋自强,在立遗嘱时精神清醒。本人百年后,将存折、现金留给女儿宋娜,将现住房子留给儿子宋杰。

小娜、小杰,万勿将财物落入小吴手中,切记,切记!

立嘱人：宋自强

字歪歪斜斜的，老宋头肯定写得很吃力。

老曾看完了一张，又拿起另一张看，内容是一样的。那桌上，起码铺了十来二十张白纸，都是老宋头反复抄写的一份遗嘱。

老霍也了解清楚了，现在，他的手已经搭在了小吴的胳膊上，小吴整个身子几乎都要靠到了老霍的身上。

小吴用胖乎乎的手抹了一把脸，哭着说："我待他那么好，我全心全意照顾他，教他学走路，还教他左手练字，大哥大姐，你们看看，你们评评理……"她负气地拿起一张遗嘱，展示给大家，"他竟然偷偷写了这个……也不知道他什么时候开始写的……难道我会贪他家的财产吗？我会贪吗？……"

人群里七嘴八舌。老曾一句也听不进去，他气得有点发抖。他都想冲去找老宋头了。

老霍用手一直搅着小吴，嘴上咿咿哦哦的，也不知道在说什么。

渐渐的，人群散了。那些人抱着清官难断家务事的无奈，又各自散落到运河边熟悉的角落上，深呼吸……双手托天……头尽量朝上仰……他们按照自己熟悉的套路，自成一派，互不干扰。

过了一会儿，小吴收起了那些遗嘱，一张张展平，叠好。她对老霍和老曾说，她也要回去了，把老宋一个人留在家里，那么长时间，怕出事情。

看起来，小吴没那么伤心了，舒服了一些。临走的时候，还冲老霍和老曾笑了一下，就跟往常一样。

老曾和老霍目送小吴从花径一直走出园子，从背影看去，小吴就像一只摆着尾巴的大花鸭，一摇一摇地隐没进小树林。

隔几天，老曾和老霍再过对岸看小吴，才知道，小吴和老宋几天都没来了。黄昏的时候,老曾自己一个人又跑过去看,还是没来。老曾十分惆怅,就像乘兴来赏花,却看到了满地落红。

没有人知道小吴最终有没有离开老宋家,也没有人知道老宋后来又请了哪个保姆,老宋现在又被推到哪里呼吸新鲜空气去了,这些疑问,运河边的老人们是不会费神猜的。老霍和老曾也不例外。他们不需要悬念,这些动用脑力推理的事情,他们基本上已经无神参与。如同他们已经放弃去看那些稍微复杂点的电视连续剧一样。他们靠在沙发上,嘴巴微张,看看一些简单的、日常的家庭伦理剧,时而发笑,时而动情,更多的时候,他们在琳琅满目的画面闪烁中,逐渐沉默,他们在梦里亲近自己——少年的自己、青年的自己、壮年的自己……直到遥控器从手中滑落,"啪"地惊醒过来,艰难地吞吞口水,费力地想想,自己刚才看了什么?

不过对岸去了,老霍和老曾就常常挨近那个施工的地方,坐在长椅上,看造桥。那个巨大的造桥机,用一只长长的手臂,将梁节升起,移动,又一点一点地降落……看得老霍和老曾目瞪口呆。他们完全看不懂怎么造桥,只被那巨大的机器所震慑。"嚯!嚯!"老霍时常发出这样的惊叹声,奇怪地看着河面上那只怪物。

"老霍,彩虹桥是怎么造起来的?"老曾半开玩笑地问。

"这个嘛,谁知道呢?我又不是那些工人。"

"你不是总设计师嘛,不是看过图纸吗?"老曾偷笑了,像赢了一把棋。

老霍也笑了,牛皮吹破了有点不好意思,他说,计划总是跟不上变化的嘛。

他们很少再提起那个穿花衣裳的小吴了。偶尔,他们也还会说些荤话,但是那些话,仅仅用在回忆遥远的某次艳遇的苗头,包括那个老曾说了多次的何淑贤,半个世纪前出现过的那两包鼓鼓的胸脯。他们往往看得清楚远处，眼前却一片糊嗒嗒，跟每个老花得厉害的人一样。

　　那个寒冷的冬天之后，老霍便没在运河边出现了。刚开始，老曾认为他回老家过年去了。可是，春暖花开了，老霍还是没有来，晚春了，初夏了，老霍依旧没有来。

　　老曾孤零零地坐在那张他俩常坐的长椅上。也没有人知道老霍到底去哪里了，是生病了，出远门了？还是……真的"回老家了"？这样的念头，已经出现在老曾脑子里无数次了，只是，想到这几个字，他就不敢再往下推测了。自然会这样的。这运河边上，什么时候多来了一张新面孔，什么时候消失了一张熟面孔，如同季节更替般自然。他们活了一辈子，经验丰富，再不大惊小怪。

　　可是，等到河上那条桥建好时，老曾还是被小小地惊吓了一番。那根本不是一条什么彩虹桥，而是一座银灰色的无脚桥，许多根钢索硬把桥面拉起了一个弧形。看着它老曾感到很紧张，那些钢索就像一只只臂膀，拉扯着桥面，时刻在挽救一个就要落水的人。

　　老曾不喜欢这条无脚桥。他很想念老霍说的那条彩虹桥，红黄蓝三色儿，骑在运河上。

　　老曾眯着眼睛，看向运河，只见那里架起了一条彩虹桥，他还看到了老霍——他在那上边，背着手，悠悠地走向对岸。

　　这一切只是幻觉。老曾被这幻觉吓了一跳。他认为这太不吉利了。他回去对陈莲英说起这事，陈莲英也被吓住了，她用各种家庭检测仪给老曾检查了各项指标，包括血压、心率、血糖、体温……忙了一上午。

　　为了不去看那条让自己心情紧张的无脚桥，老曾的晨运地点被迫换了个地方。还是离不开运河的河岸，但相比过去常去的地方，新地点的人稍微多了些，因为那里挨着一个新小区，住户比较多。老曾独自散步到一棵大梧桐树下，打一套八段锦，然后绕着梧桐树走几圈，最后坐在树下的椅子上休息。这些规定动作完成之后,也不见得有多么舒畅活络,酸痛的地方依旧酸痛,不适的地方依旧不适,但他规规矩矩地去做。

换了个新地方,就像失去了老霍这个伴一样,老曾很不习惯。好在,梧桐树对过的那丛桃树下,定时地站着一个女人在练功。那女人时而仰头,时而搓手,时而敲打着自己的双腿外侧,动静比较大。老曾不知道女人练的是什么功,不过,光看背影,她还是显得比较年轻,目测不超过六十岁。晨运对老曾就有了吸引力。

老曾曾经从这女人跟前走过,瞥了一眼女人的正面。那女人正闭目,两腿稍分开,两手缓缓上升,手心朝上,两手在头顶交叉……不知道她是否察觉到老曾从自己跟前走过?老曾觉得这女人蛮好看,脸白白的,一颗老年斑都找不到。老曾走过那女人,如沐春风。

有一天,老曾终于鼓起勇气朝那个女人走近。她正在做一个优美的动作,双手撑在两腰背后,挺胸,抬头。老曾看着那两包鼓鼓的胸脯,心跳加快,就像刚爬过一个长坡。很快的,他趁那女人抬头看天的时候,横出一只手,蜻蜓点水般,迅速地碰到了一只鼓鼓的胸脯。他觉得心率起码超过了一百。

偷袭成功!要是那女人骂他耍流氓,他打算装聋,要是那女人拉住他不让他走,他就装脑萎缩,装老年痴呆。

结果,女人平静地朝他喊了一声:"死老头,看路哇!"

老曾灰溜溜走远了。

瓜子

一

　　十岁那年的某一天，我忽然不再愿意讲管山话，一个音也不愿发出来。就算在课堂默读或者做数学题用心算，我都坚决用广州话。回到家，我也跟老爸讲广州话。我老爸来广州十多年了，他的舌头还是绕不过他们管山地区的边界，就算基本的广州话都能听懂，但要叫他说几句广州话，他立刻就变成了一只笨茶壶，有嘴吐不出话来。所以，现在我跟我老爸讲话，真的像鸡跟鸭的对话。尽管老爸要求过我好几次，跟他讲管山话，我死活都不愿意。我一不愿意，就会发脾气，我一发脾气，我老爸就会像一根我最爱吃的麦当劳薯条一样，慢慢软了下来。

　　也就是从那时候开始，我老爸再也不敢把我抱到他大腿上，更不敢再用吐着浓臭烟味的嘴巴使劲地亲我的脸了。他对隔壁的管山老乡说："来运鳖啊，我女儿长大了，变成广州人啦！"

　　那个来运鳖嘿嘿嘿地冷笑几声说，开成鳖，说几句广州话就是广州人啦？你真是抽神经啦！给户口本我望望？哼，我还真没见过住在出租屋里的广州人！

　　嘻嘻，来运鳖，我女儿两岁就跟我来广州，吃广州的味精比吃管山的米还多，幼儿园小学都在广州念，以后还要在广州念高中念大学，你说，她不是广州人是什么人？

开成鳖，你难道没见过广州人？广州人长得比我们管山人差十万八千里啦，你看看物业那个会计李晴晴……

话还没讲完，我老爸就爆发出了一串笑。我老爸只要一笑得激烈，就能听到喉管里藏着的痰在蠢蠢欲动。那个来运鳖也跟着笑了。好像他们同时看到了乐运小区里那个难看的李晴晴。

这两个人，各叼着根烟站在楼梯过道上，用管山话大声地"鳖"来"鳖"去，在我听来，真的是很丢脸。

我老爸说过，在管山人的嘴巴里，"鳖"是一种珍贵的东西。如果在一个人的名字后边加上个"鳖"字，就好比在水煮鱼头里加上一把辣椒，在芹菜炒香干里割进几片烟熏肉，顿时就有滋味，亲起来了。也就是说，"鳖"像一个秤砣砣，加在交情这杆秤上，分量就重了许多。唉，他们根本不知道，"鳖"在广州话里，就是指"水鱼"。广州人只要称某个人是"水鱼"，某个人一定就是个很好骗很好蒙的蠢货，是个被人揩了油还不察觉的笨蛋！难为我老爸他们还把"鳖"当做一种昵称。

我反感地在心里嘲笑着这两条大"水鱼"。

可是，事情往往令人讨厌，我越是反感这些操着管山话"鳖"来"鳖"去的大"水鱼"，我生活的周围就越多这样的大"水鱼"。我们住在石牌村的出租屋，一走出门口，旁边修单车卖小五金零件的是一个"鳖"，对面那个挑着水果长年跑来跑去的"走鬼"又是一个"鳖"，巷口那家我最喜欢光顾的卖十元三本过期港台娱乐周刊的书摊上又有一个"鳖"……只要我老爸一走进石牌村这条窄窄的小巷，就可以跟人"鳖"来"鳖"去，所以，他可喜欢这条城中村了，他说，这是广州唯一让他待得舒服的地方。

其实，这些"鳖"最集中的地方，莫过于我老爸当保安的那个乐运小区。

在我进学校读书之前，我老爸每天上班就把我像放羊一样放到乐运小区。乐运小区离石牌村很近，但是却有着跟石牌村截然不同的面貌。小区一共有八栋高楼，每栋都有二十八层。我就在这八栋高楼之间荡秋千——跟着进进出出的大人们坐电梯。从一栋一楼坐到二十八楼再坐到一楼，接着又从二栋一楼坐到二十八楼再坐到一楼，一直坐遍了八栋。电梯没什么好玩的，可是电梯里总能遇到住在这里的人，这些人一进到窄窄的电梯，就会比在大街上显得亲近，闲得没事也会逗我说说话，问这问那的。幸运的时候，还会遇到跟我年龄相仿的小孩子，他们会听父母的话，将手上的零食大方地分我一点。

当然，更多的时间里我会在小区的花园玩。花园也没什么好玩的。不过，有些晒太阳的老爷爷老奶奶，他们每天都有数不完的时间，如果我愿意的话，他们可以一直陪着我在花园里玩，直到他们到点回家，一个个消失在"砰砰"关上的电子铁门前。

除此之外，就是跟小区里的"鳖"们在一起。乐运小区的物业主管就是老爸他们管山人，很自然的，十个保安里就有六个是管山人，顺带着，一些保洁工人、水电工人甚至是蹲在小区门口时刻等着上门收买报纸废品的，也都分布着不少管山人。这些扎堆在一起的"鳖"们，分散在乐运小区的每个角落，门口的岗亭、车库底下、水电房里、垃圾房、花坛边……所以，无论我走到哪里，都能碰见他们。他们也没什么好玩的。他们喜欢相互开玩笑，喜欢装作要跟对方打架的样子，在不弄疼人的程度下，动手动脚，拳来腿去，打打闹闹，无聊透顶了。

小区里的"鳖"们都知道，开成鳖的宝贝女儿，年纪小小，却古怪得很，轻易不跟他们搭话，一副骄傲又讨嫌的样子。他们对我老爸说，你看看你这个女儿，怎么养都养不熟，要是一直放在老家养，肯定不会这种样子，管山人的后代，总是要吃够管山的米才能养熟啊。放到广州来养，孤孤的，都养歪怪了。

这种说法让我无比讨厌。相比起回管山爷爷奶奶家，我更愿意被放在乐运小区，一千、一万个愿意。管山的村子里有什么啊？有爷爷和奶奶，有牛和牛粪，有猪和猪臊，有穿得破破烂烂从没见过城市的小孩子……在我看来，管山就像一只瘪瘪的破塑料袋，而乐运小区却像一个装满了漂亮礼物的大礼包。尽管在乐运小区，大部分时间我孤单得像草坪上的小狗。那些从家里跑出来的小孩，压根都不爱跟我玩，因为我是那个看东门的保安的女儿，因为我没有掌上游戏机，也没有可相互交换的漫画书，更加没有漂亮的巧克力，而这些东西，基本上就是通往小区孩子们友谊大门的门卡和通行证。我没有。我兜里只有老爸头天晚上帮我嗑好的一包五香瓜子肉（在小区里是不让我嗑瓜子的），以及那只我喜欢了很长时间的老爸在地摊上买的"小熊维尼"（后来，我上英语课了，懂得音标，才知道，它并不是动画片里那只真"小熊维尼"，它只能叫做"小熊文尼"，因为在它胸口上绣着的名字，跟真维尼熊相差了一个字母）。即便是这样，我也宁可待在这里，忍受着那些"鳖"们，忍受他们时不时跑过来捏我的脸，或者用手架住我的脖子将我抬离地面。

当然，除了偶尔几次过年之外，我老爸是不会把我送回管山养的。他早就把我的孤，都归根为命。是一种被算死了的事实。

在我老爸床头的一只小柜里，放着一只蓝色的铁盒子。盒子里装着老爸所有重要的证件，身份证、暂住证、健康证等等，跟这些重要证件锁在一起的，还有一张折叠得整整齐齐的红纸片。展开这张纸片，我就能看到，关于孤这个事实的认证——纸片上孤零零地写着一个"孤"字。我老爸将这张红纸片跟我的出生证夹在一起，仿佛"孤"是我的一个妹妹。

这张红纸片没什么特别的，它只不过是一张过年时用来包红包的那种纸，而上面写的那个"孤"字，更没有什么特别的，在我小学四年级的时候，就已经能写出比这更好的字了。可我老爸硬是将这张红纸片当成宝贝,他说,那是狐仙开出的药方,弄掉了,命就会犯太岁。至于犯了太岁,命会怎么样?我老爸含含糊糊,只是说,小孩子,只要听大人话,管那么多命的事情做什么?

开这张药方的狐仙,我见过。其实,狐仙也没有什么特别的。狐仙抱过我,还给我买过一元一包的脆脆面吃。现在,我还能指出来,她曾经住在石牌村那家桂林米粉店楼上,三楼楼梯口转右边的第一个房间,现在住着一个卖北方水饺的老头。

那段时间,找狐仙算命的人,能从三楼楼梯口排到一楼米粉店。由于人太多了,排队时还引起过纠纷和混乱,差点因为打架引来公安。所以,那女人聪明地做了些号牌,就像中药铺里的医生叫号看病一样,她给人叫号算命。

我老爸是带着我一起去算命的。我觉得我老爸的好奇和紧张其实跟我一样多。他一坐到那个女人面前,就把靠在他脚边的我紧紧地夹在了两条大腿中间。他一度还将手伸出来,摆到跟前的桌子上,做出等待号脉的姿势。那女人看着我老爸这个样子,就笑了出来。女人一笑,就不像狐仙了,像一个好看的阿姨。这个好看的阿姨脸比一般人都白,眼睛细细,嘴巴小小。让我看得目不转睛的,是她那两根眉毛。那两根眉毛不是长出来的,而是画出来的,那上边连一根毛都找不到,就像用蜡笔画出来的两根线。这两根线忽上忽下,忽靠近忽分离,主宰了我对整个算命过程的记忆。当然,除了这两根线外,接下来发生的事情也强占了我的记忆。

狐仙拿着一张白纸,一支笔,一边问我老爸一些问题,一边在纸上画来画去。之后,她从身后拿出一只大大的红箱子,矮下身来,递到我跟前,让我把手从箱口伸进去,抓出一个小布袋来。

我被吓住了。当时我才六岁,面对一个陌生人递过来的东西,本来就不知所措,要将手伸到一个看不到里边的箱子里,无疑等于一个人被关在黑糊糊的房间里，或者说像每次回管山时，火车必然要在某个地方，钻进一条伸手不见五指的隧道。这是我在那个年龄最为恐惧的事情。

与其说我从那只箱子里许许多多布袋中独抓到了装着那张红纸片的布袋，不如说是狐仙最具影响力的一番话，使我老爸死死认定了这就是狐仙开的药方，而不是我选中的命运。

狐仙打开这张红纸片，看了看那上边写着的"孤"字，就用细眼睛紧紧地盯着我老爸，严重地说出了一个事实——这孩子天生就是个孤命，很小的时候就跟娘分开了，应该是她两三岁的事吧……

我能感觉到老爸的两条大腿，像被谁猛地敲了一棍子，重重地抖了一下，又好像是在午睡的时候，梦到自己掉到山谷里了，两脚同时踏空，迅速地抽搐了一下。

接下来，狐仙又喃喃地跟我老爸说了一些话。狐仙说着说着，老爸偶尔做出回答的声音开始抖了。狐仙又说了一阵，老爸开始用袖角揩眼泪。狐仙把我老爸都说哭了，但是她好像还没有停止的意思，继续又说了一阵，我老爸就连眼泪也顾不上揩了，丝毫不控制地哭出了声音来，仿佛眼前这个狐仙阿姨，就是他失散多年后重逢的一个老朋友、老乡亲。

这是我有生以来第一次看到老爸哭。据管山的爷爷奶奶说，其实在我两岁之前，在那个死女人跟煤老板跑到山西之后，我老爸动不动就爱揩眼泪，直到把我带到广州，打上工，赚上钱，才好了起来。那个死女人，就是我至今没落下记忆的老娘。

其实，这张药方上的"孤"，既是命数，也是解药。狐仙对我老爸说，你发现没？这张纸上写的，要顺着看呢，就是一个孤单的"孤"字，要逆着看呢，就是"瓜子"两个字。一个字能变两个字，这就是解孤命的药方。你说啊，一个人能变成两个人，这命还能是个孤命吗？

我老爸眼睛盯着纸上的那个"孤"字，听得半懂半不懂，却仍然在用力点头。

后来我听说，这次算命，老爸心甘情愿地花掉了整整八十大元，只拿回了这张红色纸片。

不管是否值当，无论懂还是不懂，经过这次算命，拜托那位狐仙阿姨，我得以长年累月地嗑瓜子。她叮嘱我老爸说，没事就多嗑瓜子吧，去去孤命。

嗑瓜子就能去孤命？只要有点文化的人，都不会去做这样的傻瓜事，偏偏我老爸就是这样一个没文化的人。而最关键还在于，他一直对那个不知为何能说中他伤心事，惹得他号啕大哭的狐仙阿姨到死都深信无疑。

我也相信。因为嗑瓜子成了我童年最爱做的一件事情。嗑着瓜子，我会觉得不那么无聊，加上我嗑瓜子的技术相当娴熟，速度也惊人，一嗑上，嗒嗒嗒嗒，嗒嗒嗒嗒，脆脆响响的声音，听起来仿佛有一排排小朋友从我嘴巴里一路小跑出来。碰上出租屋经常停电的夜里，电视看不上，我和老爸两个人，坐在屋子里，就着黑，嗑瓜子，听到从我们嘴巴里发出此起彼伏的声音，就像一屋子都坐满了聊天的人，热闹得要命。

二

这么久以来，我们几乎都忘记了嗑瓜子是狐仙阿姨开给我和老爸的药方，而是我和老爸生活中难以戒掉的一种"瘾"。在我老爸的裤兜里，随时都能摸出一大把瓜子。上班的时候，我老爸严格遵守保安纪律，绝不吸一根烟，不嗑一粒瓜子。不过，他却有一个毛病，没事喜欢把手伸进裤袋里，一抖一抖地抖动那些瓜子，发出沙沙沙沙的声音，而且，抖得相当有节奏，抖出来的声音，真有几分像一首曲子的节奏。小区里那个退休的孤寡老人麦教授，每次进出东门，看到我老爸站在岗亭门口，无意识地将手放在裤兜里抖瓜子，总是要停下来，笑话我老爸一番——想女人啦？裤兜里是不是睡了个女人？

经过麦教授这么一说，小区里的那些"鳖"们都觉得特别形象，闲得无聊就会拿这些话出来笑我老爸，不仅笑，有几个跟老爸玩得最好的"鳖"们还会伸手去掏他的裤兜，掏裤兜是假，转过手掏老爸的裤裆却是真的。老爸也不介意，随他们玩，有的时候还跟他们扭打在一起，你掏我，我掏你的。我老爸说，嘿嘿，这些卵鳖，玩自己的还不够，还要玩别人的，玩嘛玩嘛，反正闲着也没事。

我老爸曾经被一些中年女业主投诉过，她们说老爸玩裤兜这个动作不文明，有损小区的风貌。有两次，我老爸还因此被保安队队长孟鳖找去谈话。谈话后，我老爸确实刻意地提醒自己，强制性地减少了抖瓜子的次数，可没几天，老毛病又犯了。孟鳖也拿他没办法，在保安纪律条例上并没写明不准抖瓜子，再说，我老爸是在裤兜里玩自己的东西，既不妨碍他人，也不损害公共设施，耐我老爸何？

不过，抖瓜子这个习惯，也成了孟鳖教训我老爸的一个习惯性理由。

我从识字开始就知道，这个孟鳖名字叫孟毛，也是老爸他们管山人，比我老爸年轻些。得以知道这些，是因为在小区岗亭的墙上，贴着他神气十足的照片，照片下边写着他的简历、手机号码等等。我听老爸说，刚开始，大家叫他"毛鳖"，他不愿意，后来人们就改口叫他"孟鳖"，他还是不高兴，再后来不知道是谁起了个头，用普通话叫他"孟头"，他一听，只笑得有牙没眼。"孟鳖"改"孟头"，懂得管山话的发音，你就知道这个改变，简直比让麦当劳的汉堡包增高半寸还难——管山话里根本没有"头"这个发音，他们把"头"一律念成"豆"。念不来，所以，管山的人还是只好叫他"孟鳖"。

孟鳖来广州不如我老爸时间长，不过，由于物业主管是他的表哥，他得以坐滑滑梯，一溜到位。尽管我老爸认得的"鳖"比他认得的多，但是那些"鳖"用我老爸的话来说，都是些跟他一样的"没意义鳖"。我老爸在乐运小区当门卫，守的不是正门，而是东边那个不走车光通人的小侧门。这个侧门由于离菜市场比较近，一般进出的都是些住户，外来人几乎都不知道有这个门，所以，这个门在他们的保安事业当中，属于一个没前途的门，而我老爸也早就被认定是一个没前途的门卫。我老爸已经四十二岁了，身材既不高大，相貌也不威猛。孟鳖不时恐吓我老爸，如果他守门出点错的话，要再降，就只能降到地底车库里守车了。

对于有没有前途，我老爸一点都不介意，可以说，他把所有希望都寄托在了我身上。隔壁屋那个来运鳖喝了几杯酒，喜欢当老师，逮到谁就跟谁讲道理，他一讲道理，就拿我老爸来当课文，他把我老爸对宝贝女儿的读书问题当成一种榜样，到处讲。他说，开成鳖这样的人，下辈子投胎做人都要找回他来当老爸，你看，阿蓉在广州读书，从一年级到六年级，一级也没少给过！听起来，好像我读书升级，都是我老爸给的。那个来运鳖在管山，大概连学都没上过，他哪里知道，每一次升学考试，我都吭哧吭哧得像爬山坡一样艰苦哩。

我所读的小学学校，在全广州的小学里，名字都排不上。据说当初是因为名额问题，我没能在石牌村唯一一所民办小学里念书。至于乐运小区旁边那所公立学校，对于我们这些外来工的子女，简直是门都没有。我老爸又死活不愿意我推迟一年上学，他认为，在城里，一寸光阴一寸金，为什么这里人走路都急急忙忙的？就是因为他们知道省时间就是省钱。没办法，我老爸只好下狠心把我放到了另外一个人口比较少的城中村的民办小学。所以，每天上学，我都必须穿过一条又深又暗的地下人行隧道。这条隧道对于我来说，很像一个怪兽的大肚子，只要一走下去，我就感觉到呼呼呼怪兽喘气的声音逼近耳朵。

早上上学，我老爸拜托楼下的梁阿姨带我——梁阿姨每天必要准时穿过隧道，到一家医院给病人当护工。不过，到放学的时候，我就得自己一个走回来了。所以，我老爸和我约好了，每天下午放学后，五点四十分左右，他会穿过隧道这边来接我。

每天，我老爸从下午五点半开始，就离开了乐运小区的东门，一路跑过乐运小区菜市场，跑过石牌村，跑进黄埔隧道，再跑到东边的出口。这一路跑，十分钟左右。基本上，老爸在隧道出口，喘好气，跟几个长年在那里卖盗版碟、挑箩筐卖花以及推自行车做鸡蛋煎饼的那些老熟人打几个招呼，聊上几句之后，就能接上我了。学校里的老师，知道我的特殊情况，从不对我留堂。事实上，这间民办学校，教的都是外来工子弟，对迟到早退甚至是旷课的学生总是睁只眼闭只眼。

有的时候，老爸会迟到，我就站在隧道口等，直到老爸气喘吁吁地从暗暗的地底下钻出来。

我也经常迟到，我一迟到，老爸就心急，因为那就意味着回乐运小区，他又要以加速度一路狂奔。

记得有一次，我因为在学校多贪玩了一会儿，迟到了，我老爸一见我就骂，我硬是不承认自己迟到了十五分钟。我很天真地认为，他又不带手表，怎么会知道时间？谁知道我老爸居然说，我都数了三十九张鸡蛋煎饼了，往天最多数到十张！那个卖鸡蛋煎饼的大爷，一边熟练地在手上摊着他的饼，一边笑着看我们，说，小妹妹，我煎的饼比钟还准时啊，以后别让你爸爸在这里等久啦，整天跑来又跑去，受累啊！

跟老爸一起穿过隧道的时光，以及老爸一把我带出隧道口就拔足狂奔的身影，以及老爸一开始跑动裤兜里那把瓜子就欢快地跳舞的声音，在我的整个小学时代，简直比乘法口诀还熟悉。

几乎整个石牌村的"鳖"们，认为我老爸开成鳖对他的宝贝女儿紧张得过了头。过了头的意思，主要是因为我老爸为了争取每天下午五点半到六点之间得以准时离开岗位，付出了过于沉重的代价——包括他在三十多岁正当保安大好年华的时机,放弃了守小区正门这个重要的岗位,而宁可到东门做个几乎可以忽略的闲人;包括他曾经有过的一次再婚机会,据说那女人被我老爸一路狂奔的动作吓跑了,她断定我老爸结婚的主要目的就是找一个可以代替他狂奔的人。当然,最沉重的代价莫过于,我老爸成了那个保安队队长孟鳖的小喽啰。

算起来,孟鳖只比我老爸小两岁,可他总是顺嘴叫我老爸老王。这个老王,很有点管家或者仆人的意思,他为孟鳖做的事情可不少。清晨,他要给孟鳖带回刚炸出来的油条,然后,迎着小区的晨光,他还要代替孟鳖在花园里,喊着他那极其不标准的普通话口号,带领着二三十个保安,操正步,做体操。当然,还有其他一些临时要帮孟鳖代劳的杂七杂八的事情。这些都不算什么,让人觉得窝囊的,就是每天中午时分,他要替孟鳖做一件谁都见过但却见不得人的事情——把孟鳖在食堂多打的一个盒饭,拎回石牌村,带给红姑。

石牌村里有一家总是散发着红光的神秘小店,窄窄小小的,店门口既没有类似于"金鑫"这样的店名,也没有"大出血甩卖"这样的横幅,只是乖乖地、心甘情愿地被夹在一家烟酒店和皮鞋店的中间。但是,这家店的生命力却很强,它就一直被夹在那个位置,一夹就夹了很多年。

这是一家成人用品店,老板娘就是红姑。

在我还没够年龄弄清楚小店里卖的那些东西的用途之前,我就已经知道红姑是孟鳖的女人。事实上,来运鳖背地里很是蔑视孟鳖——哼,以为送个盒饭,那女人就是他的了,真是白天做个大头梦,盒饭里睡张钞票还差不多!来运鳖这么说是有根据的,因为他不止一次地看到红姑跟不同的男人在一起。

类似于来运鳖这样的话,我老爸听了不知道有多少遍了,他也接受过老乡们许多次对这类事情的"盘问",可每次他都装聋作哑,既不接话也不回答。这让老爸那些"鳖"们感到不爽,他们说,开成鳖这个样子,就是个拉皮条的。我老爸听了,既不生气也不还击。不过,他们最终都原谅了我老爸,因为谁都知道,我老爸对孟鳖事事顺从,没别的,仅仅是为了争取下午半个小时去接女儿。

孟鳖不仅有老婆,还有个跟我一般大的儿子,只不过他们没住在一起。他是保安队队长,又仗着表哥的力量,打着工作的旗号,在乐运小区的车库边,得到一间十来平米的小单间借住。他老婆在龙洞那边一个家政公司当钟点工,儿子也跟着她一起读书、生活。每个星期六,老婆儿子就过来跟他挤单间,一家人团聚,顺便帮他拆拆洗洗的。

老婆不在,孟鳖下班就去找红姑,找得太明目张胆了,就不断被人传出他爱找鸡的话来。有些难伺候的业主向物管处投诉,说小区不能要一个爱找鸡的流氓当保安队队长啊,风气都带坏了。物管处处长是孟鳖的表哥,他警告过孟鳖好多回,要是他再被人发现去找鸡,就要被业主委员会联名撤职,到时候,谁也保不了他。孟鳖心里虽然气恼,但是嘴巴上却不敢顶撞什么。

私下里,孟鳖请表哥喝下几杯酒之后,懊恼地对表哥说:"我哪里是去找鸡哟,红姑又不是鸡!"

"卖那种东西的女人,不是鸡是什么?再说了,不是鸡,你找人家做什么?"表哥一副见惯不怪的不屑。

喝多了几杯的孟鳖,眼睛红红的,直朝表哥摆手:"红姑不是鸡,她顶多算是我的情人,或者说二奶!"

表哥一听,抡起一个巴掌,甩到孟鳖的后脑勺:"你妈个头,你又不是老板!"

此后,孟鳖跟红姑的关系就开始隐秘了下来,越隐秘,我老爸要做的事就越多,也就越让老乡们不爽。好在,我老爸是一个脾气很好的"鳖",那些人再怎么不爽,最多就在自己嘴巴里塞把花生米,唔摸唔摸就过了。

三

嗑瓜子的爱好，除了给我老爸留下一个"抖瓜子"的癖好之外，同样也给我带来了一个不良习惯。坐在座位上，一节课还没上到一半，我就因为嘴巴过长的孤单和安静，导致丧失了听课的耐心。我开始屁股如坐针毡，嘴巴行动起来。我会去骚扰隔壁的同学，撩拨他们说话，屡屡受到老师的警告之后，就只好自己玩自己的嘴巴——经常口里小声地念念有词，或者用上下嘴唇相互做游戏，动来动去，片刻不肯安宁。老师三番五次地对我用了各种惩罚，各种教育，都没有办法吓怕我这个不良习惯。最后，班主任给我下了个诊断，她对我老爸说，你这个女儿，有多动症，最好带去医院治疗。我老爸一听，就笑了。他对我们老师说，我这个女儿，平时最不好动，理都懒得理人的，邻居和老乡们都认为她是块木头，她还会犯多动的病？班主任觉得跟我老爸这样的没文化人基本上说不清楚，就放弃了。她放弃我老爸的同时，也把我放弃了。她把我单独放在一个"孤岛位"上。

"孤岛位"是一个特殊的位置，在教室的后边，所有桌子横竖都对齐之后，离开这些桌子方阵的一米多远，独独单列出了这么一张桌子。这样一来，我的前方即使有着人山人海，都似乎与我无关了。

这个离开同学们一米多远的"孤岛位"，不仅让我和班级里的同学都隔断了，而且还使我出了名。我们学校有个最喜欢跟女同学开玩笑、互相追逐打玩的男体育老师，每次见了我，都用很特异的眼光看看我。有一次，我路过学校教工娱乐室的窗口，那个体育老师正在跟几个其他班级的女老师打乒乓，他们说说笑笑，声音很大，被我听到了。原来他们正在议论我。那个体育老师说，像王蓉这样的女孩子，我见多了，从小嘴巴就飞七飞八的，长大以后，下面的嘴巴肯定也一样飞七飞八的。

他这么一说，其他那些女老师就一边笑，一边用手去打他。

嘴巴还分上下？我觉得很纳闷。虽然不理解，但是我知道老师们肯定是在拿我当笑料，我难过得要命。回到家，我动不动朝老爸发脾气。我老爸就把我带到石牌村那条很热闹的女人街，让我自己挑了一件十五块的小花吊带背心。我已经六年级了，虽然个子不算高，但是，我穿上吊带背心，看上去，跟街上那些同样穿着吊带背心、化着妆的大姐姐们，相差也不算太远了，只是，我那两条裸露出来的手臂，实在是太细了一点。我穿着新买的吊带背心，对着镜子，将手臂曲起，对镜子挥了挥拳，心里暗暗鼓励自己：王蓉，加油哦，很快你就比她们更漂亮了！漂亮起来就不会被人笑话啦！这样一加油，我对自己的未来立刻充满了信心。

我老爸早就明白，买东西是使我高兴的一个绝招。我敢打赌，要是我老爸能挣大钱，他一定会带我到大商场给我买很贵的衣服，也会天天带我到心爱的麦当劳。可惜我老爸是个保安，他永远只能给我买比正版货少一个字母的东西。唉！不过我并不对我老爸抱怨，只要一想到管山那些破破烂烂的小孩子们，我就觉得我老爸还不错，是他把我带到广州来，并且他也跟我一样，再也没想到要回管山。

等等吧，长大了肯定有钱！这句话不是我说的，是孟小军，那个孟鳖的儿子。他一边说，一边嚼着口香糖。这个跟我同岁的家伙不知道为什么，总觉得他现在没钱仅仅是因为他还小的缘故。

周末，孟小军会跟他老妈从龙洞那边过来乐运小区。他老妈来给孟鳖搞卫生，他就过来"提款"——他每周可以到他老爸这里领二十块零花钱。一领到钱，他就跑到石牌村，有时候找我玩，有时候就到网吧。在一天之内，无论身在何处，消失了的孟小军必然会有两个时间又出现在家里——午饭和晚饭时间，准时准点，一次也不误，一旦吃好了，就又立即跑出去玩了。他老爸气愤地敲他的脑袋，说他，就懂得回来吃饭，什么事情也不帮忙做，给那么多钱给你，你不在外边吃饭做什么？孟小军看着他老爸说，钱是零花钱，又不是吃饭钱！把他老爸气得够呛。偶尔一两次，他老爸老妈实在不想做饭，就让孟小军在外边帮买盒饭回来，孟小军想都不用想，就说："买盒饭没问题，要附加百分之十的外卖费！"他老爸事后到处自豪地跟人说，这个卵崽，以后肯定能做大事！言下之意就是，以后肯定有钱！

孟小军学习不是很好也不是很坏，不过由于他无时无刻不在嚼口香糖的样子，总给人小痞的印象。其实，他长得比孟鳌好看多了。他有两只大大的眼睛，眼睫毛又长又翻，额头前斜斜撒向右并且懂得拐弯的刘海总是长长的，几乎将眼睛都遮盖住了。孟小军这种发型叫"非主流"。在我们学校男生里边，几乎人人留这样的发型。就像我们女生，长头发尽管千篇一律被学校要求扎起来，但是，整齐的刘海两边，一定各有一小缕头发飘荡在耳朵跟前，有了这两缕头发，才能算是"非主流"。

发型是我们在同学当中相互认证的一个标志。两个梳着"非主流"发型的人碰到了，无论认识不认识，他们最起码都是一国的。

我和孟小军也是一国的。

孟小军比我钱多，所以，每次他到石牌村来找我玩，都是他请客。吃一元一串的麻辣烫，吃一元半一串的烤鱿鱼，喝两元一杯的珍珠奶茶。有的时候，他还带我到网吧，上网玩游戏。由于他长得比较高，小学六年级看上去就像个中学生一样，再加上一边嚼口香糖，一边玩弄着老爸给他买的那只二手索爱音乐手机时，看起来显得很有派头，也会使网吧管理员忽略了他的年纪，让他带着我到里边玩个够。

将零花钱都花光之后，我们就会在石牌村东逛西逛。有一次，逛到红姑那家成人用品商店旁边，我忽然一阵冲动，问孟小军：

"你敢不敢进去？"

"为什么不敢？里面又没有鬼！"

"那你敢不敢进去，对那个柜台里的女人喊一句话？"

"什么话?"

"你——是——鸡!"

"那有什么难!"

说完,孟小军从口袋里掏出最后一片口香糖,放进嘴里,迅速地嚼了几下,然后,大摇大摆地走进了小店的门。

由于小店又窄又深,而且里边只装了些暗暗的红灯,所以,孟小军一迈进店门没几步,我在外边就几乎看不见他了。仿佛他懂得玩穿越,进了这个门,就穿越到了秦朝或者是外星球去了。

没过一会儿,我果然听到孟小军在暗处大声地喊出了一句话:

"你——是——鸡!"

然后,我就听到了一阵脚步声。

很快,孟小军从暗到明紧接着出现在我身前,抓起我的手,拼命地向前跑。

我一边跑一边觉得兴奋和紧张。跑了几步,就听到后边传来一个女人凶狠的声音——

"我要是鸡,你老爸就是龟公!去你妈的死龟公蛋!"

我们以为她要追出来,跑得跟不要命似的。一直到确认安全了,我们才敢停下来。

"这个死八婆,好凶啊,我只不过喊了一句,她就追出来骂!那么大声,满街都听到了!"孟小军气喘吁吁地说。

此刻,我的心里爽透了,有一种报了仇解了恨的舒畅。

"嘻嘻,可能今天她大姨妈来了!"也许是心情太轻松了,说出这样的话,我竟然一点都不觉得害羞。要知道,六年级的时候,我还没见过"大姨妈"呢。

没想到,这件让我报仇般快乐的事情却使孟小军遭了殃。他被他老爸狠狠地打了一顿,最后他还供出了是我教他喊那些脏话的。

"我靠,那个死八婆,居然添油加醋,我只喊了一句,她竟然向我老爸告状,说我骂了她好多脏话。"过后孟小军愤愤不平地对我说。

可怜我老爸,被孟鳖叫到了他房间,目的不是告我的状。他认定我之所以会对红姑说那些下流话,是我老爸教的。他威胁我老爸,要是再听到有下次,我老爸享受的一切优越待遇全都取消,别说每天五点半离开半小时,就算是半分钟也不给!

实际上,到目前为止,孟鳖给我老爸的"一切优越待遇"也就是那半小时而已。不过,恰恰是这半小时,让我老爸在孟鳖面前完全失去了个性,他即使被孟鳖骂得很惭愧,很没面子,但也不过就只是扯着张勉强的笑容,朝孟鳖道道歉,点点头。

相比起老爸这一次被威胁,更为严重的是接下来发生的一件大事。

那天,也是星期六,孟小军又来找我玩。我们像往常那样,吃了零食,又在网吧玩了游戏。这次的游戏玩得特别郁闷,打联机 CS,遇到高手,我们屡屡挂掉,有好几次,竟然被射到连抬头的机会都没有。从网吧出来之后,我们也没钱吃东西了,只好慢慢地穿过石牌东路,回家。

石牌东路周末简直就像管山的赶集日。在人行道上,到处都站满了走鬼,一个小塑料布摊在地上,一只大旅行包敞开,一辆破单车架起来……卖什么的都有。他们一旦听到有通风报信者大声叫"走鬼",便迅速地卷起东西四下逃窜,逃到市场里,逃到巷子深处,逃到公共厕所里的都有。对于这种情况,我们见惯不怪。

无聊的我和无聊的孟小军,决定在石牌东路上玩一次游戏。

"走鬼啦!走鬼啦!"

孟小军嚼着口香糖,在人群里叫了几句,然后带头跑动了起来。

他一喊,引起了强烈的骚乱。现在回想起当时的场面,孟小军那几声喊叫,就像触动了沉睡的怪物的某根神经,一惊醒起来,简直是令人难以想象的混乱!

下游的小贩们由于不明就里，听到喊声，马上熟练地收拾起东西，驾轻就熟地朝早已经瞄好的安全地段跑。没想到，上游的小贩们很快发现了那个在人群中奔跑喊叫的孟小军，仅仅是个小屁孩，而且这个小屁孩一边喊还一边忍不住地露出了恶作剧的笑。

在我还弄不清楚到底发生了什么事情，已经离开我有十来米远的孟小军，就被一群小贩围住了。他们知道这场虚惊是来自于这个小屁孩，愤怒地将他揪了起来。

我吓死了。我在脑子里迅速地进行想办法。好在这里离乐运小区很近，在他们开始号叫着要教训这个小屁孩的时候，我拔腿就跑，跑回乐运小区，找我老爸。

当我老爸和孟鳖以及一大帮保安赶到石牌东，孟小军已经明显被打过了。他蹲在地上，狂哭不止，额头上那一撇长长的"非主流"头发完全垂了下来，几乎盖过了他吓得苍白的脸。

孟鳖和我老爸以及一帮保安，穿着乐运小区的保安制服，朝围观着的人凶恶地吼了起来。不知道是因为孟鳖他们那一身制服起了一定的震慑作用，还是他们打了小孩理亏的缘故，又或者是做生意的人不想惹是生非，人群很快就没了声音，并且四下散开。

由于找不到打人的人，孟鳖他们有力也没处使，只好带着孟小军，一路骂骂咧咧地回家了。

当孟鳖再次"调查"到孟小军这次惹的祸，又是跟我在一起，他恼火死了，不管三七二十一，硬是认为我指使孟小军干了这件蠢事。

这一次，孟鳖不仅狠狠地骂了我老爸，而且还狠狠地骂了我。他对我老爸说，你那个缺教的伢，她要成个烂女我不拦她，千万不要来搞到我伢，我伢子以后是做大事的人，你那女伢，迟早是要烂苹果心的。

我老爸没想到孟鳖会骂出这么难听的话。在管山话里，骂女人烂苹果心，比广州话骂"丢你老母嗨"还要难听，大概苹果心就是指女人的那个地方吧。

我老爸的脸通红通红的,他抬起头,看着孟鳖,憋出了一句话——孟鳖,关伢子么事,伢子还小,哪里懂得会搞出这么大的事?

"不关她事难道是我伢子的事?上次也是她,教我伢讲那么多下流的话,不要脸!我看你趁早把她送老家算了,过一阵,被人搞大了肚子都不知道是谁!"

话音刚落,我就看到老爸"噌"地冲到他跟前,飞腿一脚扫过去。因为腿抬的幅度很大,我在旁边,能清楚地听到我老爸裤兜里揣着的那把瓜子,发出了稀里哗啦的声音。

孟鳖和我老爸扭打了起来。小区里刚好路过的住户以及闻声而来的保安、工作人员们也围了过来。那些"鳖"们将我老爸手手脚脚死死地抱住了。也有一些人过去抱住了孟鳖。老爸那张涨红的脸上,看着并不像打架的人那种凶恶。他那双一直盯着孟鳖的眼睛,与其说是暴力的,不如说是生气的,只不过,我从来没有看到过老爸生那么大的气。

四

打架后的那天晚上,我老爸跟来运鳖又在门口的走道上,抽烟,嗓门大大地聊天。他们说的每一句管山话都传进了我的耳朵里。

我老爸回忆起了几十年前,在他十来岁的时候,他老爸,也就是我管山的爷爷,为了一块肥猪肉,跟生产队队长干了起来。起因就是我老爸跟生产队队长儿子的一场争夺。

那天是村里的墟日,我爷爷带着我老爸赶墟,逢上一户人家娶媳妇,我爷爷看我老爸嘴巴馋死了,实在不忍心,就从箩筐里摸出几只计划着带回家给我奶奶拜祖坟用的油糍粑,问人讨了几张红纸,把油糍粑染红,变成了婚嫁送礼用的红油糍粑,然后带着我老爸混进了结婚酒席。

那个时候，是上世纪七十年代，即使是结婚酒席，也罕见几点肉星，所以，当我老爸在饭桌上好不容易发现了一块肥猪肉，并且迅速地伸出筷子夹住了它，并且准备往自己嘴巴运送的时候，半路居然杀出了一双筷子，生生劫走了那块快到嘴的肥肉。

十来岁的老爸沿着那双筷子望过去，就看到了已经开始咀嚼那块肥肉的生产队队长的儿子，一个块头比自己大许多的少年。然而，一块肥肉在那个年代的诱惑力，以及少年气盛的不可欺侮，使我老爸不自量力地向生产队队长的儿子挑战了起来。

我老爸在讲这些的时候，我坐在房间里一边听，一边竟然在脑海里，动漫一般地出现了那些打架的场面。那些人物，都是以游戏中的卡通人物形象出现。我老爸矮矮瘦瘦，长得很清秀，眼睛嘛，还是我喜欢的那种大大的，他的头发染成了金黄色；而那个生产队队长的儿子呢，虽然比我老爸高大，却贼眉鼠眼，颧骨高高，形象极其丑陋，他说起话来既大声又霸道。我不仅想象了，而且还用动漫卡通语言来配了音。

我在心里为我老爸对来运鳖回忆起的那场他在十来岁时的打架进行了现场直播。

结果，当然是我老爸输了。我老爸一输，也体现出了一个少年的必然反应——像白天的孟小军被小贩们打过后，狂哭不止。我老爸一哭，我爷爷就站了出来，他要为我老爸讨公道。我爷爷跟生产队队长就干了起来，直打到双方都见了血。几年后，我爷爷跟生产队队长一伙人到山上捡灵芝，不知道为什么议论起那次打架，他们俩到头来谁都不肯认输，后来，仗着酒意，他们在山上，让乡亲们当裁判，进行了一场摔跤比赛。

嘻嘻，来运鳖啊，想起来都奇怪，天下就没有一个老子不为儿女打过架的呢！

是啊，开成鳖，我小时候也到处闯祸，我老爸替我吵架打架，不知道有多少次。我老爸是个急性子，一吵就要打，打又打不过别人，还是忍不住要打，搞到经常有伤。

这两个"鳖"开始回忆童年，顺便又回忆起了管山。我头一次从我老爸嘴里听到那么多有趣的事情。他小时候的，管山爷爷奶奶的，管山大伯的……以往，我老爸跟人也经常说起管山，不过，那个管山都被还不清的人情债和断不完的家务事压得重重的，一点都不好玩。

唉，也不知道老头子现在么样子了？我老爸长长地叹了一口大气。

嘿，我老头子昨天还跟我通了电话，说才到县医院去换了一排新牙，七十多岁的老头子，还要换牙，吃东西一点都不能输的！

哈哈哈哈……

听到屋外这两个"鳖"快乐的笑声，我也在心里偷笑。我的笑，更多是因为知道了我老爸居然为一块肥猪肉跟人打架，还连累到我爷爷也参与了战斗。我在想，要是我认识那个十来岁的老爸，我们一定可以玩得很来，我甚至可以教他怎么将那块肥猪肉从那个笨蛋嘴里骗出来！

老爸和孟鳖的矛盾，导致我老爸没有了每天半小时的"优越待遇"，我在六年级的下学期，要每天自己一个人穿越那条又深又暗的隧道。

我老爸说，要是害怕，就大声地嗑瓜子，把瓜子嗑得响响亮亮的，肯定没事。我老爸总是这样的，从小到大，只要遇到一些他解决不了的事情，或者遇到我在某个要求得不到满足大哭大闹的时候，他就会掏出一把瓜子放到我手上哄我，或者自己在一边沉默地嗑起瓜子来。仿佛嗑瓜子真的成了他解决问题的一个药方。所以，每天上学之前，我老爸坚持抓一大把瓜子放进我的校裤裤兜里。

实际上，在穿过隧道的时候，我哪里还有嗑瓜子的心情？一进入那个人又少光线又暗的地带，我绝对就要开始奔跑。我从东入口，一直奔跑过隧道，再奔跑到西出口。每次都如此。我一奔跑，我的裤兜里也发出了像我老爸裤兜里常常发出的那种沙沙沙沙的声音。听到这些沙沙沙沙的声音，我觉得我老爸就在身边，跟我一起奔跑，或者说在跟我比赛谁跑得快。这声音一响起，很奇怪的，我居然就不那么害怕了。

自从我独自穿越隧道之后，我老爸就规定我每天放学回家，绕一个小弯，经过乐运小区的东门。这样一来，让他看到我，他才能放下心。

每天，我成功地从隧道口出来之后，总是会迈着得意的步伐，朝乐运小区东门走去。还没到，准能看到我老爸站在东门的外边，伸长了脖子，远远地朝我这个方向望过来。一看到他，我更得意了，故意走得慢悠悠的，还不时伸手到裤兜里摸出几粒瓜子来嗑。有时候，将那些瓜子壳攒在手心里，等走到他的身边，我就伸出手来，我老爸就明白了，笑嘻嘻地，一张大手一摊开，便接住了那把瓜子壳。有的时候，我手里什么都没有，还是握着拳头将手伸过去，他摊开手要接，我问他，有？没有？这个笨蛋十有八九会猜错，他一猜错，我就哈哈大笑，我一笑，他仿佛就更乐了！当然，很多时候，我会懒得理他，就算经过他，既不说一句话，也不看他一眼，他也依旧那样笑嘻嘻的。要是小区里那些"鳖"们看到这样的情景，准又会说他天生命贱，养了这么个怪女儿，竟然还当成个宝贝。

比我能够摆脱对隧道的恐惧更值得欢喜的事情，是我老爸因此而摆脱了对孟鳖的服从。他不再每天捏着两双油汪汪的油条放到孟鳖的窗台上，更不会再替他喊着那些不标准的口号出操，更更不会再帮他把盒饭带到红姑那间乌七八糟的小店里。他轻轻松松地站在乐运小区的东门，安心地做着保安的分内事，分外的那些事情，他一概不理。

我老爸一轻松，孟鳖可就不轻松了。他开始密切监督我老爸，坐在小区正门保安岗亭的几个视频屏幕前，他独将东门的那个屏幕放成全屏，那样，我老爸就清清楚楚地站在电视里，他那些没事爱抖瓜子、哼小曲甚至是抠鼻屎的动作，都一一被孟鳖看在眼里。只要这些动作过于频繁或者说过长时间地持续，我老爸腰后别的那只对讲机就会咔咔咔咔语音不清地发出了声音——东门，东门，老王，你注意自己的形象，不要搞那么多小动作，听到没有？听到没有？

我老爸一听到这些声音，就会自觉地朝头顶上方的摄像头望望，盯着那只黑糊糊的小孔看上一会儿，仿佛那就是孟鳖的眼睛。

我老爸知道，孟鳖老是针对他，并不是因为我闯的那些祸，主要是他再也不帮他送盒饭给红姑了，这让孟鳖感到无比烦恼。

现在，午饭后，人们会看到孟鳖用一只黑色的塑料袋包起一只盒饭，卷得小小的，夹在自己的胳肢窝下，两手插在裤兜里，装作什么也没拿，急急忙忙朝石牌村走去。小区里那些"鳖"们看到他这个样子，都在私下里打赌，要不了多久，孟鳖肯定受不了，肯定要跟那只鸡分开。

五

"东门，东门，听到没有，听到没有？"

孟鳖的声音，常常毫无防备地从我老爸腰上的对讲机传来。我老爸总是慢吞吞地，一点都不急着回应，权当是信号不好，没听到。我老爸一不应答，孟鳖就在他腰上不断地喊，喊得快要发火，人就打算要冲到东门来了，我老爸才懒洋洋地把对讲机从腰上取了下来，喂喂地回答起来。对于老爸这种态度，孟鳖也拿我老爸没办法。相比从前，我老爸守东门更加尽职了。他每天除了上厕所之外，哪里都不去，就守在东门，礼貌对待业主，还热心地帮业主抬一些重物。由于我老爸一副憨憨的样子，人气也旺，不少业主有闲会在东门边上停留几分钟，跟我老爸说说话。

小区里有些早就看不惯孟鳖的人，对我老爸敞开了怀抱，欢迎这个曾经是孟鳖的小喽啰回到他们的"组织"。在他们看来，我老爸对孟鳖事事顺从到事事懒散的转变态度，是对孟鳖一次有力的背叛和打击。他们说，蚊子再小也是肉长的，连最老实的开成鳖都跟他翻脸了，这个鸟人，迟早要当不成队长了。

我老爸对孟鳖当不当队长一点都不关心，然而，他却并不拒绝那些人为他敞开的怀抱，相反，他在这怀抱里待得舒服温暖。他感到了多年来作为一名保安所没感受到的成就感。

这些成就感，具体地说来，是从我老爸腰上升起来的。每当孟鳖用对讲机，叽里呱啦气急败坏地呼叫我老爸的时候，我老爸除了对这些声音充耳不闻之外，要是恰好遇到一两个"盟友"就在身边，他会把腰挺得直直的，主动地走近去跟他们说话，将孟鳖那急躁的呼叫声，轻松地带到他们面前，让他们看他对腰上的声音是多么不耐烦，多么不在乎。

在这些"盟友"的鼓励之下，我老爸是多么得意啊。照这个样子，要是时间可以倒流，我老爸可以重新回到三十多岁，他一定不会甘于守在那个没前途的东门。

"蚊子再小也是肉长的"，我老爸现在时常把这句方言挂在嘴边。来运鳖搞不懂了，就反问我老爸："难道你就不是肉长的？什么东西不好做，要去做一只飞蚊？"

有一天中午，我老爸腰上的对讲机又开始咔咔咔咔地发出了声音。这一次，孟鳖让我老爸到办公室找他。我老爸回答他说，现在是上班时间，走不脱。孟鳖说，就十分钟，我让刘森到东门顶你一下，你快点过来，找你有急事。

我老爸只好慢吞吞地离开东门，到孟鳖的办公室去。谁知到了孟鳖的办公室，孟鳖又指他到自己的宿舍里去。

转来转去，最后，到了孟鳖的宿舍里，孟鳖对我老爸的态度竟然一百八十度转变，仿佛对讲机上的那个孟鳖是假的替身，而在宿舍里的这个真身，竟然用带着请求的语气，让我老爸终于搞明白——孟鳖是让自己下午陪红姑到医院去。去医院做什么？陪红姑做人流手术！

我老爸一搞明白，就像身上安了弹簧一样，从孟鳖的身边弹了开去。他摇着头，径直往宿舍门口走出去。

孟鳖一把拉住我老爸，软软地求了起来。他说，要是他去医院，被人看到了，就搞大了，搞不好要传到他老婆那里，搞不好老婆孩子都不要他了。又说，要是没人陪红姑去医院，她一闹起来，小区都知道了，搞不好饭碗都保不住了。

我老爸生气地说，那又怎么样？关我么事呢？是你搞女人又不是我搞女人！

孟鳖好说歹说，跟我老爸拉拉扯扯，并做起了我老爸的思想工作。

"开成鳖啊，我们都是老乡，又在同一个小区上班，而且，还那么巧，我又刚好负责管理你们。要是你这次不帮我，恐怕以后，会很难管理啊。"

我老爸一听这话，拉扯的力度仿佛减弱了些。孟鳖感受到了这些力度的减弱，连忙继续说了下去——开成鳖，我们都是从管山那个穷地方出来混饭吃的，难道谁还愿意看着谁又回去过穷日子？你和我，四十多岁了，没了这里的工作，出了这个小区，就连搬运工都找不到来做！你伢跟我伢同岁，读完书以后在广州找个工作，成个家，有间屋，到时候，我们就是业主的老爸啦，你说，当业主的老爸好呢还是当业主的门卫好呢？

我老爸知道孟鳖比自己能扯，所以，他坚决不搭话，他想，我说不过你，我不回答，那也等于你说不过我！

我老爸被孟鳖强行留在宿舍里。孟鳖既向他道歉，又向他诉苦，他想走也走不脱，只好坐了下来。听着听着，我老爸就从裤兜里摸出一把瓜子，嗑了起来。

我老爸一嗑瓜子，孟鳖就给我老爸接水喝。

孟鳖看我老爸不着急走了，心里就放松了，似乎对整件事情有了把握。孟鳖跟我老爸说起了很多心里话。他说，其实，他也不知道红姑肚子里的孩子是不是他的，但是，有什么办法呢？她硬说是。唉！等这件事了结之后，他就是闲得在家数卵毛，也再不到红姑那里去了，打死都不去了！

我老爸看着孟鳖瘪衰衰的可怜样子，又听到孟鳖说要在家数卵毛，他心里觉得好笑，随即一股解恨的笑声随着他喉咙那口浓痰滚了出来。

我老爸一笑，孟鳖就完全松懈了。他一松懈，就恢复了以往的得心应手，也嘿嘿笑了起来，冲我老爸说，我知道你会帮我的，你帮了我也等于帮了红姑，再怎么说，她以前肯定也喂过你几口，是吧？

没想到，我老爸一听这话，当即翻脸。他从凳子上一蹦起来，二话不再说，就朝门口冲了出去。孟鳖都还没想明白自己到底哪里说错了，我老爸已经打开了宿舍门，走了出去，嘴上骂骂咧咧着，一直朝东门走去。

我老爸回到东门站岗，哪里都没有去，就牢牢地守在那里，直到黄昏降临。

期间，孟鳖在老爸的腰上发出过好多次呼叫，我老爸都没有理会，他的脸黑沉沉的，好像明白着被孟鳖揩了多少油，他吃了多大的亏一样。

那个下午，小区里值班的保安们都知道我老爸跟孟鳖发生了争吵。老爸的那些"盟友"，四处探听情况，以了解我老爸跟孟鳖拉开"战事"的原因。当他们围在我老爸身边，我老爸终于憋不住，将孟鳖要他陪红姑去医院打胎的事情说了出来。他们即刻对孟鳖这种龌龊的行为进行七嘴八舌的指责，并且坚定不移地表示站在我老爸这一边。

"他以为他是谁啊？自己拉了屎还要别人帮擦屁股？"

"别理他，让那个女人来闹最好，一闹，他那队长肯定就被撬掉了！"

"真是的，这种说都说不出口的事情，还让别个来帮，真当别个是傻子啊？"

……

在这些声援之下，我老爸顿时觉得豪情万丈，他像是一名领袖，斩钉截铁地对大家说："你们在这里给我作个证，今天下午我要是到医院去，我王开成就是乌龟王八！"

说完，他把腰上的对讲机抽了出来，一关，就扔到了岗亭里的桌子上。

孟鳖见我老爸对他的呼叫始终无动于衷，没过多久，便气鼓鼓地走过来东门。

我老爸就当没看到孟鳖，继续站在那里，一副管他三七二十一的架势。

孟鳖少见我老爸这副英勇就义般的模样。当他一站到我老爸的身边，还没说话，很快就能感觉到我老爸的神气来自何方。因为他发现了分布在东门周围的那几个"鳖"。他明白，这几个人一直是他眼中的钉，是整个保安队伍里的"刺头"，最难管理了。他万万没想到，这个老实巴交、一向不爱惹事的老王，竟然也"投靠"了他们，并且由于"投靠"了他们而变得不服从、难管理起来。想到这里，他更来气了。他既是对我老爸，也是对周围的那几个"刺头"恶狠狠地说，老子今天就看你能站多久，有种你一秒钟都不要走开。

我老爸也朝着孟鳖恶狠狠地说："今天下午我要是离开东门一步，我王开成就是乌龟王八！"

说完，他用眼睛瞥了几眼在东门附近的那些"盟友"。那些人为了给我老爸作证，也为了看一场好戏，一直散落在离我老爸不远的周围，不肯离去。

孟鳖和我老爸，两人赌气地，齐齐站在东门口。

眼看着，小区里进出的人越来越多了起来。那些人跟平常一样，手里拎着菜，肩上背着包，他们迈着一天工作之后的疲劳步伐，跨进了东门。他们哪里有工夫去察觉这个跟自己擦肩而过的保安脸上，升起了跟往日不一般的笑容；他们更不会有兴趣去了解，这个多年来如一日地对他们迎进迎出的保安的内心，此刻，是如何在翻腾着汹涌的波涛。

过了一段时间，我老爸的呼吸开始急促，脸上的表情明显很不自然，似乎在忍受着什么难以抑制的状况。而且，他的两只脚相互交替地换着重心，屁股夹得紧紧的，拳头也不自觉地握了起来。

又过了一阵，不仅是孟鳖，就连那些稍微远一些的"盟友"们都感觉到了，我老爸的意志并没有先前那么坚定，他的身体开始摇摇摆摆站不稳，他的眼睛东张西望似乎在寻找着什么，他的神情是那么的着急难耐。

孟鳖看着我老爸，以为他累得站不住了，脸上露出了一丝得意的微笑，说，一秒钟也不能走开，哼，我看你到底撑到什么时候！一边说，一边还轻松地做起了上下立蹲的运动。

没想到，孟鳖在我老爸身边，那样一立一蹲，一立一蹲，终于让我那可怜的老爸崩溃了。只见他脸上冒出的汗，迅速地聚集到了他的鼻翼，那些汗珠已经无力攀爬了，绝望地滚了下来。如同那汗珠的滚落，我老爸也落荒而逃。他用两只手，死死地捂着屁股，像是被谁急促放出去的一根箭，明确地朝乐运小区的工作人员厕所方向逃去。

我老爸一跑，其他人就紧张起来了，一动不动地伸长了脖子，眼睛定定地朝我老爸逃跑的方向望去。

刚开始孟鳖还想不到，为什么我老爸说跑开就跑开了呢？等他明白到我老爸是因为憋不住，冲到茅厕去了，他立刻胜利地开怀大笑起来。

哈哈哈，哈哈哈，屎都憋出来啦！哈哈哈，哈哈哈……

孟鳖指着我老爸奔跑的方向，一边笑一边示威地朝周围的那些人大声嚷嚷着。

你们看，你们看，老王拉屎了，难怪刚才跟他站在一起，一股臭味，怕是拉在裤子上啦，啊哈哈哈……

孟鳖乐颠颠地朝那几个"刺头"得意洋洋地又笑又跳。看得出来，那几个人对我老爸薄弱的意志失望透了，但是目睹我老爸捂着屁股朝厕所冲去的那一幕，又让他们忍不住笑。失败者是不能笑的。但是，同样意志薄弱的他们最终还是笑了，就好像刚看了一场难得一见的闹剧，不笑，那是不可能的。

由于孟鳖一开始就咬定我老爸拉屎了，所以，我老爸"跟孟鳖打赌赌出泡屎来"这样的传闻，很快从乐运小区传到了石牌村。

那个放学的黄昏，我像平时一样，以一种炫耀的脚步走向乐运小区。在远处，我既没看到总是像一杆旗插在那里，朝我这个方向探头探脑的老爸，到了近处，我也没有找到总是像个傻瓜一样见到我就笑嘻嘻的老爸。

快回去吧，你老爸回家等你了。代替老爸在东门口站岗的，是跟老爸穿着同样制服的另一个"鳖"。当他说到"你老爸"这几个字的时候，竟然都忍不住笑出了声。

六

我和孟小军一起在网吧玩过好多种游戏。每一种游戏里，都有朋友和敌人，都有好人和坏人，当然，也都有仇恨。游戏里的对手，只要遇见了，没有任何理由就会仇恨地开火，狙击。我在游戏里扮演过很多角色，解决过很多仇恨，可是，我从来不知道，原来仇恨是有味道的。

仇恨有什么味道？

仇恨有屎味。

那个晚上，我就闻到了仇恨的屎味，在出租屋里，四处环绕，整夜都在。

如果在电脑前，我会用左手摁住那只 ctrl 键，右手疯狂地挪动上下左右的光标键，将弥漫在家里那些仇恨的屎味射杀得稀巴烂。可是，仇恨只是一股没有形状没有颜色更没有武器的屎味。

我老爸整个晚上，沉默地坐在凳子上，双手无力地垂放在两腿之间。一个人坐在凳子上的老爸，看起来，是那么孤独，那么没卵用。

我鄙视这样的老爸。我厌恶地看着他。他在家，总是穿着那件西门子电器开业赠送的黄色T恤，领子已经都洗得宽宽松松，几乎能同时塞进老爸的两个脖子。我觉得我老爸就跟这件免费的破T恤一样不值钱。我怎么会有这样的老爸啊，跟人打赌赌出泡屎！天啊，要是学校里的老师和同学知道了，要是孟小军也知道了，要是……我真的觉得丢脸死了。

我一句话都不愿意跟我老爸讲。吃饭、洗澡、上床睡觉，整个过程，一眼都不想再看到他。

我躺在床上，捕捉着那股跟我玩游戏一般的屎味。这种游戏让我很疲倦，我觉得我快要睡着了。在我的意识还没有掉进睡眠那只巨大黑屏幕的时候，我听到我老爸出门了。他在门外找来运鳖说了几句话，说完之后，就走远了。

很奇怪的，我老爸一离开，那股屎味就逐渐地减淡了，慢慢地消散了。我也就慢慢地睡着了。

要是我知道，我这一睡，就跟我老爸分别了，我一定不会让自己睡着。就算困死，也不会睡去。我一定会像我老爸那天下午死死地守着东门一样，守着我老爸，就算拉屎拉尿也不让我老爸跨出门半步。

可是，我老爸为了将那股仇恨的屎味带出门，带出我的生活，他趁我睡着的时候，去找了孟鳖，并且用一把短刀，将仇恨还给了孟鳖。

在我管山的大伯还没来到广州之前，来运鳖接管了我，他不止一次地懊悔着说，要是那天晚上我能看到你老爸裤兜里装着一把刀，我死都不会放他去找孟鳖的。又说，谁会知道他裤兜里装着一把刀哟，他平常都喜欢把手放在裤兜里，谁知道那里面不是揣着瓜子？唉……

那个差一点被我老爸刺中心脏的孟鳖，躺在病床上，向警察回忆说，他当时一点防备都没有，谁都知道老王平常总是喜欢把手放在裤兜里，所以老王来找他的时候，尽管手一直放在裤兜里，他也没多大在意，直到老王走近自己，手从裤兜里抽出一把短刀，刺过来的时候，他才懂得躲闪……

警察做出的结论是：凶手王开成和受害者孟毛因为白天发生了争执，导致王开成怀恨在心，晚上跑到孟毛的住处，用事先就藏在裤兜里的凶器，蓄意行凶……

孟鳖受伤以后，孟鳖的老婆就辞掉了龙洞那边的家政工作，说是要照料孟鳖。小区里的保安们都说，她是来管理孟鳖的赔偿金的。我老爸砍伤了人，要赔偿损失费。听孟鳖老婆说他们打算申请十万。

天啊，十万块！不仅对我老爸，对整个石牌村里所有的"鳖"来说，都是天文数字啊。他们认为孟鳖这两夫妇太黑心了。

挨一刀就要人十万块？

那个整天在石牌村村口摊开象棋邀请人下并且邀请人下注的老秦，因为长得又黄又瘦，他们叫他"板鸭"。他仗着自己走南闯北，经的事多，没棋下的时候，喜欢跟人高谈阔论。他跟一堆人讨论起这十万块的时候，满脸鄙夷，他说，这孟毛根本就是个法盲！这一刀下去，没伤内脏没伤功能，没掉骨头没掉肉的，哪里就能赔到十万块？做他的美梦吧！"板鸭"还举了他一个亲弟弟的例子。他弟弟在温州做锯木工的时候，不小心把大拇指给锯断了，最后还只是赔了一万三千。"板鸭"说，掉一只大拇指才一万三呀，还是有钱的老板赔的哩！

"板鸭"说这些的时候，来运鳖一直就站在"板鸭"身边。平时，他是最不愿意在"板鸭"身边停留的，因为他爱下象棋，忍不住总要摸出二十块拍下去跟"板鸭"赌，又逢赌必输。所以，身上有几个闲钱，来运鳖就要绕道走，离开"板鸭"远远的。这一天晚上，他就一直站在"板鸭"身边，一边听，一边理直气壮地支持着"板鸭"，并且少有地对"板鸭"滔滔不绝的分析表现出了信服。"依我看，别说十万块，恐怕一万块那鸟人也难得到！"来运鳖义愤填膺地对众人说。

要是开成鳖拔根卵毛出来吹口气就能变出一万块，那白送他十根也没问题！来运鳖这么一说，顿时引起了众人大笑。

有人接过来运鳖的话说——真送十根卵毛给那鸟人，怕也会收下来，那鸟人专揩老乡油水的！

是的呗，看他整天在人面前抖叽抖叽的样子，就是个没良心的货色！

说着说着，"板鸭"索性就不下象棋了，跟围在一起的那些人打赌起来，他们赌我老爸究竟要赔多少给那个鸟人。

开成鳖激动地从口袋里摸出了一张二十元，拍到地上那只空的棋盘上，说，我赌——赔一根卵毛！

哈哈哈哈……

据说，就连那个红姑，有一天吃饭后坐到门口来，参与别人议论这十万块的时候，都觉得那两个人下手太重了。红姑当时很肯定地说，一定是他老婆的主意，她认识的孟毛，不至于那么无情无义！

受了伤的孟鳖出院以后，除了他那个物业的表哥来慰问过之外，没有一个人走进到他的宿舍里。这个已经被"鳖"们一致"开除"出管山籍老乡的人，在疗养期间，坐在小区的花园里晒太阳，朝他昔日管理的保安们干笑，却没有人前来跟他多说几句话。

孟鳖的表哥找到孟鳖说，十万块，亏你想得出来，你想得出来，也要王开成赔得出来才有用啊？

孟鳖很不服气地说，要是那把刀，偏个两厘米，我还能坐在这里？早就死翘翘了，十万块，便宜他了，哼！

表哥用眼睛斜斜地瞅着孟鳖，说，你不是还活生生在这里吗？意思一下就行了，你这样闹下去，以后这里的保安都不服你管了，到时候，你就等着收拾包袱回管山吧！

孟鳖一听这话，气焰顿时消了不少。他不服气地对问表哥，难道我白白被捅啦？

表哥看他那副死样子，伸出一个巴掌，刮了一下他的脑袋，叹一口气，说，唉，这个小区里，那么多双眼睛都看到了，是你欺负别人在先，难道别人被你白白欺负啦？

孟鳖便没声了，他的脑袋顺着表哥那巴掌的力量，伏了下去。

由于我老爸是自首，减轻了罪行，判了八年。在审判的时候，法庭定下我老爸必须赔偿一万七千元给孟鳖。

听到这样的结果，孟鳖和孟鳖老婆当场就蔫掉了。十万跟一万七，中间相差的，是一个保安几乎整整五年不吃不喝的储蓄生涯！

不知为什么，孟鳖最后竟然提出放弃这一万七千元。他竟然说，都是老乡，算了，赚谁的钱也不能赚老乡的钱，只要自己还能在小区好好工作，那些事，就当放个臭屁放掉算了！

然而，当孟鳖重新回到乐运小区工作的时候，他才明白，原来被人当一只臭屁对待的，不是我老爸，也不是别人，正是他自己。不管是那里的保安，物业部的领导，还是小区的业主，都不拿正眼看他一眼。没过多久，他的表哥也保他不住了，他被业主委员会联名撤职，并且被迫退出了乐运小区的保安工作。

七

跟我老爸分别一样令我感到痛苦的事情，就是我在十三岁的夏天，被迫结束了我在广州的生活。如果没有发生这样的事情，再过两个月，我就可以回到石牌村，升上中学，可以不必每天穿过那条该死的隧道，可以跟石牌村里的女孩子们一起，成群结队地上学放学了。我的痛苦就像四年级的时候在胳膊上种痘一样——一针打下去，又痛又肿，热辣辣的，等到疼痛全都消失之后，那颗痘就永远地凸起在胳膊上，永远无法消除。

我跟随着专门来接我回管山的大伯，在广州火车站上了车。因为不是春运，也不是什么假期，火车站并没有平时那么拥挤。我除了背上背着一个大包之外，其余的东西都由我大伯拿着。

害怕火车站治安不好，我在手里，紧紧地捏着我老爸留给我的那只旧手机。我老爸在拘留所，穿着一件黄黄的背心出来见我和大伯的时候，除了叮嘱我回管山要好好听爷爷奶奶的话之外，还叮嘱我，他那只手机不久前才充值一百元，让我记得用完，用完了，这个号码才会自动停机。看上去，我老爸身上穿的那件黄背心，还不如他平常在家里穿的那件西门子T恤好看。其实，在我记忆中，老爸穿得最好看的，还是乐运小区那套深蓝色的保安制服。

离开看守所和登上火车离开广州一样，我拼命地掉眼泪。

我是在泪眼中找到了那两个硬座号码。

3车厢23和24号。那里已经坐了四个人，剩出两个空位置是我和我大伯的。那三个女人一个男人，看上去是一起的。

火车一开动，那几个人就忙着从自己的行李里取出大袋小袋的零食出来吃。他们的零食几乎都占满了眼前那张小桌子。我看了一眼，除了花生、饼干、泡椒鸡爪之外，就是好几包不同牌子的瓜子。

在他们嗒嗒嗒嗒都嗑起瓜子的时候，我旁边的大伯，似乎也受到了感染，他问我，要不要买包瓜子嗑嗑？

我使劲地甩了甩头。

饮料呢？

我还是甩头。

在我大伯看来，眼前这个小女孩因为跟老爸分别，难过得什么都不想要。于是，这个仅仅跟我见过几次面的大伯，将两手交叉夹到胳肢窝底下，闭上眼睛，打起瞌睡来。

火车窗外，那些迎面而过的山、树、电线杆之类的，像是被前边的一个看不到的什么人用力地狠狠地丢开，丢得那么毫不犹豫，毫不留情。

我无聊地开始玩起我老爸的手机。这只手机，既没有照相功能，也没有随机游戏，我只好用它来发短信。我给几个要好的同学发短信，当她们搞清楚我是在回管山的火车上给她们发短信的时候，都纷纷奇怪地问我，"为什么要回乡下啊？""你不回来读中学啦？"……

我一读完这些话，眼泪又哗哗地流了下来。

在发短信的同学当中，有一个叫梁子建的男同学，一路上坚持跟我交流一个叫《暗影狂奔》的游戏。这个游戏我玩得不多，他大概目前正玩得狂热，所以到处找人研究攻略。

火车，一点一点地离开了广东，不知道是进入了哪个地方。我想，那肯定是一个跟管山一样破的地方，因为，这里信号忽然变得很差很差，以至于我和梁子建的短信久久都不能抵达对方。一条短信发出去，起码半小时之后才能收到回复，有的甚至就发丢了。这种有一搭没一搭的来往，使我在等待里越来越感到难过。梁子建的短信，拉长了我对被火车狠狠抛在后边的广州的留恋，也拉长了我对前方即将到来的那个破烂管山的憎恨。

最后一条短信，我发出去快有四十分钟了，都还没收到梁子建的回复。而那只手机的信号格始终弱得要断气。

我完全失去了耐心，厌烦地看了看车厢里那些人。我那困倦的大伯已经张着嘴巴睡着了。其余的两个女人也头挨着头睡了。剩下一男一女，依旧在嗑瓜子嗑个不停。那个女的，才嗑完手上那一捧，又伸手到一个袋子里捞出一把,边捞边对那个男的说:"嗑瓜子虽然可以打发时间,但是也很容易上瘾,一嗑就停不下来的。"

我顺着女人摸瓜子的手看去,看到那是一包洽洽小而香瓜子。百无聊赖,我盯着那只精致的瓜子袋看,读到那上边有几行字:

有这么一群女子
她们细致 体贴 温柔
她们都喜欢 静静地待在那里
用纤细的手指夹食
洽洽小片西瓜子
小小的 香香的

一读完,我的鸡皮疙瘩就起了一片。我靠,这么老土!我差点笑了出声。我又想,要是那个曾经跟我一起玩过游戏的孟小军在,一定会狂笑不已,笑得额头上那缕"非主流"长发全都垮塌到鼻梁上。

又过了一段时间,火车忽然开始减速,并且慢慢地在一个中途车站停了下来。火车一停下来,奇迹一般的,我手机上的信号格就像加了油似地满了起来。我似乎也被加了油,又似乎是接收到了老天发给我的某个信号。尾随着一些下站的旅客一起,我偷偷地下了站。

我的脚一站到地面上,就再也不想回到火车上。我头也不回,一直朝火车的尾巴走去。

我一直走。最后火车自顾自地跑动起来,瞬间抛弃了我。

打死我都不想回管山!在那些纵横交错的轨道中,我试图辨认出一条通往广州的路线。我确信,只要沿着那列通往管山的火车的反方向走,就一定能回到广州。

走着走着,不知道为什么,我在心里很整齐地冒出了两句话——笑,众人赔笑；泪，独自垂泪！这句话再熟悉不过了！这是我最喜欢的一个游戏《求生之路》里那个女巫经常念的一句话。每当那个穿着黑裙子、瘦瘦的女巫成功地干掉一些人，转身离开的时候，必然就会念起这句话来。我一直搞不懂这话的意思，只觉得她一边念一边转身决然离开的样子，很酷！

现在，在我转身离开那列火车的时候，我也在反复地念着这句话：

"笑，众人赔笑；泪，独自垂泪！"

我觉得自己酷毙了！

图书在版编目（CIP）数据

少爷威威 / 黄咏梅著. —济南：山东文艺出版社，2014.6

（身份共同体·70后作家大系 / 孟繁华，张清华主编）

ISBN 978-7-5329-4489-7

Ⅰ.①少… Ⅱ.①黄… Ⅲ.①短篇小说 – 小说集 – 中国 – 当代 Ⅳ.① I247.7

中国版本图书馆 CIP 数据核字 (2014) 第 051430 号

少爷威威

黄咏梅 作品

主管部门	山东出版传媒股份有限公司
出版发行	山东文艺出版社
社　　址	山东省济南市英雄山路 189 号
邮　　编	250002
网　　址	www.sdwypress.com

读者服务	0531-82098776（总编室）
	0531-82098775（发行部）
电子邮箱	sdwy@sdpress.com.cn

印　　刷	山东临沂新华印刷物流集团
开　　本	710 毫米 ×1000 毫米　16 开
印　　张	22.25　插页 / 2
字　　数	270 千字
版　　次	2014 年 6 月第 1 版
印　　次	2014 年 6 月第 1 次印刷
书　　号	ISBN 978-7-5329-4489-7
定　　价	38.00 元

版权专有,侵权必究。如有图书质量问题,请与出版社联系调换。